JN087670

ヨーロッパ政治史

（改訂版）ヨーロッパ政治史（'24）

©2024 中山洋平・水島治郎

装丁デザイン：牧野剛士
本文デザイン：畑中　猛

s-68

まえがき

　本書は，放送大学の専門科目『ヨーロッパ政治史』のテキストとして執筆され，2020年に刊行されたものの改訂版に当たる。

　日本では近年，ヨーロッパはやや遠い存在になっているという印象がある。とすれば，ヨーロッパ政治史を学ぶことにどんな意味があるのだろうか。歴史を遡れば，すでに日本社会は，16世紀にはヨーロッパと本格的に接触を開始し，ポルトガル，スペイン，オランダなどのヨーロッパ各国とかかわりを持ってきた。そして江戸幕府による「鎖国」下においても，オランダと出島を通じて交易を続け，文化，地理，科学，医学など多分野に及ぶ影響を受けてきた。そして日本が開国を迎え，明治維新を経て近代化の道を邁進しはじめたとき，日本がモデルとしたのはやはりヨーロッパ諸国だった。法律，経済，行政，軍事，土木技術，近代科学などあらゆる分野において，ヨーロッパは目指すべき範とされ，多くの留学生がヨーロッパに向かった。夏目漱石はイギリスに，森鷗外はドイツに学んだ。日本が政治制度として範をとったのはドイツであり，ドイツ流の君主政体が明治憲法体制の一つのモデルとなった。そして日本が第二次世界大戦後，民主主義国家として新たなスタートを切ったとき，イギリスをはじめとするヨーロッパの民主主義，そしてその民主主義を支える市民社会・経済社会のあり方は，やはり目指すべき姿としてモデルとされたのである。こうして日本が絶えず引照基準としてきたヨーロッパを知ることは，現代に続く日本の政治と社会の成り立ちを再考する重要な材料を提供するだろう。

　さらに，このヨーロッパの政治の歩んだ道は，図らずも近代日本のたどった経路と重なることが多い。たとえばドイツ，イタリア，日本の三

国をみてみよう。この三国では19世紀半ば過ぎまで，王国，都市，藩など大小多くの政体が分立しており，ほぼ同じ時期（ドイツは1871年，イタリアは1861年，日本は1868年）にようやく近代的な統一国家を創出した。しかしイギリス，フランス，アメリカなどの「先発国」と異なり，「後発国」である日独伊では，自由化・民主化の進展は必ずしも順調ではなく，1920〜30年代に相次いで「脱線」して抑圧的な統治へ移行していった。同時に，英米中心の世界秩序への挑戦を始めた三国は，軍事的な同盟関係を結んで第二次世界大戦を引き起こしたが，敗北し，旧体制を全面的に否定して今日に至っている。このようにヨーロッパの後発国と並べてみると，日本の独自とみえる近代化の歩みは，実は「特殊」とはいえないものであることがわかる。その意味で，ヨーロッパ政治史を学ぶことは，鏡を通して日本の姿をみる作業ともいえるのではないか。なお，王室の役割を比較検討した第15章は，これまでのヨーロッパ政治史の教科書にはない新たな試みだが，日本との意外な「近さ」を幅広い読者に実感してもらえるのではないかと期待している。

　本書を通じて，縁遠いと感じがちなヨーロッパの国々の政治発展の歴史が，日本の読者が自分たちの過去を振り返り，将来を展望する際の「補助線」として，少しでも身近に感じられるのであれば，私たちにとってこれに勝る幸いはない。

2023年11月
中山洋平・水島治郎

目 次

6

8

1 | ヨーロッパ政治史へのいざない

中山洋平・水島治郎

《目標＆ポイント》　民主制や国民国家など，ヨーロッパは日本を含む世界の
政治のあり方にさまざまなモデルを提供してきた。あまり身近ではないヨー
ロッパの政治やその歴史を学ぶ意義もこの普遍性にある。しかしそうしたモ
デルがいかに成立したかを理解するには，ヨーロッパ政治がもつ特殊性をも
掴む必要がある。まず，こうした観点から本書の各章の概要を紹介する。次
いで，西ヨーロッパに限っても政治のあり方は実は多様であり，その多様性
を理解するために，ヨーロッパ政治史は比較政治の視点と方法論を取ること
を説明する。最後に，講義の前提となる，ローマ，ゲルマンというヨーロッ
パ政治の歴史的背景を説明し，現代にまで持続する「執拗低音」の存在を示す。
《キーワード》　民主制，国民国家，比較政治，ローマ，ゲルマン

1. ヨーロッパ政治史を学ぶ意義

　今日の歴史学界ではグローバル・ヒストリーが全盛だが，その遥か以
前からヨーロッパ中心史観に対する批判は広く浸透していた。日本が維
新後の「近代化」や戦後の「民主化」の手本として西ヨーロッパを見て
いた時代は今や歴史の彼方である。となれば，日本から遠く離れた西ヨ
ーロッパの政治史を今，私たちが学ぶことにどういう意義があるのか。

　もっともな疑問だが，2020年秋の米国大統領選挙後の政治的混乱や，
2022年2月のウクライナ戦争開戦はこうした疑念を少しだけ押し戻して
くれたのではないだろうか。多くの現代日本人が（小さくない不満を持
ちつつも）守りたいと考える民主主義の制度や価値観は，近世以降の西

欧の政治発展の中で育まれてきたからだ。もちろんロシアや中国で民主主義が根付かず，トルコやハンガリーで民主制が後退しているのはなぜかという問いは，ヨーロッパ政治が民主制に至る歴史発展を学べば直ちに答が出るわけではない。しかし，今日私たちが考える民主主義のモデルとなる政治の姿がいかにして西欧に登場したかを知ることは，世界の未来の姿を左右するこの問いについて考える前提となるはずだ。

　しかも，西欧に起源があるのは民主主義だけではない。今日，民主主義の標準的な「入れもの」と考えられている「国民国家」（nation-state）も，第5章で述べるように，英仏独伊といった西欧の大国で生み出され，植民地支配などを通じて世界中に輸出されたものだった。

2. 西欧民主制：普遍性と特殊性のはざまに

　しかし忘れてならないのは，こうした西欧の大国が今日の第三世界に広大な植民地を形成したのは，国民国家として完成に向かう過程だったことだ。しかも，第10章後半で見るように，第二次世界大戦後，その「植民地帝国」が崩壊するのと同時に，西欧諸国は国民国家を超克すると称してヨーロッパ統合を開始し今日に至っている。国民国家は，国際社会を構成する基礎単位として自己完結性を特徴とすると考えられてきたが，その起源となった西欧では，実は国民国家は植民地や地域統合に依存してきており，その意味で特殊な国民国家だったのである。更に言えば，多くの西欧諸国では今日なお君主制が存続しており，第15章で考察されるように，民主主義の原理と緊張関係にあるはずの君主制が民主制の中で小さくない役割を果たしている。

　このように西欧の政治は，国民国家にしろ，民主制にしろ，全世界にモデルを提供するという普遍性の輝きを放つと同時に，固有の歴史的展開の中で形作られた特殊性の強い構造によって支えられているという二

面性を持つ。この二面性を丁寧に腑分けすることがヨーロッパ政治史を
より的確に理解し，日本を含めた比較考察に活かす秘訣となる。

民主制の歴史的起源

　同じ二面性は，西欧でこそ最初に近代民主制が実現されたという事実
をどう説明するかを考える際にも付きまとう。第3，4章で見るように，
イギリスやフランスでは19世紀に徐々に自由化・民主化が進み民主制へ
と近付いていった。ロシアや中国と異なる経路をたどった原因はどこに
あるのか。この問いに対して，同じく19世紀に進んだ産業化によって産
業資本家など中産層（いわゆるブルジョワ）が台頭したことに民主化の
原動力を見る議論は今日でも根強く支持されている。第二次世界大戦後
1950年代のリプセット以来，冷戦終焉後のボッシュらに至るまで，概し
て楽観的な時代にこの要因が強調されるのは，産業化さえ進めばどこで
も民主化が進むという見通しが立つからだろう。実際，日本も昭和の初
めまではこの見通しに沿った政治発展をたどった。
　しかしこの仮説には強力な対抗馬（ライバル）がいる。リプセットの同世代のアメ
リカのマルクス主義者ムーアは，「ブルジョワなくして民主制なし」と
いう定式で知られるように，資本主義発展が不可欠であることを認める
一方，イギリス／イングランドやドイツ／プロイセン，中国，ロシアな
どの進路を分けたのは，地主貴族のような大土地所有者だったと主張す
る。農村への資本主義の浸透に対応して，地主が「商業営利的農業」へ
の転換を推進し，その際，農民を抑圧して働かせるのではなく，自由労
働を使用する農場経営へと移行できれば，その国はイギリス／イングラ
ンドのように民主制へと行き着く。これに対して，地主が労働抑圧的な
農業体制を取ると，ドイツ／プロイセンのようにファシズムによる破局
へと至る。日本はそのアジア版だという。他方，地主が商業営利的農業

への転換を行わなかった事例のうち，中国とロシアは農民革命を経て共産主義へと向かった。もっと歴史を遡る議論もある。アセモグルらの近年の著作は，近世の西欧には，ゲルマン人の民会から引き継いだ参加型の制度と規範と，ローマ帝国から引き継いだ集権的な官僚制と法的伝統が偶然備わっていたため，民主制の成立や維持に不可欠な国家と社会の間の競争と均衡が保たれたのだと主張する。そうした伝統が揃っていなかった中国やビザンチンで民主制が出現しなかったのはむしろ当然ということになる[1]。

「コンセンサス型」民主制

しかも，近代の西欧で実現した民主制は，後から振り返ると，制度的にも独特の型を持っていた。19世紀の自由化・民主化が進むなかで，西欧諸国は議会に重心をおく議院内閣制へと移行していく。1958年以降のフランス第五共和制をほぼ唯一の例外として，この特徴はほとんどの国で維持され，大統領制など執行権優位の制度を取る国が少なくない今日の世界では西欧民主制の特徴となっている。選挙制度も，民主化が完成に向かう19世紀末以降は，英仏を例外として比例代表制へと収斂した。英仏を除くいわゆる「大陸（西）ヨーロッパ」は，比較政治学者レイプハルトの言う「コンセンサス型」民主制の発祥の地なのである。

レームブルッフらのように，その起源をやはり近世以前に遡り，神聖ローマ帝国の支配領域にあった諸政体で培われた紛争解決の様式が近代になって「コンセンサス型」（レームブルッフの言葉では「団体主義的・交渉デモクラシー」）を生み出したのだと解釈することもできる。

---

1 もっとも，こうした西欧民主制の歴史的淵源を探る議論が収束をみているわけではない。最近でもスタサヴァジは，大陸ヨーロッパを念頭に，ローマ帝国を破壊したゲルマン諸部族の国家が断片化して王権は弱く，ビザンチンや中国のような集権的官僚制を欠く代わりに身分制議会が発達しやすくなり，これが西欧民主制の基盤となったと主張する。逆にブコヤニスは，イングランドを念頭に，身分制議会が国制の中心になったのは，むしろ特権身分を招集できる国王の集権的支配の強さを示していると言う。西欧における身分制議会と集権化や国家形成の関係をめぐるこうした議論は古くからあり，第2章でも紹介する。

　これに対して，本書第6章では，19世紀末以降の大衆動員の時代に，政党や職能団体（労組や業界団体，農民組織など）によって，この時代の西欧特有の，極めて密度の高い大衆組織のネットワークが作り上げられたのが「コンセンサス型」の直接の起源とみる考え方をとっている。本書前半で「政治的サブカルチュア構造」と呼ぶこの大衆組織は，それぞれが社会（ないし共産）主義やキリスト教各宗派の世界観で強固に結束しており，互いに厳しく対立し排斥し合う関係にあった。レイプハルトの出身国オランダは，そのような政治的サブカルチュア（下位文化）によって分割された社会の典型であり，レイプハルトの「コンセンサス型」は，そのオランダをモデルに作られた「多極共存型民主制」（consociational democracies）が原型となっている（107頁参照）。つまり，「コンセンサス型」は複数の政治的サブカルチュアが並立するという20世紀前半の西欧に特有の，極めて特殊な政治社会のあり方を前提に構築されたのである。第7章で見るように，比例代表制で議会を構成し連立政権で権力を分け合うのは，激しく対立しあうサブカルチュア同士がひとつの国の中で共存していく唯一の方策だった。

　従って，第二次世界大戦後の高度成長期を含む20世紀前半の西欧諸国の社会の実態は，たとえば「市民社会」という言葉が含意するような，自立した個人が自律的判断に基づいて政治的決定を下していくといったイメージからはかけ離れていた。人々が自由意思に基づいて結社を作って政治活動をするのではなく，人々は特定の世界観で結束した結社のネットワークの中に生まれ落ち，多くの場合，そこから出ることなく生涯を終えた。戦後日本の「進歩的」知識人がモデルにした西欧「市民社会」は，こうした政治的サブカルチュアに包含されなかった，自由主義的な都市のブルジョワ（その多くは自由専門職）の世界（ミリュー）にしか当てはまらない。社会の大部分を占める大衆が生きていた日常は，「市民社会」より，

日本で例えるなら，農村の「ムラ」や企業のいわゆる「ムラ社会」の方にどちらかと言えば近かった。人々が生活の隅々までを覆う大衆組織の拘束から逃れ，精神を縛り付ける世界観から解放されて，自由な個人として政治的に自律的に行動し始めるのは，高度成長と大衆社会化の結果，サブカルチュア構造が融解し始めた1960年代末以降であり，以後，西欧諸国の政治は第12章で描かれているようにその姿を一変していく。

政労使協調による経済運営：ネオ・コーポラティズム

　大衆組織に基盤を置く社会は，経済運営の面でも顕著な特殊性を西欧諸国にもたらした。西欧諸国では，19世紀末以降のサブカルチュアの大衆動員・組織化に伴って，労働者や産業界・経営者，農民など，「職能」別の強力な経済団体が登場する。労働組合や経営者団体・業界団体などの職能団体は，第一次世界大戦の総力戦の経験を経て，国民経済の運営に関与を強めていく（第8章）。大恐慌下の民主制の深刻な危機（第9章）を経た第二次世界大戦後には，第11章で説明される通り，西欧の多くの国で「ネオ・コーポラティズム」と呼ばれる特殊な経済運営の方式が生まれ，政労使三者間の協調がインフレの抑制に効果を挙げた。

　財政出動などの国家介入で景気循環を克服し，成長を維持していくというケインズ主義的な経済運営のモデルも西欧に起源があり，これは戦後高度成長期の普遍的なモデルとなって世界中に普及した。しかし本家である西欧では，ケインズ主義の有効性はネオ・コーポラティズムによるインフレ抑制，つまり，労組や産業界が高度に組織化された西欧諸国でしかほぼ実現できない，特殊なマクロ経済の運営方式に支えられていた。さらには，第11章で見るように，戦後西欧を特徴付ける福祉国家の発展も，このネオ・コーポラティズムと表裏一体の関係になっていた。

　1980年代以降，グローバル化が進む中で，ネオ・コーポラティズムと

福祉国家を車の両輪とする戦後西欧の経済運営方式は抜本的な転換を迫られ，職能団体はその役割を大きく減じていく。社会民主主義やキリスト教民主主義の既成政党を支えていたサブカルチュア構造の融解と相まって「20世紀型政治」が終焉する中，代わって舞台に登場してきたのが，第14章で扱われる「ポピュリズム」と呼ばれる政党だった。

3.　西欧の中の多様性：比較政治としてのヨーロッパ政治史

　ここまでの説明を読んで，英仏は西欧の代表であるはずなのに，ここでは例外扱いされてばかりいると訝しく思ったかもしれない。確かに，英仏は人口や経済規模ではオランダやデンマークといった中小国を圧倒するが，国民国家を分析単位とする比較政治（史）の眼で見れば，どの国も同じ重さを持つ。となれば，西欧の 標 準 に近いのは大国の英仏ではなく，中小国からなる中北欧（ドイツも含まれる）の国々なのである。しかしその中北欧諸国ですら，よく見れば決して一様ではない。

　このように，西欧の政治は，世界にモデルを提供すると言いながら，その実像は国・地域ごとに驚くほど多様である。たとえば，第2章で見るように，近世ヨーロッパの身分制議会といってもその歴史的な実態は，イングランド，フランス，カスティリャ，プロイセンなどを比べれば実にさまざまであり，その多様性こそが第3，4章で見るような，国ごとに異なる近代国家の類型や民主化のパターンを産み出したとも言える。また，第5章で見るように，英仏独のネイション（国民）は形成のメカニズムが互いに異なり，これを基盤とするそれぞれの国民国家も大きく性格を異にする。第6章で見る世紀末以降の大衆動員がどのような大衆組織をもたらしたかも国によって大きく異なり，その違いが20世紀前半の各国の民主制のあり方を分岐させることになる。イギリスやフランスがはっきりと西欧の例外になるのはこの時期以降のことだ。

　そのため，本書は２つの使命を帯びることになる。すなわち，西欧諸国の政治に共通する特徴を，普遍性と特殊性の二面性に注意しつつ描き出すとともに，西欧諸国の間に見られる小さくない差異にも着目し，その差異がどのような要因によって生み出されたかを明らかにすることだ。

　第一の使命においては，ヨーロッパを他の地域と比較することが不可欠であり，第二の使命にとっては，ヨーロッパの中での比較こそ，学問的営為の要となる。つまり，科目名には入っていないものの，ヨーロッパ政治史は比較政治学の一分野と位置付けられることになる。

　ただし，第二次世界大戦後を扱う後半（第10～15章）では第一の使命を優先したのに対して，第二次世界大戦以前を扱う前半（第２～９章）は第二の使命に重点を置いた。絶対王制と革命，ナショナリズムと国家統一，第一次世界大戦からファシズムへ，といった時代の西欧諸国の政治の流れは「習ったことがある」と感じる人が多い。これに比べて，第二次世界大戦後の西欧の政治・経済（冷戦やヨーロッパ統合にとどまらない各国の「内政」）は現代の日本人にはやや縁遠いものになってしまっている。前半と後半とで力点が異なるのはこうした学習者のニーズを踏まえている。

　実は，篠原一以来，戦後日本の政治学研究の一分野としてのヨーロッパ政治史においては，後者の西欧内比較に力点が置かれてきた。それは，政治における差異がなぜ生まれるかをできる限り説得的に説明するという比較政治の目的を達成するうえで，西欧諸国の間で歴史的な政治変動を比較分析するのが有効な手法だと考えられたからだ。西欧には人口数千万以下の中小規模の国家が20弱ある。個々のパーツを見比べれば共通点は多いにもかかわらず，政治のあり方全体を見れば国ごとに極めて多様である。政治は極めて多数の，しかも雑多な要因から成り立っているため，政治の違いがどの要因に由来するのか，二つの国を見比べただけ

では，みる人ごとに違う答えを出してしまいかねない。しかしヨーロッパでは，10や20の国々が多くの要素を共有しつつも，グラデーションのように少しずつ違う政治のあり方をみせているため，なるべく多くの事例を丁寧に見比べていけば，どの要因がこの違いを生み出しているかを誰にも納得してもらえる形で絞り込んでいくことができよう。本書の前半の方がどの章も記述が濃く，分量も多くなっているのは，こうしたヨーロッパ政治史研究の成果を踏まえ，国ごとに差異を生み出すメカニズムにまで踏み込んで政治構造の歴史的変動を描き出そうとしたためである。

4.　ヨーロッパ政治の「基層」

　本章の最後に，本科目を学ぶうえで有用と思われる，ヨーロッパの歴史社会的な背景について述べておきたい。

　ヨーロッパの歴史的背景といえば，すぐ思い浮かぶのはキリスト教だろう。現在に至るまで，キリスト教はヨーロッパ最大の宗教であり，政治・経済・社会・文化に至るまで，その与えた影響は極めて大きい。そもそも中世の時代，ヨーロッパの一体性を支えたのは，政治的支配というよりは，キリスト教による宗教的秩序だったといえる。

　他方，世界の諸地域のなかで，ヨーロッパは今もなお，相対的に小さな地域に多数の国，民族，言語，宗教，文化がひしめき合う，多様性の宝庫である。たとえば EU の公用語は，英語やフランス語からスロバキア語，マルタ語に至るまで，加盟国の言語を広く採用し，その数は24に達している。

　この多様性を考える際，重要な視点を提供するのが，ヨーロッパ社会の基礎にある，歴史的な重層性である。そこで以下では，そのなかで特に３つの層を取り上げ，簡単に示したい。

　ヨーロッパ社会の重要な基層の一つとして挙げられるのが，ケルトで

ある。もともとケルト人は，現在の南ドイツ付近を原住地とし，中部ヨーロッパからヨーロッパ全域に広がったため，その痕跡は今も各地で見出すことができる。前8世紀ごろからケルト人の拡大が始まり，前4世紀から前2世紀ごろが最盛期とされる。鉄製の武器や戦車を持ち，軍事力で他に優越した。前4世紀にイタリアに侵入してローマを占領し，前3世紀にギリシアに侵入した事件は後に「ケルト人の大遠征」と呼ばれた。ガリア（現在のフランス）では，巨大な城壁を持つオッピドムと呼ばれる居住空間を建設した。自然崇拝の文化を持ち，大地や川，森，ヤドリギなどを神聖視する独自の文化を保持していた。

　近年，ヨーロッパでは「ヨーロッパ文化のルーツ」としてケルトへの関心が高まり，関連の書籍なども多数出版されている。また特にアイルランドについて，ケルト文化との直接の関連が語られることが多い。ただこのアイルランドとケルトの関係については，古代ケルトの遺跡などがアイルランドでは発見されていないこと，19世紀のアイルランドナショナリズム形成の過程において，ケルト的なアイデンティティが積極的に活用されたと指摘されており，慎重な検討が必要と思われる。しかし現代においてもなお，アイルランドやブルターニュ（フランス北西部）などヨーロッパの「ペリフェリー（周縁）」地域において，次にみるローマ，ゲルマンといった主流派文化と差異化を図りつつ，独自のアイデンティティを「ケルト」に託していることは，十分留意しておいてよいだろう。

ローマ支配のインパクト

　このケルトの第一層の上に積み重なった第二層が，ローマである。ローマはイタリア中部の都市であるが，ローマ支配はイタリア半島を越えてヨーロッパ全域に広がり，その版図はブリテン島やイベリア半島から

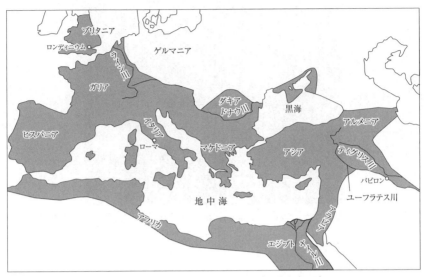

図1-1　最盛期のローマ帝国（2世紀初頭）

アフリカ北部，小アジアまで広がった（図1-1）。最大版図を達成した
のがトラヤヌス帝（在位98-117年）である。卓越した軍事力と土木技術，
輸送技術を持ったローマは，各地でケルト人をはじめとする他民族を圧
倒し，植民都市を築き，支配領域を広げていった。特にガリアはローマ
とケルトの抗争の舞台となったが，ローマの視点からの詳細な記録とし
て後世に残されたのが，カエサルの著した『ガリア戦記』である。カエ
サルはローマ軍を率いてケルト人と激しく戦いを繰り広げ，ついに前52
年，大勝利を収めてガリアをローマの属州とした。

　このローマ支配は，単に軍事的な支配のみならず，ヨーロッパ各地の
社会と文化に継続的な影響をもたらした。支配地域では，言語や風俗，
文化がローマ化していった。特に目につくものが，ローマ風都市の普及
である。ローマは支配下に置いた地域に都市を建設したが，それらはし

図1-2　カピトリーノの丘から望むフォロロマーノ（古代ローマの中心地区）
撮影：平尾久美子

ばしば後の時代，地域や国家の中核都市として発展した。後にロンドン
となったロンディニウムなどが典型例である。またローマは，水道を設
置して住宅や公衆浴場，噴水などに水を供給し，豊かな都市生活を実現
した。バシリカ（公会堂）やフォルム（広場）も設置された。言語とし
てはラテン語が共通言語として通用し，宗教としてはキリスト教がロー
マ帝国の支配に添って布教された。

　ローマによる統治のあり方もまた，ローマ支配の質的な広がりを支え
た。ローマの市民権は，新たな支配地域の市民層にも付与されたため，
「ローマ市民」は都市ローマという枠を超えた一種の普遍的存在となっ
た。時代を経るにつれ，遠く離れた出身の「ローマ市民」が続々とロー
マ帝国の最上層に上り詰めるようになる。たとえば哲学者のセネカや最
大版図を実現したトラヤヌス帝は，いずれもイベリア半島出身の家柄だ
ったのである。

　このローマ支配の影響と記憶は，西ローマ帝国滅亡後も長くヨーロッ

パ世界に残った。ローマ都市は，ヨーロッパにおける都市建設のモデル
を提供した。ラテン語は近代まで継続的に使用され，キリスト教はヨー
ロッパ世界の精神文化の基軸となった。そして後の「神聖ローマ帝国」
にみられるように，「ローマ」は普遍的支配への志向を示す象徴となり，
政治支配者にとって「ローマ帝国の復興」は目指すべき理念とされた。
また中世の建築様式は「ロマネスク様式」と呼ばれ，キリスト教では「ロ
ーマ教皇」が世界のカトリック教会を総攬した。その意味で「ローマ」
は，実に2000年にわたり，ヨーロッパの政治と文化，宗教の「原点」で
あり続けたのである。そして1957年，ヨーロッパ統合の出発点となった，
6か国による EEC（ヨーロッパ経済共同体）設立を定めた条約もまた，
まさに「ローマ条約」（第10章参照）だった。現在，ローマ帝国の最大
版図を超えるヨーロッパの政治体があるとすれば，それは実は「ローマ
条約」に起源を持つ EU（ヨーロッパ連合）にほかならない。

「ゲルマン」という存在

　このローマという第二層の上に積み重なった第三層が，ゲルマンであ
る。現在のスウェーデン南部からドイツ北部付近を原住地とするゲルマ
ン人は，長期にわたって移動と拡大を進め，ローマ支配を北方から脅か
した。西暦98年に歴史家のタキトゥスが著した『ゲルマニア』は，勇猛
果敢なゲルマン人を描きつつ，彼らが繁栄に酔いしれるローマの存続を，
いつしか危機にさらすことを予感させた（なお「ゲルマニア」はドイツ
Germany と語源を同じくする言葉でもある）。そして376年にゲルマン
人がドナウ川を越えてローマ領内になだれ込む，いわゆるゲルマン人の
大移動が始まり，後の西ローマ帝国滅亡の遠因となった。ゲルマン系の
諸民族は広くヨーロッパ各地に進出し，アングロ・サクソン人は中世イ
ギリス，フランク人は中世フランスで主導的な役割を演じた（「フラン

ス」の語はフランク人に由来する）。ただヨーロッパ南部では，ゲルマン人の王国は短命に終わることが多く，ヨーロッパ北部におけるような持続的影響は少なかった。

　ヨーロッパ社会の展開に果たした役割も大きかった。ゲルマン社会で特有の，保護と忠誠で結ばれた軍事的主従関係は，中世ヨーロッパにおける封建制度の起源となった。そして分割相続制度や団体重視などの特徴を持つゲルマン法は，ローマ法と並ぶヨーロッパの法体系の源泉となった。

現代に続く言語地図

　以上の３つの層は，いずれも1500年以上前に積み重なったヨーロッパの古層である。それにもかかわらず，現在もなお，その痕跡を容易にみることができる。その最たるものが言語である。

　大まかにいえば，ローマ支配に由来するラテン系諸言語はヨーロッパの南部で発達し，ゲルマン支配に由来するゲルマン系諸言語は，ヨーロッパの北部で発達した。すなわち，フランス語，イタリア語，スペイン語，ポルトガル語などがラテン語から派生して成立したのに対し，ドイツ語，オランダ語，英語，デンマーク語，スウェーデン語などはゲルマン系の言語から形成された。言語地図からみれば，いわば「ローマとゲルマン」が，ヨーロッパを南北に二分している状況が続いているのである。

　この言語境界線が国内を走っている国として有名なのがベルギーである。首都ブリュッセルの南約30キロ付近を東西に走る境界線が，国を南北に二分している（第12章も参照）。この現在のベルギーを分断する言語境界線は，ほぼ同じ場所に1000年以上にわたって存在しているとされ，その固着性は驚くほどである。

　16世紀，宗教改革の波がヨーロッパを席巻した際，プロテスタントに

転じた国のほとんどが北部のゲルマン語系の国だったのに対し，南部の
ラテン語系の国は概してカトリックにとどまった。カトリック教会が近
代に至るまで，ラテン語を教会の公的言語として用いてきたことを考え
ると，この対応関係は興味深い。もちろん厳密に一致するわけではない
が，ヨーロッパの言語地図は，はからずもヨーロッパの宗教地図ともあ
る程度対応している。

　なおケルト系言語は，アイルランドやフランスのブルターニュなど，
ヨーロッパの北西のペリフェリーに今もなお痕跡を残している。

　いずれにせよ，この 3 層に及ぶヨーロッパの基層を知ることは，現代
のヨーロッパ各国の成り立ちや社会文化的背景を考えるうえで，重要な
意味を持っているといえよう。

参考文献

バリントン・ムーア『独裁と民主政治の社会的起源：近代世界形成過程における領
　　主と農民』岩波書店，2019 年（岩波文庫）

ダロン・アセモグル，ジェイムズ・ロビンソン『自由の命運：国家，社会，そして
　　狭い回廊』早川書房，2020 年

アレンド・レイプハルト『民主主義対民主主義：多数決型とコンセンサス型の36カ
　　国比較研究』勁草書房，2014 年（第 2 版）

ゲルハルト・レームブルッフ『ヨーロッパ比較政治発展論』東京大学出版会, 2004年

篠原一『ヨーロッパの政治』東京大学出版会，1986 年

今野元『ドイツ・ナショナリズム　―「普遍」対「固有」の二千年史』中公新書，
　　2021 年

河崎靖『ゲルマン語学への招待―ヨーロッパ言語文化史入門』現代書館，2006 年

原　聖『ケルトの水脈』講談社，2007 年

南川高志編『B.C.220年　帝国と世界史の誕生』山川出版社，2018 年

南川高志編『378年　失われた古代帝国の秩序』山川出版社，2018 年

2 | 国家形成と絶対王制の統治構造

中山洋平

《**目標＆ポイント**》 国家は一国の政治構造を形作る最も基本的な要素の一つ
であり，その多様性が西ヨーロッパ各国の政治的特質の一端を生み出してき
た。では，そうした国家の多様性はなぜ，いかにして生まれてきたのだろう
か。近代国家の起源となる絶対王制期に 遡 り，国家機構がいかにして形成
されたか，国ごとにいかなる差異がなぜ生じたのかを検討する。この分野の
古典的研究を紹介したうえで，官僚制の自律性という要素に注目して，現代
まで続く各国の官僚制の伝統がいかにして形成されたかを検討する。
《**キーワード**》 官僚制，ロッカン，アンダーソン（弟），ヒンツェ，売官制，
自律性，郡長，地方長官

　今日の世界を構成する国民国家（nation state：国民などの概念につ
いては第5章参照）は西ヨーロッパで生まれた。ベネディクト・アンダ
ーソン（兄）の『想像の共同体』が描くように，ヨーロッパ起源のこの
モデルは，政治的近代の「モジュール」として，西ヨーロッパ列強の植
民地主義によって東南アジアやアフリカなどに持ち込まれ，やがて地表
をくまなく分割するに至った。しかし「原産地」西ヨーロッパでは，一
足飛びに国民国家ができたわけではない。近世初期，つまり17世紀ごろ
までに今日のイギリス，フランスなどにおいて，領域国家，つまり一定
の連続性を持った領土を一元的に支配する政体が形作られ，これを実効
的に統治するに足る集権性を備えた国家機構（なかんずく官僚制と常備
軍）が形成された。この国家機構が支配する領域内に住む人的集団が18
〜19世紀の間に，政治的共同体としての「ネイション」の意識を共有す

るようになって初めて，西ヨーロッパ諸国は国民国家といえる内実を備えるようになったのである。つまり本章で論じる「国家（機構）形成」（state-building）は，ほとんどの場合，第 5 章でみる「ネイション形成」（nation-building）の前提となっており，近代西ヨーロッパの政治は，その初発の時点から国家と社会の相互作用によって形作られてきたことになる。

1. 国家（機構）形成の理論

　比較政治の目で西ヨーロッパの政治史をみる際に出発点となるのは，近世初期に形成された国家機構自体が，実は同じ西ヨーロッパのなかでも大きな多様性を示していたことだ。この多様性はその後，数世紀にわたる変転を経た今日でもなお生き残っている。つまり，現代の西ヨーロッパ諸国の政治の多様性の原因の一つは，国家自体のあり様の多様性にある。そこから近世以降の国家形成の過程にまで立ち戻り，類型論を提示しようとする研究が戦後の比較政治学の興隆期から今日まで，連綿たる伝統を保ってきた。

　近代的な国家機構の基礎を築いたのは，16〜18世紀に台頭した絶対王制である。ローマ帝国の崩壊後，中世のヨーロッパでは，さまざまな形態の封建制が聖俗の領主たちを緩やかにつなぎ，そのはざまに多かれ少なかれ自律的な都市が浮かぶ，という極めて分権的・分散的な統治が成立していた。近世に入ってパリやベルリンに拠点を置く王権が力をつけると，自らに対抗する諸侯や都市，そして隣国の王権に打ち勝つべく常備軍を建設し，その費用を賄うために強力な徴税機構を構築していった。これが以後，絶えず拡充され，かつ機能分化していくことで，近代的な官僚制，つまり国家機構の核が形成されていくことになる。これは同時に，王権が一円支配を確立した領域内の領主や都市の自律性を奪う集権

化の進行を意味する。かくして成立した絶対主義は，社団国家の一類型
だといわれる。「社団」とは行政・司法・租税上の特権を国王に認可さ
れている団体のことであり，中世以来の有機体的な結合に基づく貴族や
聖職者，ギルドなどの集団を，王権が一定の均質性と水平性を持つ共同
体＝社団に再編成して，国家構造の中に統合したのが社団国家である。

　しかし，こうした典型的な絶対王制の成立をみたのは，実はヨーロッ
パでも一部の地域に限られる。たとえば現在のイタリア北部には都市国
家が割拠して，地域を統一する絶対王制は登場せず，一部を除いて本格
的な国家機構の形成は19世紀後半までずれ込むことになる。北ネーデル
ラントは貿易によって繁栄し，独立戦争（1568〜1609年）後のオランダ
は17世紀前半には世界の覇権を握るに至った。にもかかわらず，その政
体は都市や州が緩やかに連合する分権的な連邦共和制であり，集権化の
ための国家機構の形成を経験しなかった。つまり，オランダは強力な常
備軍も官僚制も欠いたまま近代に入っていったのであり，17世紀後半に
周辺列強から英蘭戦争（1652〜74年）などの軍事的圧迫を受けて衰退し
ていったことや，20世紀のオランダが「国家の欠如」「市民社会の自己
統治」（ビルンボーム）と評されるのも，その帰結と考えられる。

ロッカンのヨーロッパ概念地図

　なぜ同じ西ヨーロッパのなかでこのような差異がみられるのだろう
か。これには中世末期から近世の地政学や政治社会構造が色濃く反映さ
れていると考えられる。地政学的要因を強調したのはノルウエーの比較
政治社会学者ロッカンである。ロッカンは表2-1のような「ヨーロッ
パ概念地図」を提唱して，国民国家形成期のヨーロッパにおける中央−
周辺構造が各国の国家機構の強さを決めると主張した。縦軸は，カトリ
ック・ローマ法の中心であるローマからどれだけ北に離れているかを示

表2-1 ヨーロッパ概念地図と国家機構形成 1500-1800年

中心形成 都市ネットワーク		東西軸 国家—経済次元								
		弱い 弱い 沿海周縁部	強い 強い 沿海帝国=国民国家		弱い 強い 都市国家のヨーロッパ			強い 弱い 内陸帝国=国民国家		弱い 弱い 内陸緩衝地帯
			遠い	近い	大きな政体に統合	多極共存型	19世紀まで断片化	近い	遠い	
南北軸 国家—文化次元	プロテスタント国教会	アイスランド ノルウェー (スコットランド) ウェールズ	イングランド	デンマーク			ハンザ都市	プロイセン	スウェーデン	フィンランド
	混合領域					オランダ スイス	ラインラント			バルト地域 ボヘミア
	ナショナルなカトリック	アイルランド ブルターニュ		フランス	ロタリンギア ブルゴーニュ アルル王国			バイエルン		ポーランド
	対抗宗教改革		スペイン ポルトガル		カタルーニャ	ベルギー	イタリア	オーストリア		(ハンガリー)

地域名の下線は1648年から1789年の間に主権国家と認められていたことを示す。

〔出典：Stein Rokkan & Derek W. Urwin, *Economy, Territory, Identity: Politics of West European Peripheries*, Sage Publications, 1983, p.31.〕

す，宗教的文化的要因であり，たとえば第4章以降で重要となる国家教会関係を長く規定することになる。これに対し，横軸は，近世の経済的中心だった「中央貿易地帯」から東西にどれだけ離れているかを示す。

　繁栄する貿易都市が多く分布する中央貿易地帯の真ん中にあたるネーデルラントや北イタリアでは，軍や官僚制を養うための経済力は十分だったが，有力な都市の間の競争が激しすぎて，集権化の核となって国家建設を担う主体は登場し得なかった。これに対して，中央貿易地帯の東西の縁の部分に位置するフランスやデンマークでは，王権が周囲の競争者を圧するのに十分な後背地を確保する一方で，支配領域の一部に中央貿易地帯の都市を含むため，その経済資源を国家機構形成に利用できた。しかも，そうした有力都市の抵抗を打破して集権化を進めるためにも，

強力な国家機構を築く必要に迫られていた。だからこそ，中央貿易地帯からさらに東西に離れていて，貿易都市を領域内に含まなかったイングランドやスウェーデンよりも強力な国家機構が形成されることになった。しかし，同じような条件が揃っていれば，必ず集権化や国家機構の整備が促進される，とはいえない。この章の最後でみるように，少なくとも17世紀末までのスペインのように，内外の大きな政治的軍事的脅威に打ち勝つだけの軍と官僚制を構築できず，政体として生き残りはしたものの，集権化に失敗した事例があるからだ。アメリカの歴史社会学者ティリーらは，戦争が国家形成において果たした役割を強調し，「戦争が国家を作る」と主張して，以後の研究に大きな影響を与えた。しかし戦争は国家形成にとって負の帰結をもたらすこともあるのだ。

アンダーソン（弟）の絶対王制の東西比較

　さて，絶対王制が強力な国家機構を作り出した国々の間でも，官僚制のあり方には大きな違いがみられた。フランスでは，国王が売官，つまり官職を貴族や都市のブルジョワに販売することで国家財政を維持していたのに対して，プロイセンでは売官はみられず，能力・実績に応じて国王が任免昇進を決められる合理的な官僚制への道を早くから歩み始めた。この対照を絶対王制の基盤，とりわけ王権と封建領主，ブルジョワなどの関係が違っていたことによって説明しようとしたのがペリー・アンダーソン（ベネディクトの弟）の『絶対王制国家の系譜』である。

　フランスなどヨーロッパの西部は先進地域であり，貨幣経済の浸透（地代の金納化などを通じて農民の自立をもたらす）と都市のブルジョワの台頭によって封建領主の政治的支配は揺らぎつつあった。そこに登場した絶対王制は，官僚制と（ローマ法を基盤にした）司法秩序の整備によって，封建領主の農民支配を近代的な（土地）所有権を軸に立て直

す一方で，都市の発展を促進し，勃興するブルジョワを新たな支配秩序の中に組み入れようとした。売官は，ブルジョワの蓄積した貨幣を吸い上げる一方で，官職の付与を通じて身分秩序の中に従属的に組み込んでいく手段だった。しかしその代償として，家産となった官職とその保有者は国王の意のままに動かすことができなくなり，官僚制の効率性の低さが招く慢性的な財政危機が，フランス大革命による絶対王制の終焉に直結したと考えてよいだろう。

　他方，後のプロイセンなど後進的なヨーロッパ東部では，商業と都市の発達が遅れる一方，農村でも，ヨーロッパ西部で見られた本来の封建制は根付いておらず，農民の隷属性は弱く，封建領主も国王に対して独立性が強かった。しかし14〜15世紀の「封建制の危機」（戦乱やペストによる人口減少）に直面した際，自立化しようとする農民を抑え込もうとする「領主反動」はヨーロッパ西部では失敗に終わったのに対して，東部では地主貴族が農民の隷属性を強めることに成功した（再版農奴制とも呼ばれる）。エルベ川以東の後のプロイセンなどでは，16世紀以降，農民の賦役労働によってヨーロッパ西部への輸出用に直営地で穀物を生産する農場領主制（グーツヘルシャフト）が成立する。ヨーロッパ東部に17世紀に登場した絶対王制は，西部の列強との抗争の結果，軍事的色彩が強くなったが，その政治・軍事機構は，国内では何よりも農民に対する領主反動を支援し農奴制を確立する役割を果たした。

　絶対王権の成立に対して封建領主は当初，反発し抵抗したが，政治的自律性を失うとこれを受け入れ，国王の軍の将校や文民官僚となることで地位や統治への影響力を確保しようとした。つまりプロイセンでは，領主反動に成功し領地での農民支配を固めた土地貴族が絶対王制の国家機構と一体化することになった。売官がほとんど存在しないのは，絶対王権の抑圧もあって都市が弱く，貨幣を蓄積した富裕なブルジョワが稀

少だったうえに，この「公職貴族」（service nobility）の存在の故にその余地がなかったからだ。その結果，プロイセンの官僚制は，国王の指揮のもとに合理的に編成・運用され，フランスのような腐敗や非効率を免れることになったと考えられる。

　かくして，東でも西でも絶対主義は集権化と強大な国家機構を生み出したが，官僚制の性格は対照的なものになったというのである。

ヒンツェ：封建制のタイプと領域官僚制の発達

　マルクス主義者であるアンダーソン（弟）が階級間の力関係によって東西の絶対王制の違いを説明するのに対して，20世紀前半のドイツで国家・行政機構の歴史家として活躍したヒンツェは，当初は，ティリーらと同様に，戦争をめぐる地政学的要因を重視したが，後に国王の中央官僚制と，領域内各地域で諸身分（領主など）が構成する自治的地方団体との関係を前面に押し出すようになった。

　カロリング帝国の版図の中の国々では，領主に国王への従属を強いることの多い，狭義の封建制（レーン制）が強く浸透した結果，古来の部族的地域団体は破壊され，中央から行政官が派遣されて，封建貴族に代わって官僚制が地方行政を把握するという。フランスと北イタリアのピエモンテがこれに該当し，官僚制がほかよりも強力かつ合理的に構築され，効率的な国家経営が行われる一方，高度な軍事力を備えて武力紛争を繰り返した。これに対してカロリング帝国の支配が及ばなかった周辺部では，レーン制が弱かったため，イギリスのカウンティのような自治的地方団体が生き残って，これを代表する貴族的な名望家が地方行政を委ねられ，中央から地方に派遣される領域官僚制は発達しなかった。

　こうした違いは身分制議会にも反映された。レーン制地域では国王に従属的な三部会が支配的となり，それもやがて形骸化して絶対王制が完

表 2 - 2　18世紀ヨーロッパ国家の類型

政治体制の型

		絶対主義	立憲主義
国家機構の性格	家産制	家産的絶対主義 フランスやスペインなど ラテン・ヨーロッパ	家産的立憲主義 ポーランド，ハンガリー
	近代官僚制	官僚制的絶対主義 ドイツ諸邦，デンマーク	官僚制的立憲主義 イギリス，スウェーデン

〔出典：Thomas Ertman, *The Birth of Leviathan*, Cambridge University Press, 1997, p.10.〕

　成に向かうのに対して，周辺部に当たるイングランド，ポーランドやハンガリーでは高位貴族や高位聖職者などが地方団体を足場に王権への自律性を維持した結果，彼らからなる上院が国政上も大きな権限を残す二院制となり，議会主義の傾向が顕著になるという。ヨーロッパ内の封建制の実態の多様性に着目するのはアンダーソンと同じだが，比較の視角は異なり，近代以降の国ごとの中央地方関係の違いに光を当てている。

　売官か否かに関するアンダーソンのモデルと，絶対主義か議会主義かを論じるヒンツェの枠組みを組み合わせ，18世紀までに形成された国家機構を 4 つの類型に分けてみせたのがアメリカの政治学者アートマンである（表 2 - 2：立憲主義はヒンツェの議会主義に対応する）。アートマンの新基軸は，常備軍・官僚制拡大が必要となるような強度の戦争遂行を迫られた時期が15世紀より前か後か，というタイミングで売官になるか否かが分かれた，という説明でアンダーソンの問いに新たな解を与えたことにある。15世紀以前には，行財政や軍事の専門的人材が稀であったため，戦争に直面して常備軍と官僚制の整備を迫られた国王政府は，官職の「家産」化（相続や売買できるようにすること）を認めざるを得ず，資金市場も発達していなかったので徴税請負や売官による資金調達

を迫られた。これに対して，15世紀以降は，大学の増設や軍事的技術の進歩などによって人材が豊富に供給され，資金市場も発達したため，いずれも必要がなくなり，国王が随意に任免できる合理的官僚制となった，という。

2. 国家（官僚制）の自律性の歴史的起源

　しかしアートマンのモデルのうち，売官か否かの区分は，18世紀末に絶対王制がどのような結末を迎えるかを説明するには一定の有用性を持つが，近代以後の官僚制の変容を踏まえて，各国ごとの国家機構の性格付けを考える際にはそうとはいえない。売官はほとんどの国で時代とともにその比重を下げ，フランスにおいてさえ大革命でほぼ一掃されて，19世紀以降は合理的官僚制モデルへの収斂がみられるようになるからだ。

　アンダーソン（弟）の分析で生かすべきは，売官か否かよりもむしろ，プロイセンでは「公職貴族」の故に，合理的官僚制が土地貴族と一体化することになったのに対して，フランスでは，売官の公職が，出自を問わず，事業で貨幣を蓄積したあらゆる階層に流通し，特定の階層との癒着を免れることになったという点であろう。実際，プロイセンや後のドイツの高級官僚ポストは，第一次世界大戦後に至るまでの永きにわたって，エルベ川以東の土地貴族（19世紀以降は「ユンカー」と呼ばれる大農場経営者となる：第4章参照）を軸とする特権階層がその多数を占め続け，第一次世界大戦への道程やナチの権力掌握といった，ドイツのみならず，ヨーロッパ全体の命運を傾ける致命的な事件に舞台裏で関与していくことになる。

　官僚制，国家機構の自律性は，ドイツのみならず，西ヨーロッパ諸国の政治発展や現代の政治のあり方を説明する要因として比較政治のさまざまな研究で用いられてきた。たとえばフランスの歴史学者ビルンボー

ムは，官僚制が社会の支配階層から自律性を持っているか否かで「強い
国家」と「弱い国家」を区別し，さまざまな政治的差異を生むと論じた。

　そこで以下では，英仏独など各国において，近代国家の形成過程にお
いて，官僚制の自律性がどのように形作られていったかをみていこう。
それにはまず，この時代の支配階層であった土地貴族・地主がどのよう
な政治的経済的基盤を持ち，王権・中央政府とどのような関係を結び，
形成期の官僚制にいかにかかわっていたかを明らかにする必要がある。

プロイセン

　17世紀のプロイセン（王号を獲得する1701年まで，正式名称はブラン
デンブルク＝プロイセン）では，宗主権を持つポーランド王や，スウェ
ーデンなど周辺国と死闘（1655〜61年の北方戦争など）を繰り返すなか
で，土地貴族を抑え込む集権化が進められた。1653年に等族（身分制）
議会から常備軍の建設・維持のための徴税に同意を得た後，国内各領邦
の議会は招集されなくなり，等族（特権諸身分）の抵抗も粉砕されて，
1670年代以後，課税は恒久化された。1653年の領邦議会では，課税と同
時に，貴族の農民に対する封建的な政治的行政的支配権（裁判権・警察
権など）を承認しており，アンダーソンの指摘するとおり，大規模農場
（グーツヘルシャフト）を支える再版農奴制の確立は王権による集権化
と軌を一にしていた。

　政治的権利を失った貴族が官僚として国家に吸収されるのと並行し
て，王領の管理と軍の兵站を起源に徴税機構が発達し，一般行政にまで
権限を拡大していった。18世紀初めまでに財務総監理府と軍事総監督庁
という2系統の官僚制が王国の各州に張り巡らされ，1723年には中央に
総監理府が置かれ，両者を総括した。王権が財政基盤を確立した結果，
1740年代までには売官はほぼ消滅する一方，1710年代以降，業績（能力）

主義，合議制，服務規律などの導入によって官僚制の合理化が進展した。

　軍についても，17世紀前半の軍制改革によって，プロイセン貴族が将校として軍に編入された。それまでの外国人将校による募兵制に代えて，王が直接任命する将校が隷属農民から徴兵された部隊を指揮する形に一変させた。軍将校のほとんどがプロイセン貴族出身で，逆にプロイセン貴族の6〜7割が現役か元の将校となった。文民官僚制には18世紀末以降，採用試験・研修制度が導入されるため，将校団と違って，貴族身分でない官僚も増えてくる。とはいえ，貴族身分との一体化がプロイセンの軍や官僚制の最大の特徴であったことは間違いがない。

　しかもその土地貴族は，中央政治では国王に対する発言権を失ったものの，彼らが領地／農場を持つ各地方においては，中央から自律的な統治を許されていた。末端の行政機関である郡では，行政権の長である郡長は，等族からなる郡議会で，つまりおおむね土地貴族の互選によって選任され，所領の農場経営にかかわる利害を守る任務を果たした。国王が郡長の任免に介入することもあったが，19世紀初めまでは，国家機構の最末端である郡長の権限は，そもそも各所領の農場内には及ばないとされていた。国家の集権化と土地貴族の国家機構への組み込みが，土地貴族の局地的な支配権力の強化と並行していたのであり，これが土地貴族の官僚制に対する強い拘束力を永続化させることになった。

フランス

　他方，フランスにおいては，百年戦争後の農村経済の再建過程で，領主の農民に対する封建的支配権が大幅に後退し，事実上の農民の土地所有が成立するに至った。16世紀には貴族領主の没落が進み，旧所領は都市で勃興するブルジョワ（商人・法律家，高利貸など）や国王役人などの手に移っていった。18世紀になると，農村では全体として近代的な地

主が封建領主に取って代わったといわれ，貴族とブルジョワが経済的には同質化していく。貴族も鉱山・精錬など，許された一部の商工業に進出する一方，ブルジョワは所領や官職の購入などによって貴族に成り上がることを目指した。しかるに，18世紀中ごろから貴族など特権エリートが締め付けを強めた結果，ブルジョワの社会的な上昇が壁にぶつかった。フランス史家・柴田三千雄らは，この閉塞状況に対するブルジョワの不満が爆発したのがフランス大革命の原因の一つだと唱えた。

　官僚制の性格との関連で重要なことは，フランスでも，北部を中心に，農民の階層分化と土地の集積が進んだものの，国土全体では小規模な自営農民が優勢を保ち，地主層がイギリスほど政治的な影響力を独占するには至らなかったことである。官僚制についても，1604年のポーレット法（購入価格の60分の1を払えば官職の世襲や譲渡が自由になると定めた）によって，売官制が本格化すると，農村の領主・地主に限らず，都市のブルジョワ全般も官職を手に入れるようになり，プロイセンとは対照的に，官僚制と特定の階層との結び付きは弱まった。

　しかもアートマンらの所説とは異なり，フランスの官僚制は，売官を基礎としつつも，国王の集権化を担う，合理的で効率的な官僚制としての側面も，早くから併せ持っていた。ユグノー戦争末期から三十年戦争前後（16世紀末から17世紀半ば），フランス王権は膨大な戦費を調達するため強引な増税を行ったが，中央から各地方に派遣されて徴税の任務を担ったのが地方長官であった。地方長官は，売官によって官職を購入した「保有官僚」に対して，国王が任免権を握る「親任官僚」であり[1]，大革命後は知事と職名を変えて，以後のフランスにおける中央集権的な統治の柱となる。ヒンツェがフランスの国家機構を特徴付けるとみなし

1　地方長官は訴願審査官（maître des requêtes）の中から選任され，訴願審査官自体は売官の対象だった。しかし訴願審査官はほかの売官職と違って，その売買に国王が承認権を持ち，能力不足や忠誠心欠如などを理由に罷免も可能だった。訴願審査官は国王諮問会議（Conseil du roi）での調査・報告を担当するなど，国王直轄行政の政策決定に関与するポストであり，大革命後は国務院を構成し，知事や大蔵官僚などとともに，国家運営の基軸を担う高級官僚集団（「国家枢要官吏団 grands corps d'État」）の一つとなる。

た領域官僚制こそが，フランスにおける合理的官僚制発達の起源であり，ブルボン朝の絶対王制確立の立役者であった。

　ルイ14世親政期（1660年代以降）には，地方長官を支える現地の官僚機構が整備され，1700年には地区ごとに数十人規模に達したという。地方長官は地域を支配してきた保有官僚を含む貴族や，都市の参事会などに対して，国王の名においてその権限を削り取り，統制を強化していった。トクヴィルが『旧体制（アンシャン・レジーム）と大革命』の中で強調しているように，封建貴族の地域支配は，革命以前に，絶対王権の領域官僚制の発達によってすでに終焉を迎えていたのである（ただし，地方長官や知事の統治は必ずしも一方的に中央の意向を地方に押し付けるものではなかった。第4章1を参照）。特定の社会集団の利益に縛られずに，中央政府の意を受けて支配階層に対しても強大な権限を行使する。フランスにおける「強い国家」，つまり社会から自律的な官僚制の基礎は，すでに絶対王制期の領域官僚制の中に姿を現していたことになる。

イギリス

　イギリスは，伝統的な国家機構形成論では，「弱い国家」「最も弱く最も短命な絶対主義」などと位置付けられてきた。イングランドは，中央貿易地帯から離れていただけでなく，中世から近世初期にかけて有力な貴族家門が薔薇戦争などで壊滅して王権への事実上の集権化が進んでいた。また，イングランドに限れば，フランスなどに比べて地域的アイデンティティも強くなかった。社会に中世以来の特権身分や都市などが強く残っていればいるほど，これを打破するために強力な国家機構が必要になる，という機能主義的な議論によれば，そのようなイングランドでは，強力な国家機構を構築するまでもない，ということになり，現代に至るまで，集権化された「政治的中央」（当初は国王，次いで議会を支

配する地主層）による支配が続いてきた，と論じられてきたのである。

　しかし歴史学者ブリュア（『財政＝軍事国家の衝撃』）によれば，歴史的に一貫してイギリスの国家が小さかったわけではない。確かに16世紀前後のイングランドでは，百年戦争に敗れて大陸から押し出され，対外戦争の可能性が低下していたこともあって，大陸のように常備軍（特に陸軍）を持つ必要がなく，国家機構は極めて小規模に留まった[2]。にもかかわらず王権が絶対主義化に着手したので，議会のジェントリ（地主）勢力によって速やかに阻止された。これがピューリタン革命（1642〜49年）と名誉革命（1688年）である。しかし名誉革命後のイングランド／イギリスは，英仏第二次百年戦争（1689〜1815年：スペインなど3つの継承戦争，七年戦争，ナポレオン戦争と植民地戦争）によって，一転して1世紀以上，常に戦争状態に置かれることになり，17世紀末から18世紀前半にかけて，海軍と徴税機構を中心に国家機構が発達した。これが18世紀末から19世紀にかけて鋳直されて近代的な官僚制の核となった。

　実は，イングランドにも売官や，「閑職」（sinecure）と呼ばれる売官に似たものが存在していた。のみならず，いわゆる「腐敗選挙区」（47頁参照）では，下院議員職も都市自治体の財産と考えられていた。こうした官職が，国王や議会有力者が議員らを操るための「パトロネージ」として19世紀半ばまで幅広くばらまかれていたのである。ただ，収益の高い官職は，「聖職禄」つまり国教会の牧師のポストなども含め，裁判所からも私有財産と認められており，国王による官職の新設とばらまきはその侵害になるとして厳しく制限されていたため，フランスと違って，こうした「古き腐敗」が野放図に増殖することはなかった。

　17世紀末から戦争の世紀に入るが，当初，議会は，軍（海軍が中心）や官僚制の膨張にも常に目を光らせ，必要な人員や経費を徹底的に査定したうえでしか承認を与えなかった。国王に恒久的な財源を与えず，な

2　同時期のフランスは4万人の国王役人（人口400人に1人）を抱えていたのに対し，エリザベス1世時代のイングランドには1,200人（人口4,000人に1人）を数えるのみであった。

るべく頻繁に議会に承認を求めるよう仕向けるため，当初は，借入金（国債発行）を抑え，間接（消費）税ではなく土地への特別課税を優先するなどして議会の監視・統制を徹底させた。しかしスペイン継承戦争（1701〜14年）以後は，土地課税に代わって消費税が戦費調達の主役となる。その徴税事務は土地課税よりはるかに複雑なため，担当する大蔵省の消費税部門が膨張し，当時最大の官僚機構となった。しかし議会が厳しく監視・統制を続けたため，出来上がったのは，高度な職務能力と規律を合わせ持つ専門行政官が主体の，近代的官僚制に近いものだった。

　議会が官僚制の腐敗や非効率を退ける姿勢を維持し得たのは，国王や，大貴族ら政権有力者のばらまくパトロネージに踊らされず，官職や利権よりも国王政府の監視や抑制を優先する「地方（Country）派」が議会内で勢力を保ったからである。国王・政府のパトロネージから下院の独立性を守るため，彼らは議員の官職兼任を制限する改革を推進し，1706年には新設の官職に就いた議員の議員資格を失わせる法律を成立させた。地方派にとって，下院は2つの革命で土地貴族・ジェントリが勝ち取った「自由」，つまり統治の権限を守る砦だった。

　要するに，国王・政府に対する議会の統制が確立された名誉革命後に戦争の時代を迎えた結果，イギリスでは，国家機構が急激に膨張していくなかでも，議会の厳格な監視のもと，比較的効率的な財政・軍事・行政のシステムが構築されることになった。この時期，租税負担率は20％程度と同時期のフランスの倍に達していたが，フランス絶対王制に対するフロンドの乱のような深刻な政治的危機や抵抗を経験することはなかった。専門化した官僚制が支配する権威主義的な政体に比べて，議会のいわば行政の素人が主導権を握るイギリスの統治体制の方が，腐敗や浪費が少ないだけではなく，政治的効率性も高かったといえる。

　とはいえ，一世紀にわたる戦争により，能力本位で選抜された近代的

官僚に近い役人が増えた（消費税徴税部門では3倍になった）のと並行して，働かずに高い報酬を得る閑職保有者の利権も増殖したため，1815年にナポレオン戦争が終わるや，議会は「節減」（retrenchment）を合言葉に官僚制の圧縮に全力を挙げる（第3章参照）。時は「小さな国家」を求める経済自由主義の時代でもあり，戦争の一世紀で膨らんだ官僚制を議会主導で圧縮し，以前のコンパクトな国家機構に戻ろうとする動きが19世紀を通じて続くことになる。かくして，17世紀末以降の戦争の時代を通じた急激な膨張と圧縮の運動を通じて，議会が官僚制に対して生殺与奪の権を握るという特徴がイギリスの国家機構に深く刻み込まれた。

　これはとりもなおさず，議会を支配する土地貴族やジェントリが国家機構に対する支配権を手にしていたことを意味する。第3章でみるように，彼らの権力基盤は広大な所領のある各地方にあり，互選で選ばれる州知事や治安判事を通じて，絶対王制期も含めて，彼らが地方の統治権も握っていた。治安判事は，絶対王制期には中央政府（枢密院）の厳格な統制に服していたが，革命後は撤廃され，ほぼ完全な自律性を持った地方行政機関となっていた。議会が戦争の時代にも官僚制の膨張を最小限にとどめようとしたのは，地主たちの自律的な地方統治に国王役人が侵入してくるのを恐れたからだ。議会では下院の陣笠議員も主にジェントリないし貴族の子弟から指名された。18世紀には，ホイッグの有力貴族が実質上指名権を持つ選挙区が200から300にも及んでいたのである。

　中央の官僚制も同様に，地方の大土地所有層の子弟からリクルートされていた。上にみたように，戦争の時代，特に18世紀中ごろ以降に，引退まで官僚制のなかでキャリアを積み上げる専門行政官が登場し，その採用・養成のシステムが整備されていく。19世紀半ば以降になると競争試験も導入される（58頁参照）が，高級官僚になる上級職ではオックスフォードとケンブリッジ両大学の卒業生が圧倒的な比重を占め続けた。

この時代の「オックスブリッジ」は中等教育の制度（パブリック・スクール）などのために「ジェントルマン」（ジェントリの下の，教養を備えた上流中産層まで含まれる）にしかアクセスできなかったため，議会だけでなく官僚制も，地方統治を牛耳る大土地所有層と一体化していた。

　この点でイギリスはフランスとは対照的であり，むしろプロイセンと同じ構造を示していた。ただ，大土地所有者たる貴族・ジェントリの地方での権力基盤はプロイセンの土地貴族のそれとはまったく異なっていた。

スペイン

　スペインはロッカンの「概念地図」ではフランスやデンマークと同じ地政学的位置を占めており，彼の理論通りなら，都市国家などの抵抗を打破するために強大な絶対王制が形成されたはずである。しかもスペインは，王権の基盤となった中心地域であるアラゴンとカスティーリャのほかに，カタルーニャ以下，文化的社会的な独自性を強く主張するさまざまな地域からなる，いわば寄木細工であり，機能主義的に考えれば，強力な国家機構の構築が求められるところとなる。

　しかし実際には，スペインの国家，特に文民官僚制は19世紀になっても極めて未発達に留まり，これを反映して，フランスとは対照的な分権的な統治体制が続いていた。なぜか。アートマンの叙述に従って，スペインのなかでも，中心地域であるカスティリャで王権が試みた集権化の軌跡をみていくと，抵抗する勢力が強すぎたため，対外戦争に直面した王国政府は，国家機構の強化で領域内の対抗勢力を抑え込むのを諦め，逆に権力の委譲によって同意を取り付ける道に走ったためとわかる。

　スペインでも身分制議会（コルテス）は14世紀中ごろまで大きな発言権を持っていたが，徐々にその権限は縮小され，17世紀半ばには機能停止に陥っている。しかしこれはフランスやプロイセンのように，絶対王

権が確立されて諸身分が従属化されたためではない。確かに14世紀後半，王権は国王委任官僚（コレヒドール：大学で法学を学んだ下級貴族や平民から登用）を都市に派遣し，自治の形骸化を図るなどの集権化を試みた。

　しかし，百年戦争などに積極的に参加していくなかで，王国政府は戦費の財源調達にコルテスの同意を得る労を避けるため，大部分の中小都市からコルテスに代表を送る権限を取り上げ，代表される都市の数を大幅に（100前後から20弱に）減らす一方で，貴族と聖職者には免税特権を付与して，コルテスから脱落させる道を選んだ。しかも，戦争に伴う集権化に反発した貴族が叛乱を起こすと，有力貴族に王領地を譲渡したり年俸禄（世襲年金）を濫発するなどしてこれを抱き込もうとした。有力貴族の権力基盤はますます強化され，王国は集権化どころか，反対に遠心的傾向を強めていった。

　1479年カスティーリャとアラゴンの同君連合が成立し，イザベル１世とフェルディナンド２世の「両カトリック王」のもとで，再び集権化を目指した改革が始まり，王領地の取り戻しや年俸禄の取り消しに加えて，有力貴族を排除した中央官僚制の整備や，代官による都市や地方への統制の強化などの統治機構改革が進められた。しかし，コルテスに残った有力都市との対立が激化すると，今度は都市の貴族・支配層にも免税特権を与え，再び対立の迂回を図り始めた。都市における徴税・財務などの国王役人の官職が売官の対象とされ，王権のもとに一定の集権化をみた都市の統治権が再度，都市貴族や特権階層に売り渡されていった。

　1560年代から17世紀半ばにかけて，周辺での戦争が激化し，スペインに対する地政学的圧力が高まると，権力の拡散は一層顕著となった。都市で大量の官職が新設され，一旦取り戻したはずの王領地も次々と聖俗の領主へ管轄権が移っていった。16世紀末にはカスティリャの領域のうち30％しか王権の直轄下にない有様だった。脆弱な王権に比して領域内

の対抗勢力や戦争の負荷が強すぎると，国王政府による国家機構＝官僚制の整備が進むどころか，権力の拡散と統治の断片化が進むのである。

　かくして，絶対王制期のスペインでは，機能主義の期待に反する「退行現象」が繰り返しみられ，官僚制は十分な強度を身に付けるに至らなかった[3]。ハプスブルク朝では17世紀半ばのオリバーレス伯公爵による改革，スペイン継承戦争後のブルボン朝では「新国家基本令」などによって，再度，集権化と財政再建が試みられたが，カタルーニャの叛乱（1640-1652年，1705-1714年）やナポレオン戦争などによって，そのたびに国家機構強化の努力は頓挫した[4]。スペインの中央政府は，さまざまな地域を統合し地方の地主名望家を中央の統治体制に組み込んでいく力を持った官僚制を欠いたまま，19世紀の自由化・民主化の時期に突入していく。

参考文献

二宮宏之『全体を見る眼と歴史家たち』木鐸社，1986年（平凡社，1995年）

柴田三千雄『近代世界と民衆運動』岩波書店，1983年（再版2001年）

Charles Tilly, *Coercion, Capital, and European States, A.D. 990-1990*, B. Blackwell, 1990.

Stein Rokkan, *State Formation, Nation-Building and Mass Politics in Europe: The Theory of Stein Rokkan*, Oxford University Press, 1999.

Perry Anderson, *Lineages of the Absolutist States*, N.L.B., 1974.

O. ヒンツェ『身分制議会の起源と発展』創文社，1975年

A.R. マイヤーズ『中世ヨーロッパの身分制議会』刀水書房，1996年

B. バディ，P. ビルンボーム『国家の歴史社会学』日本経済評論社，1990年

S. ハンチントン『変革期社会の政治秩序』サイマル出版会，1972年

3　これに対してアンダーソン（弟）は，新大陸の植民地がもたらす大量の銀がスペイン王権に集権化を怠らせたと論じ，機能主義的な論理を維持しようとする。

4　ただし，最近，イギリスの「財政＝軍事国家」論にならって，18世紀のブルボン朝による国家機構建設をより積極的に評価する研究が出てきており，通説的な見方を覆すのか，注目される。

3 | 自由化・民主化の始動 ―地主の時代①　イギリス

中山洋平

《**目標＆ポイント**》　19世紀を通じて，西ヨーロッパでは自由化・民主化を求めるさまざまな運動が盛り上がり，産業化などの進展とともにその勢いは増した。しかし，いかなるグループがどのような形態や戦略で運動を起こしたかは，統治の構造次第で国ごとに多様であり，そこから国ごとに独自の自由化・民主化のパターンが生まれた。この章では，まずイギリスを取り上げる。ほぼ一貫して地主・貴族による上からの漸進的な改革が進められ，これが大陸と大きく異なる政治構造の起源になったことを示していきたい。

《**キーワード**》　ジェントリ，治安判事，ウィルクス事件，非国教徒，アイルランド，第一次選挙法改正，チャーティスト運動，グラッドストン

1．自由主義とブルジョワ

　1789年に始まったフランス大革命は劇的に絶対王制を葬り，以後，フランスでは一世紀にわたって，革命による自由化・民主化と反動の振り子現象が繰り返される。多くの大陸諸国でも，ナポレオンによる占領が19世紀を通じた漸進的な政治的「近代化」と自由化・民主化の口火を切った。これに対して，イギリスやハプスブルク君主国では，革命に対抗しつつも，内発的な改革を続けた。いずれの場合も，絶対王制期に形成された基本的な統治の構造は19世紀に引き継がれ，特に，前章でみた官僚制と支配階層の関係（自律性の有無）は継承・再生産されていく。さまざまな形の支配階層（英仏独では大土地所有層）の権力独占に対して，

産業化やナショナリズムの勃興によって台頭した新たな階層・集団が,解放・参加を求めて下から圧力を掛けるという構図になる。

この時代,自由化・民主化を目指す改革や革命を先導したのは「自由主義」と総称される運動であり,これを「ブルジョワ」と総称される（主に都市の）諸階層が主導したとされることが多い。典型的なのは自由専門職など「教養市民層」が主役となったドイツだが,ヨーロッパ全体を見渡せば,自由主義の政治運動を支えたのはブルジョワに決して限られず[1],各国ごとにバラバラなのが実情だった。たとえば,ハンガリーでは小土地所有貴族,イギリスでは貴族・ジェントリ（地主）の一部が重要な担い手となっていたのである。また,19世紀前半に限っても,自由化・民主化の運動を担う勢力が自由主義を唱えるとは限らない。

19世紀の西ヨーロッパ諸国のうち,本章と次章で扱う英仏独などでは,大土地所有層の支配にブルジョワや都市民衆,労働者などが挑戦するという構図は共通だったものの,統治構造が多様だったために,自由化・民主化のパターンも国ごとに独自のものとなった。他方,ノルウェーやオランダ,ベルギーなどは強力な地主層を欠いていたため,別のダイナミズムで自由化・民主化が進むことになる（第7章参照）。

2. 貴族・ジェントリ支配の基盤と挑戦者

20世紀のイギリス政治は,大陸ヨーロッパに対してさまざまな独自性を示してきたが,その起源の一つは,19世紀の自由化・民主化の過程において,下からのさまざまな異議申し立てを大土地所有者からなる寡頭的エリートが上から吸収することにほぼ成功してしまったことにある。その原因として,包括的な自由主義のドクトリンに基づく運動がなかったことがよく挙げられる。選挙権の拡大を目指す中産層,穀物法の廃止

1　ちなみにドイツ語を使うと「自由主義＝ブルジョワ」という図式に囚われやすくなる。ドイツ語の Bürgertum には「ブルジョワ」（教養と財産を持つ都市居住者）と「市民」（英／仏語なら citizen／citoyen：自由主義の思想では,身分・中間団体が一掃された社会を構成し,理性によって公共の事柄を討議・決定する主体を指す）の2つの語義が同居しており,両者の区別が曖昧になりがちだからだ。

を求める産業資本家，宗教的差別の撤廃を求めるカトリックや非国教徒
など，さまざまな自由や権利を求める勢力が各々自らの争点に絞った運
動を展開し，協力や結集を図るのは稀だった。そのため，政府や議会の
エリートが先取りして機敏に改革を実施することで，異議申し立ての運
動は個別に体制に取り込まれ，ジェントリら大土地所有層の政治的ヘゲ
モニーは19世紀末まで揺るがなかった。また個別の運動の取り込みには，
イギリス特有の政党制も貢献した。いずれも大土地所有層の支配する二
大政党が，折々に突出した争点に従って離合集散と政権の授受を繰り返
すことで，その争点に基づく運動の支持勢力を取り込むことができた。

大土地所有支配の経済的文化的基礎

　しかし，フランスやドイツとの差異を説明するには，これらの要因で
は足りず，やはり19世紀イギリスの統治構造と，支配階層たる大土地所
有層（貴族とジェントリ）の権力基盤に着目しなければならない。名誉
革命後の地方では，彼らの互選で選ばれた治安判事が，救貧行政や物
価・賃金の規制，橋梁・道路の整備，さらにはこれに必要な財源に充て
る地方税の徴収など，地方行政に幅広い権限を行使した。地域の利害は
治安判事が主催する「四季裁判所」が集約し，選出国会議員などの力を
借りて中央の議会に表出する形になっていた。つまり，中央から自律性
を持った地方権力の担い手である大土地所有層が，同時に中央の権力
（議会）を掌握していた。高級官僚層の独占（前章参照）も含めて，彼ら
の支配が国制の隅々まで貫徹する極めて寡頭的な統治構造となっていた。
　貴族・ジェントリの権力基盤である大土地所有は，18世紀から19世紀
初めまで続いた第二次囲い込み運動（議会エンクロージャー）を通して
強化され，18世紀の農業革命（穀物生産）を通じて彼らの農業経営は資
本主義化していった。地主自ら経営するのではなく借地農から地代を得

る形態をとっていたが，ナポレオン戦争の後，「高度集約農業」（排水工事と大量の肥料によって高い生産性を上げた）が普及し始め，地代が高騰した結果，大土地所有層の経済的基盤は強化され，19世紀半ばに全盛期を迎える。

　資本主義的経営を行う大土地所有者が地方統治を牛耳る点では，プロイセンなどに似ているが，グーツヘル（19世紀以降はユンカー）と異なり，イギリスの貴族やジェントリは農民に対して封建的な支配権は持っていなかった。フランス同様，中世末期以来，農村に貨幣・市場経済が浸透した結果，人格的支配権などは早期に消滅して農民は自由になっていたからである。代わりに，土地所有に基づく経済力・社会的な威信を背景に，パターナリズムによって農民から自発的な信従（deference）を確保していた。つまり，土地を所有する村の農民・民衆の生活の安定に配慮し，行事における饗応などの恩恵を施す代わりに尊崇を得ていたのである。プロイセンのグーツヘルやユンカーの支配が封建的身分的色彩を残していた（第4章参照）のとは異なり，近代的な名望家支配の一種だったといえる。

　その一方でイギリス貴族は，王室に連なる伝統的な生活様式やこれに基づく権威を維持し，下の階層に対して文化的社会的に強い影響力を行使し続けた。フランスやプロイセンと異なり，イギリスでは貴族の数は限られていたが，非貴族のジェントリも地域の有力貴族の指導に従い，大土地所有層は一体となって行動した。都市のブルジョワも貴族の権威に弱く，商工業で富を蓄えると競って農村に土地を購入して，ジェントリ，ひいては貴族の仲間入りをしようと試みた[2]。伝統的な貴族やジェントリの方も，19世紀に入ると次三男を通じて，商工業や植民地経営に進出し，産業資本主義や帝国経済に順応していった。

　かくして貴族・ジェントリは，下からの社会的上昇に比較的開かれた

2　爵位を得るには，所領購入だけではなく，地元貴族との縁組，治安判事や州長官，下院議員など中央の官職といった階段を上っていく必要があり，数世代は必要だったとされる。その間，事業の繁栄を維持するのは容易ではない。

性格を維持しつつも，下の階層に対する圧倒的な影響力を維持した。だからこそ柔軟に上からの改革を繰り返して，勃興し挑戦してくる下の階層を細切れにして体制に取り込むことができた。これこそが，プロイセンと異なり，大土地所有層が自ら自由化・民主化を進めながら，深刻な危機を回避し19世紀を通じて政治的覇権を維持する秘訣となった。

急進派の挑戦と都市民衆

　名誉革命後の議会政治は，ホイッグとトーリーの対立といっても，20世紀の二大政党の議会政治とはまったく異なり，その実態は，ホイッグ派の領袖を兼ねる大貴族たちが，すでにみた「古き腐敗」（37頁参照）を利用したパトロネージのばら撒きによって陣笠議員をかき集め，派閥の合従連衡で多数派を形成するという有様だった。1760年にハノーヴァー朝初のイギリス生まれの国王となるジョージ3世が即位すると，「国王の友」と呼ばれる取り巻き集団も形成され，議会での権力争いは激化した。議会の寡頭支配に反発したのが，ロンドンの歴史的中心部「シティ」の中流商人層である。ロンドン市議会を拠点に，議席の再配分，任期の短縮（7年から1年に），（都市選挙区の人口が減るなどして有力者が事実上当選者を指名できる）いわゆる懐中・腐敗選挙区の廃止といった議会改革を要求した。

　彼ら「急進派」自体の影響力は限られていたが，これを増幅したのが，1763年に始まった「ウィルクス事件／運動」を通じて初めて国政に参入してきた都市民衆である。ウィルクスは怪異な容貌と，奇矯で攻撃的な言動で知られた雑誌の発行人であり，当初はビュート伯という王の寵臣への攻撃を通じてスコットランド人への反感（第5章参照）を煽る路線をとっていた。しかし，七年戦争の対仏講和を批判して国王誹謗罪で収監されたのを契機に，報道の自由など自由の擁護者として民衆の熱狂的

48

な支持を受けるようになった。以後，議会寡頭制に対する挑発と抵抗を繰り返し，その一環として議会改革を主張して急進派に歩調を合せるようにもなった。都市民衆の騒擾の圧力がウィルクスを通じて急進派の改革要求に接合され，議会寡頭制にも一定の衝撃を与えたのである。

　ただ，この運動は十年余にわたったものの，結局，議会改革・寡頭制の打破という点ではほとんど成果を挙げることができずに終わった。一つの要因として，1783年に清新なイメージの小ピット（当時弱冠25歳）が首相に就任したことが挙げられる。当初，意欲を示した議会改革こそ，身内の議員らの反対の強さから断念したものの，中央省庁や海軍におけるパトロネージを削減するなど，戦争で膨らんだ国家機構の「節減」（39頁参照）に努めたことで，反腐敗の世論に応えた。

　しかし，より重要なのは，ウィルクスの背後にいる都市民衆と，ロンドン市議会に陣取る急進派との間には埋め難い溝があったことである。18世紀のロンドンでは，民衆暴動が政治的示威行動の性格を帯びることは珍しくなかった。暴動は，居酒屋などを拠点にしたネットワークに基づいて組織されることが多かったが，民衆の考える歴史的な権利や自由の擁護を目指すものとなるため，ウィルクス事件のように，議会をめぐるエリート間の政治的対立の争点に連動することは稀だった。金持ちや特権階層に対する反発から急進派寄りになることもあれば，逆に急進派やその支持者を攻撃することもあった。当時の民衆の間では，反カトリックがイギリス人意識の中核をなしており，彼らの排外的愛国主義が非国教徒全体に向かうことも珍しくなかった（第5章参照）。しかるに，議会改革を求める急進派の多くは非国教徒のプロテスタントであり，反国教会感情が結束の拠り所にもなっていたため，宗教が争点化されると，都市民衆とは，連携どころか正面から衝突することになる。フランス革命中の1795年に起きた「教会と国王」暴動はこの図式を典型的に示す[3]。

3　ウィルクスの運動も，ロンドン（中心部「シティ」）の市長になった彼が1780年，カトリック救済法（1778）に反発した民衆が起こしたゴードン暴動の弾圧の指揮を執らざるを得なかったことで終焉を迎えた。

民衆運動の抑圧とカトリック解放

　ただし，ウィルクス事件以後，世論が国政において重要性を増した。それまでは議会における審議の報道さえ禁じられていたのが，事件を契機に，新聞などの商業媒体を介して世論が議会内の綱引きを大きく左右するようになった。フランス革命に対しては，勃発当初こそ，国内世論は好意的で，影響を受けた労働者・職人や非国教徒らによる改革運動も活発化した。しかし国王処刑を契機に革命が急進化すると状況は一変した。1793年の対仏開戦以後，革命に反発する世論を背景に，小ピット政権は国内の急進派，非国教徒や民衆の運動に対して著しい抑圧立法を積み重ねた。この時期，政権与党が新たにトーリー党（後に保守党となる）と呼ばれるようになったのに対し，フランス革命に好意的なフォックスらは孤立して長年野党に甘んじたが，その間に新たなホイッグ党（後に自由党となる）の核となる組織を築いた。なかでもグレイ伯爵らは議会改革を旗印に掲げ，自由主義へのコミットを深めた。

　1820年代，遂に戦争の世紀が終わったのを受けて「節減」が実行され，行財政改革でパトロネージは大きく削減された。ピールやカニングら「トーリー・リベラリズム」の旗手の尽力で，関税引き下げなどの経済自由主義路線が推進された（ただし，戦争終結による穀物価格の下落から地主を守るため1815年に制定された穀物法は廃止されなかった）。にもかかわらず，政治面ではトーリー党政権は小ピットの抑圧路線を継続した。北部の都市では，ナポレオン戦争後の経済危機を背景に，議会改革・選挙法改正を要求する民衆の運動が盛り上がりをみせた。

　しかし1819年8月，マンチェスターの広場で6万人の労働者の集会が開かれると，軍が流血の弾圧を加えた（ピータールーの虐殺）。政府は集会やデモを禁止する「治安六法」を成立させ，自由化・民主化を断固阻止する構えをみせた。ナポレオン戦争中の1811年には戦争による失業

などの苦境を背景に，織物機械を破壊する「ラダイト運動」が始まり，1816年には示威行動にも発展していたが，政府・議会は多数の労働者の処刑で応えた。民衆運動に対しては力で抑え込む姿勢が徹底されていた。

　名誉革命後の寡頭支配体制で，民衆とともに最も厳しく排除・抑圧されていたのは，アイルランドを中心とするカトリック教徒である。ピューリタン革命中に残虐な侵略を受けたアイルランドは，征服された後，長らく激しい収奪と抑圧に苦しんだ。宗教的にも，革命後の体制では国教会が支柱の一つとなっており，非国教徒には厳しい差別が加えられた。審査法・地方自治体法などによって公職に就く権利を奪われていたのは，プロテスタントの非国教徒（イングランドなどでは長老派も含む）も同じだったが，カトリックは弁護士などの自由専門職に就いたり土地を所有したりする権利まで制限されていた。

　しかし，フランス革命中に，同じカトリックの革命フランス政府とアイルランドが組めば，深刻な安全保障上の脅威になることを危惧した小ピット政権は1791〜93年にカトリック救済法を制定した。上記の権利制限を緩和し，アイルランドに限っては選挙権まで付与したのである[4]。19世紀初めには英軍兵士の30%がアイルランド人で占められているという事情もこの決断を後押しした。実際，1798年には政治結社「ユナイティッド・アイリッシュメン」が叛乱を起こし，アイルランド共和国の樹立を目指して内戦となった。叛乱側の要請を受けて革命フランス軍も少数ながら侵攻し，叛乱側が一時は島の1/4を占領して死者3万を出した。

　ナポレオン戦争終了で危機が去ったかにみえた1828年，今度は「カトリック教徒協会」を率いるオコンネルが，審査法により議席に就くことができないことを逆手にとって，補欠選挙で圧倒的な勝利を挙げては再出馬するという手法で民衆を煽動し始めた。トーリー党はカトリック解

4　アイルランドでは少数派のプロテスタント（国教徒）にとっては，カトリックに対する政治的優位を守るには，ダブリンにおかれた議会を廃止してロンドンの議会に合同し，イギリス全体のプロテスタントの多数派に守ってもらうしかない。かくしてアイルランドはグレート・ブリテンと合同し，「連合王国」が成立することになった

放をめぐって分裂しており，当時の政権は首相ウェリントン公爵，内相ピールともに解放反対派だったが，現地民衆の暴発を防ぐため，1828年の審査法の廃止に続き，翌29年にはカトリック解放に踏み切った。

　宗教的平等という政治的自由化の重要なステップが実現したのは，アイルランドが安全保障や治安維持に与える脅威を前に，議会寡頭制が下からの運動の圧力に負けて譲歩に追い込まれたからであり，次にみる選挙法改正と議会改革とは対照的である。議会を支配する大土地所有層がヘゲモニーを維持したまま，下からの運動を細切れにして取り込むという19世紀イギリスの自由化・民主化のパターンは，この後もアイルランドに対してだけは通用せず，繰り返し深刻な政治的危機を招くであろう。

3.　上からの包摂の成功

第一次選挙法改正とホイッグ政権の改革

　カトリック解放に応じた後も，首相ウェリントン公爵は議会改革については拒み続けようとした。しかし1820年代後半には，これまで沈黙を続けていた都市の中産層（ブルジョワ）が，穀物法廃止に加えて選挙法改正を求めて動き始め，議会に数百の請願（百数十万の署名）を突き付けて圧力を強めた。1830年代に入るとこれに労働者・民衆が加わる。1830年1月，銀行家がバーミンガムで政治改革組織を立ち上げると，労働者までが幅広く結集し，ロンドンやほかの地域にも同じモデルの組織が波及していった。さらに翌1831年春にはロンドンで「全国労働者階級同盟」が設立され，普選・無記名投票・毎年改選などの抜本改革を求めて，労働者独自の改革運動の中心となった。大陸では七月革命後の動乱が続いており，このまま放置すれば，イギリスでも都市の民衆暴動から武装国民軍の結成へという展開になりかねない。しかし議会改革の時宜をめぐって与党も割れた。1830年11月，行き詰まったウェリントン公が

退陣し，ホイッグ党が半世紀ぶりに政権に復帰した。グレイ伯爵政権が提出した選挙法改正法案はトーリー党の激しい抵抗にあったが，1831年4月の議会解散・7月総選挙で勝利し，最後まで反対した上院に対しては，国王による新貴族の叙任の脅しまで使ってようやく屈服させた[5]。

こうして成立した1832年の第一次選挙法改正に関して，重要なことは，ホイッグ党政権は，単に大衆運動の圧力に負けて譲歩させられたわけではないという点である。もともとホイッグ貴族のなかには，大土地所有層支配の正当性を強化するために積極的に議会改革を推進しようとする勢力が根付いており，彼らこそ当時のイギリスでは最も強力な自由主義勢力であった。改革運動を主導した中産層もホイッグによる上からの改革に期待し，請願，集会，出版などの運動はホイッグの改革案の枠内で行われた。政権交代後には，あくまでグレイ伯政権の法改正への努力を支援する姿勢に徹した。

これに飽き足らない都市の民衆・労働者勢力は独自の運動を強化したが，中産層はこれと連携しようとはしなかった。1831年10月，上院での政府法案否決に際して，イングランドのいくつかの都市で民衆の抗議が暴動に発展し，軍による鎮圧で死者まで出したが，世論が動くことはなかった。議会寡頭制に対してより挑戦的な民衆運動は議会改革をめぐる大土地主所有層のなかの妥協形成にほとんど影響を与えることができなかったのである。この時期，農村では，中世14世紀の農民叛乱にもたとえられる「スウィング暴動」が発生していた。大農場の農業労働者が打穀機を破壊して回る運動が16州にも及ぶ大規模な運動だったが，「暴力を伴う団体交渉」と呼ばれるように，その実態は賃上げなどの経済的動機に基づくものだったため，都市の政治運動とはリンクせず，政権は指導者の処刑を伴う厳しい抑圧を加えて鎮圧に成功した。

結局，議会を牛耳る大土地所有層としては，政権交代を通じて機敏に

5　当初，国王は新貴族叙任に反対し，グレイを一旦総辞職に追い込んだが，組閣をめぐる綱引きの結果，国王が屈服させられた。この後，1834年に後継のホイッグ内閣を退陣させたのが，イギリス憲政史上，国王の組閣への最後の介入となる。

上から改革を実施することによって，中産層の運動を取り込んで革命の
危険を未然に防止できたことになる。実現した選挙法改正もトーリー党
と妥協するため大幅な譲歩が織り込まれており，総じて，改正後の議会
においても大土地所有層のヘゲモニーが問題なく維持されるように設計
されていた。中産層全体に選挙権が拡大されたが，1831年に50万だった
有権者が1833年に81万人になったに留まる。有権者数の少ない，百を越
える選挙区から議席が剥奪されたが，懐中選挙区はなお多数残存してい
た。人口の急増で過少代表になっていたイングランド北部の産業都市に
定数が再配分される一方，都市のブルジョワの発言権増大を相殺するか
のように，貴族の影響力が強い農村部も議席増の恩恵を受けた。

　二大政党間の競合と交代を通じて，下からの異議申し立ての脅威が高
まる前に上から先取り的な改革を行い，自らの主導権を維持できる着地
点に導きつつ，下の階層を細切れに取り込む。以後，19世紀イギリスで
はこのパターンの繰り返しで，自由化・民主化が進んでいく。

　選挙法改正後の1832年の総選挙で政権基盤を強化したホイッグ党は選
挙法改正を補完する一連の改革を実施していく。名誉革命以来の統治体
制を手直しし，都市中産層の利益と参加を確保することで大土地所有層
の統治の効率化や正当性強化を目指すものだった。まず35年の都市自治
体法により，古い家柄や有力者など人口の１割以下が参政権を独占して
きた都市の政治に非国教徒を含む新興ブルジョワが参入を認められた。

　次いで，出生・死亡・婚姻などの戸籍登録の権限が1836年の法改正に
より，非国教徒のプロテスタント教会にも認められ，これまでその権限
を独占してきたイングランド国教会は住民への影響力の基盤の一つを失
うことになった。もともとイングランド国教会は国家と融合しており，
教区は地方行政の末端単位だった。名誉革命体制では政治と宗教は表裏
一体の関係を深めており，貴族・ジェントリは国教会の牧師と二人三脚

で地方統治を行っていた。18世紀初め以降は，牧師が治安判事を兼任する例が増えるなど，大土地所有層との結合関係を深めた。聖職禄（非国教徒を含む教区住民から徴収される「十分の一税」で賄われる聖職者の給与）を目当てに聖職者のポストがパトロネージとして配分される傾向が強まって，牧師らの質が低下し，複数ポストの兼職（兼禄）で牧師が不在になる教区も増えた。そこへ18世紀末以降，都市化に合わせて民衆の間に福音主義が広まったが，このような有様の国教会には対応する力は残されていなかった。特に北部の産業都市では，急増する人口に教区の再配置が追い付かなかった。結局，非国教徒のプロテスタントやカトリックが急激に増え，19世紀半ばには人口の4割を占めるまでに至った。彼らの間には，1830年の政権交代の前から国教会の牧師や十分の一税への反発が強くなっており，36年の改革を後押しした[6]。十分の一税の廃止などさらなる特権剥奪を目指す運動も続いたが，トーリー（保守）党がこれを阻止する国教会の擁護者として振舞うようになった。これが二大政党間の争点になり，やがて保守党復活の一因ともなった。

　しかし，ホイッグ党政権は都市の中産層や非国教徒を取り込むための改革ばかりを進めたわけではない。たとえば，1834年の救貧法改正は，院外救済（在宅のまま現金などを給付する，いわゆる「スピーナムランド制度」：フランス革命下の民衆の困窮と食料暴動に対応すべく普及した）を廃止し，救貧院に収容して劣等処遇に留めるとするもので，中産層の税負担を削減すると同時に，低廉な労働力を絞り出すことが期待でき，産業資本家の利益に添うものとされることが多い。しかし，給付などの管理運営をみれば，改正前には中農や商店主が牛耳っており，治安判事以下の大土地所有層は多額の救貧税を負担しているにもかかわらず，直接関与していなかった。改正で設立された救貧法保護委員会では，所有不動産価値に応じた複数投票制がとられ，治安判事が必ず参加する

6　国教会内部でも下層の聖職者には，教会幹部の規律の弛緩や兼禄などの腐敗に対して不満が高まっていたため，この改革を機に内部改革が開始され，兼禄が禁止され，北部工業地帯に主教区が2つ新設された。

ようになるなど，地主の比重が高められ，貴族の権威が強化されること
になった。実は，チャドウイックら，改革を立案した王立委員会のベン
サム主義者は救貧行政の中央集権化を構想していたが，実現した改革は，
逆に大土地所有層の地域支配を強化する結果になった。

チャーティスト運動とピール政権の経済社会改革

　かくして，ホイッグ政権の一連の改革によって貴族・ジェントリの支
配体制は中産層を取り込みつつ基盤の強化に成功した。これに正面から
挑戦したのが，1837年以後の深刻な不況と不作のなかで三次にわたって
波状に盛り上がった民衆の改革運動，チャーティスト運動である。当初
はロンドンやバーミンガムの職人的な熟練労働者が軸となり，1838年5
月に打ち出された「人民憲章」では，選挙法改正時の労働者団体の要求
を継受し，男子普選や毎年改選，平等な選挙区配分を掲げた。「憲章」
運動は，まず第一に，中産層だけを取り込んだ選挙法改正によって取り
残された労働者の異議申し立てだったのである。

　しかし，北部の産業都市で新救貧法反対闘争が盛り上がると，その主
力である工場労働者も「憲章」運動に流れ込んできた。家族を解体して
救貧院に収容するとした新救貧法の規定が，北部では当初厳格に適用さ
れたため，救貧院は「バスティーユ（牢獄）」と呼ばれて民衆の怨嗟の
的となっていた。また，チャーティスト運動には，1824年の団結禁止法
廃止とともに各地で復活した労働組合運動も合流した。「憲章」運動と
並行して，たとえば1842年7〜8月にはランカシャーで工場労働者によ
る「点火栓引抜き暴動」が起きている。これは工場の蒸気機関を止める
操業妨害を手段にして賃上げと現物賃金撤廃を要求する運動であり，選
挙法改正までとは違って，経済的要求を掲げた労働者の運動が政治改革
を求める運動と接続するようになったことを示している。農村からも，

農地の分配を求めてオコナー率いる「土地計画」運動に集まっていた農業労働者や小屋住み農が「憲章」運動に参加した。

　つまり「憲章」運動が急速に盛り上がったのは，こうしたさまざまな民衆運動の結集に成功したからである。しかし，これまでできなかった結集がなぜ可能になったのか。この問いに対して，運動の担い手の「階級的性格」の解明にこだわってきた伝統的な研究は説得的な回答を示せなかった。これに対して，歴史学界で「言語論的転回」を主導したステッドマン・ジョーンズは，「憲章」運動の言説にこそ秘訣があったと主張する。失業や低賃金など，都市や農村で広汎な貧困を生み出している農地や資本などの生産手段の独占も，実は立法権力が少数の特権階層に独占されている政治体制の結果なのだから，普選を実現すれば全ての貧困や抑圧は解決すると説くことで相互に異質で雑多な要求を一つの政治運動にまとめることができたというのだ。

　運動が無数の署名を集めて議会に提出した請願は第1次（1839年7月。128万の署名），第2次（1842年5月。331万）いずれも下院で大差で却下され，何の成果も生まなかった。その後，景気回復と鉄道ブームのなかで運動は下火になる。48年にフランス二月革命の影響で最後の盛上がりをみせ，公称600万の署名を集めたものの，同年4月のデモ集会を政府は17万の警察とウェリントン公指揮の軍隊で解散させた。この後「繁栄の50年代」を迎えて運動が蘇ることはなかったので，チャーティスト運動の劇的な隆盛と衰退には景気変動も確かに影響している。

　しかしステッドマン・ジョーンズの解釈に倣えば，議会改革を前面に出した「憲章」運動が急速に説得力を失ったのは，40年代に入って，トーリー党のピール政権がチャーティスト運動などに対抗すべく，穀物法の廃止など経済自由主義に基づく一連の改革に加え，工場法，公教育の充実などの社会立法を実現したことが決定的だった。30年代には新救貧

法に象徴される剥き出しの市場競争を議会が民衆に押し付けたからこ
そ，寡頭的議会制による収奪という「憲章」の論理が幅広い民衆に対し
て説得力を持った。しかし，議会が労働者・民衆の経済的境遇を具体的
に改善する姿勢に転じたのであれば，大土地所有層による議会の独占を
打破しなくても，たとえば，労組は体制内での経営者や政府との交渉に
よって成果を期待できることになる。かくして「憲章」運動は統合力を
失い，個別の経済的要求を掲げる運動に分解していったのである。

政党の組織化とピール，グラッドストンによる政党制の再編

　チャーティスト運動が潰えた後は，経済的繁栄のなか，一転して，工
場制の熟練労働者が主体の穏健な（非政治的な）労働組合が主流となっ
た。比較的賃金の高い「労働貴族」だった彼らは自助と節約の価値観を
身に付け，議会を仕切る大土地所有層からみても危険なく体制に統合し
得ると判断されるようになった。1867年の第二次選挙法改正はこの階層
を議会内に取り込むことを目的に，二大政党が上から実施したものであ
る。議会改革を推進する知識人・非国教徒や，労働者の団体も活動して
はいたものの，下からの運動の関与は第一次改正に比べてもはるかに希
薄であった。保守党のディズレーリと自由党のグラッドストンはいずれ
も有権者の増加が自党に有利になるように改革を設計しようと競い合
い，結果として選挙権拡大のテンポを早めた。以後の選挙法改正も同じ
メカニズムで行われ，1884年の第三次改正では，都市・農村ともに全て
の男子戸主に選挙権が付与されるとともに，おおむね小選挙区制に移行し，
後にウエストミンスター型と呼ばれる国制の基礎が出揃うことになる。

　大衆運動の圧力によって普選が実現した世紀末の多くの大陸諸国（第
6－7章参照）と異なり，イギリスでは上から段階的に選挙権が付与さ
れていったため，政党の組織化も下からの大衆運動によってではなく，

議会のエリートによって上から進められることになった。第一次選挙法
改正によって数が増えた有権者は，選挙の前に選挙登録が必要になった
ため，候補者や党がその手続きを代行し費用も負担することで有権者を
自党に組織化し始めた。この動きは第二次選挙改正後に本格化する。

　選挙法改正のたびに選挙区の再配分が進み，懐中選挙区は減少した。
また，ピールらの不断の努力によって「節減」はさらに進み，特にピー
ルを師と仰ぐグラッドストンは官僚制改革を断行して，中央省庁や軍の
将校団の採用に競争選抜制度を導入した（39頁）。かくして議会の政党
領袖が配分できる議席や官職の数は少なくなった。大土地所有層の議会
寡頭制によるパトロネージの配分が社会と国家をつないでいた時代は終
焉し，政党の政策と理念が選挙を介して有権者を議会に統合する時代へ
と移っていく。二大政党が政策的イデオロギー的に比較的均質な信条を
共有する議員らから構成されることが重要になってくるが，そのための
政党再編に大きく貢献したのもピールとグラッドストンの師弟であった。

　ランカシャーの大綿業経営者の子であったピールは，41年総選挙で保
守党が農業利益の保護を掲げることで政権を奪回したにもかかわらず，
反穀物法同盟の運動の脅威に対抗するため関税廃止を進めるなど，経済
自由主義を貫いた。また，1846年には，アイルランドのジャガイモ凶作
による大飢饉に対応するため，自党の猛烈な反対を押し切って，ついに
穀物法の廃止を強行した。直後に保守党内ではディズレーリの率いる造
反が起こってピール政権は崩壊し，ピール派百名余が離党して保守党は
分裂することになった。ピールが1850年に死去した後，ピール派を率い
て59年に自由党へ合流したのがグラッドストンである。これにより，経
済自由主義（トーリー・リベラリズム）のピールらと，大土地所有層の
農業利益への傾斜を深めたウェリントン公ら保守派が同じ党に共存す
る，ナポレオン戦争終結以来のねじれ状態は解消された。

　自由党でも第一次選挙改正後には，党に合流し始めた急進派が都市で組織化を進め，農村での古い影響力に固執するホイッグ貴族に対して選挙面で優位に立つようになった。ただ，彼らには議会指導や行政指揮の経験も，党内のさまざまな勢力をまとめる威信もなかったため，議員団指導部では引き続きパーマストン子爵らホイッグ貴族が主導権を保った。しかし，移籍してきたグラッドストンが大衆に直接訴えかけるリーダーシップで熱狂的な支持を集めると，もはや太刀打ちできなかった。

　しかも，リヴァプールの豪商の子だったグラッドストンには，「節減」を訴えるピールの弟子の顔とは別に，非国教徒の権利擁護などを核とする18世紀以来の都市急進派の伝統の継承者という側面も併せ持っていた（ただし本人は敬虔な国教徒だった）。1868年に政権に就くや，アイルランドに対する抑圧の軽減に努め，1886年以降，有名なアイルランド自治法案を前面に出すようになったため，自由党内のホイッグ貴族や地主など保守派は離党し，保守党へ移っていった。1879年，グラッドストンは「ミドロジアン・キャンペーン」を開始する。ミュージック・ホールなどでのイベントに新聞報道を連動させるといった新たな宣伝手法により，70年代半ば以降の大衆動員・組織化の流れを加速させた。二大政党を政策中心の組織政党間の競争へと移行させ，近代的な政党政治を完成させるうえで，グラッドストンは決定的な役割を果たしたのである。

参考文献

近藤和彦編『長い18世紀のイギリス：その政治社会』山川出版社，2002年

G. リューデ『歴史における群衆：英仏民衆運動史1730-1848』法律文化社，1982年

John Breuilly, *Labour and Liberalism in Nineteenth-century Europe*, Manchester University Press, 1992.

G. ステッドマン・ジョーンズ『階級という言語：イングランド労働者階級の政治社会史　1832-1982年』刀水書房，2010年

R. マックウィリアム『一九世紀イギリスの民衆と政治文化』昭和堂，2004年

Eugenio F. Biagini, *Liberty, retrenchment and reform: popular liberalism in the Age of Gladstone, 1860-1880*, Cambridge University Press, 1992.

4 | 自由化・民主化の始動
─地主の時代②　フランスとドイツ

中山洋平

《**目標＆ポイント**》　この章では，引き続き，プロイセン（後のドイツ）とフランスについて，19世紀の自由化・民主化のパターンを分析する。プロイセン／ドイツでは自由化・民主化が停滞し，フランスでは，首都の革命によって体制が転覆を繰り返す「振り子現象」がみられた。英仏独3か国を比較する限り，こうした多様な政治発展のパターンは，大土地所有層による地域支配のあり方の違いに最大の原因があったと言うことができる。
《**キーワード**》　名望家，知事，共犯関係，ガリカニスム，プロイセン改革，ユンカー，教養市民層，憲法紛争

1.　フランス：国家官僚制の浸透と都市民衆の叛乱

　フランスでは，さまざまな意味でイギリスとはまったく対照的なパターンで19世紀の自由化・民主化が進んだ。大都市，特にパリの民衆が直接行動を繰り返し，体制の転覆や革命の急進化・反動などの展開を直接に左右したのである。さまざまな勢力・アクター間の力比べや調整は，イギリスのように同じ統治の制度のなかで行われるのではなく，革命のたびに旧い制度を破棄したうえで，新たな力関係に基づいた暫定的な妥協として新たな制度が作られる。そのため，揺り戻しが避けられず，自由化・民主化も行きつ戻りつの「振り子」運動を繰り返すことになった。

　ただし，イギリスとの間には共通点も少なくない。短命だったとはい

え，七月王制は，国王や宮廷が積極的に介入する二元型の議院内閣制
（内閣が議会多数派だけでなく国王など元首にも答責する）であり，国
王が官職のパトロネージを配分して官僚議員を増やし，議会を制御しよ
うとしたなどの点で18世紀後半の名誉革命体制との類似性をみることが
できる。何より，封建領主から変質した大土地所有層（フランスでは「名
望家」と呼ばれた）の地域支配に中央政府の基盤を置こうとした点では，
フランスもイギリスや，この後にみるプロイセンとも共通だった。しか
し，この大土地所有層の持つ権力，つまりほかの（下の）階層に対する
経済的政治的文化的な影響力を比べると，フランスの名望家はイギリス
の貴族・ジェントリにまったく及ばず，19世紀の政治体制のいずれにお
いても，安定して強固な支配を確立することができなかった。ここにこ
そ，英仏がまったく異なる自由化・民主化のパターンをたどることにな
る根本的相違を見出すことができる。

　本章の議論を予め要約しておけば，①地方名望家の地域支配が脆弱で
あるため，イギリス，プロイセンのような中央権力からの相対的自律性
を持たず，中央政府や中央が派遣する知事などの官僚制に依存しなけれ
ば統治ができなかった。しかも②中央集権的統治の柱となる官僚制，特
に高級官僚層は，地方を支配しようとする名望家層から截然と分離され
ていた。高級官僚層は，採用や任用に学歴主義が浸透してくるにつれて，
パリのブルジョワ階層からリクルートされる傾向を強め，政治的にも地
方の名望家層からの自律性を維持していた。その結果，中央の国家・政
府は，イギリスと違って，地域を押さえる地主たちに牛耳られることも
なかった反面，プロイセンとも違って，大土地所有層を自らの統治の基
盤としてアテにすることもできなかった。中央権力が依拠できたのは，
高級官僚層が率いる官僚機構のほかは，首都に拠点を置く少数の勢力
（ユルトラ，金融大ブルジョワ：後述）だけだったため，パリや地方の

62

大都市の民衆が街頭の直接行動を起こして実力で中央政府を乗っ取るのは（特に軍や警察が何らかの理由で動けなくなっている間は）比較的容易だった。大土地所有層は地域において自律的な統治能力を欠いていたため，新政府の意を受けた官僚や警察・軍が地方に派遣されてくると，これに対抗するのは困難だった。大革命中，西部などの保守的な地域では，貴族とカトリックの聖職者を中心に大規模な反革命の叛乱が組織されたが，革命政府が送り込んだ「派遣議員」の率いる軍隊によって，結局は制圧された。19世紀のフランスで首都の民衆の革命行動によって何度もたやすく全土で体制が転覆したのは，このような統治構造の基本的構図が19世紀の半ばを過ぎるまで変わらなかったからだ。

　大革命（バスティーユ監獄の襲撃，ジャコバン独裁，総裁政府，ナポレオンなど），復古王制，七月革命・王制，二月革命・六月蜂起，ルイナポレオンのクーデター・第二帝制と繰り返された自由化・民主化の振り子現象については，高校の世界史の華の一つでもあり，比較的よく知られているはずだ。加えて，革命後の個々の体制は暫定的な妥協点に過ぎず，いずれも長続きしなかった。そこで本書では，移ろいやすい統治制度と人物の流れを追うのではなく，流れの背後にある政治構造がどのように変動したかを中心にみていきたい。

地方名望家の形成とその限界

　大革命後の復古王制は革命への復讐に燃えるユルトラ（過激王党派の貴族）やカトリック教会が中央の政治を牛耳っていたが，地方では，革命後，1880年代くらいまでは，「名望家」と呼ばれた地主が支配する時代だったといわれる。しかし，同じ地方在住の大土地所有層でも，フランスの名望家は，イギリスの貴族・ジェントリのように，柔軟な上からの改革によって中産層以下の階層を取り込んで，平穏理に自由化・民主

化を進めていくことはできなかった。産業化による社会変動はイギリスの方が早くかつ激しく，民衆による都市・農村での異議申し立ての動員をみてもイギリスが劣っていたわけではない。違いはむしろ支配体制の側にあり，特に地主の影響力を見ればイギリスとは格段の差があった。貴族やブルジョワから転身した地主が広大な農地を集積し，イギリスのような借地農による大規模かつ資本主義的な経営が高い生産性を挙げるようになり得たのは，フランスではパリ盆地から北東部にかけての地域に限られた。南部，南東部や中央山塊地方においては，小規模ないし零細な自作農の家族経営が支配的だった。他方，ブルターニュや南西部においては，19世紀を通じて，小作や折半小作を使う貴族などの地主が政治的社会的に大きな影響力を残していた[1]が，農業経営の生産性は低く，経済力はジェントリに及ぶべくもなかった。

　イギリスとの差異を産んだ理由は，まず大革命によって膨大な数の自作農が創出されたことにある。多くの地域ではすでに革命前に賦役や領主裁判権などは消滅していたが，革命による封建的諸特権の廃止の一環として，1793年には金納地代も無償で廃止された。亡命貴族やカトリック教会の資産の国有化・売却も同じ効果をもたらし，18世紀にみられた農地集積の傾向は逆転した。イギリスでは，議会立法による囲い込みが1830年代まで続いたのとは対照的である。

　革命後，名望家を目指す都市のブルジョワ（官僚や公証人，弁護士，医師，薬剤師など）がこうした売却資産を購入して地主となる例も少なくなかったが，19世紀になっても大地主の大多数は（旧）貴族だった（大革命で世襲貴族制は一旦廃止されたが，第一，第二帝制下では新たに帝制貴族が創設されて，復古王制以後は複数の系列の爵位が共存・競合する形となった）。そのため，農地などの資産集積を決定的に阻害したのは，貴族制を再び否定した七月王制のもとで，早くも貴族財産（土地）

1　復古王制下では，大土地所有のユルトラは首都での政治・行政キャリアを優先し，ブルターニュなどの領地を一旦離れて半ば不在地主化した。七月革命で政権から排除されて戻ってきたものの，地域に密着していたイギリスのジェントリらとはまったく異なる立場になっていた。

の限嗣相続制度が廃止されたことである。イギリスで貴族・ジェントリの権力を支えてきた同制度が廃止されたのは，大土地所有層が自由党に足場を失い，新大陸からの穀物輸入の急増で高度集約農業が破綻して商工業へと軸足を移し始めた1882〜3年になってから（グラッドストン政権下）だった。加えて，イギリス貴族がその社会的文化的威信でジェントリや都市のブルジョワを統率し得たのに対して，七月王制以降，前記のように乱立したフランスの貴族は一切の威信を失っていった。

　こうした地主層の弱さを反映して，実は「名望家」の地位自体がナポレオンによって上から創設されたものだった。皇帝は旧身分や地域内の対立を超えた統治の基盤になり得る支配階層として地主に着眼し，納税額（不動産課税）と政府への支持という2つの基準で名望家のリスト（全国で総数7〜10万とされる）を県知事に作成させ，県・郡・市町村の議会などの公的機関に編入した。この経緯からして，イギリスの貴族・ジェントリとは異なり，中央政府に指名され，統治機構の末端に組み入れられ官職を与えられて初めて地域を統治できる存在だったといえる。ナポレオン戦争後の2つの立憲王制においても，引き続き不動産課税の納税額を基準とする制限選挙制がとられた。復古王制ではほぼ旧貴族で占められる大地主のみに限定されていた（9万人）のに対し，七月王制では中規模地主にも拡大された（20〜25万人）が，人口比ではイギリスの第一次選挙法改正前よりかなり少なかった。

自律的な高級官僚層の形成

　統治構造の中核となって政権を支えたのは高級官僚層が指揮する官僚機構である。トクヴィルが指摘するように，統治の集権化と官僚制化は絶対王制のもとですでに進行していたのであり，革命後のナポレオンはブルボン朝のもとで発達してきた親任官僚を引き継ぐ形で，中央官僚制

と，高級官僚を養成する高等教育機関を対にして整備した。国務院，会計検査院など，今日，国家枢要官吏団（35頁註1参照）と呼ばれる高級官僚集団は，その多くがアンシャン・レジームのもとでその原型が作られた。領域官僚制の中核となる知事団も，1800年に第一統領時代のナポレオンが前章で述べた地方長官を継承して創設したものである。制度設計をしたナポレオンは，高級官僚の任用に業績主義（メリトクラシー）を徹底させるため，国立の官僚養成学校を同時に整備した。皇帝は官僚制による統治を選挙を通じた政治に代えることを構想していたからである。能力は官僚支配の正統性であり，これを革命の理念たる平等と結びつける装置として，エリートを選抜・養成する学校群は不可欠だった。ここに今日まで続くフランスの徹底した学歴主義の起源をみることができる。技術系の高級官僚の養成学校のトップである理工科大学校（陸軍省管轄）は革命中に起源があるが，土木学校や鉱山学校は絶対王制下に創設されている。ナポレオンは各地の大学に法学部も新設した。法曹に人材を提供したのみならず，特にパリの法学部は19世紀中は文系の高級官僚の登竜門となった。

　ただし，実際には，特に19世紀前半の2つの立憲王制では，名望家や政権有力者の縁故採用・情実人事が横行し，国家枢要官吏団でも学歴のない者の採用も珍しくなかった。これは体制や政権が頻繁に交代するなかで，政治的忠誠を当てにできる縁故者を高官に据えることが求められる場面が多かったからだ。特に，選挙を担当する知事団や，外交官団などについてはその必要性は高かった。それでも学歴や成績・職務実績に応じて，キャリア・パタンは予見可能になっていき，第二帝制に入って体制が安定すると，採用・昇任と学歴との結びつきは一段と強まった。19世紀半ば以降，国家枢要官吏団や技術系官吏団は個別に選抜試験を実施するようになり，多くの場合，指定された高等教育機関の卒業が出願

の要件とされた。

　高等教育機関は能力主義の入試を行っているため，形式上は平等な機会が開かれているはずだが，実際に入試に受かるには中等教育もパリの名門校で受けていないと極めて不利だったといわれる。そのため，学歴主義の浸透とともに，パリ在住で一定の資力のある家系しか高級官僚を出せなくなっていった。かくして，パリのブルジョワ以上の家系と高級官僚層が深く結合し，特に第二帝制期以降，多くの高級官僚の家系が世代を越えて続いていくことになった。

　特定の階層と結合している点ではイギリスの貴族・ジェントリやプロイセンのユンカーと確かに同じだが，パリのブルジョワは大土地所有層のような地域支配と無縁であり，かつ社会経済的にも一国の政治体制に依存する度合いが小さいため，高級官僚に対する出身階層の拘束ははるかに緩くなる。官僚個人についてみれば，出身階層の資力や文化的蓄積に支えられているのは確かだが，国立の学校制度での養成・選抜を通じて作り出されたエリートであり，忠誠心の対象はまず第一に国家となる。

　結果としてフランスでは，英独に比べて支配階層から相対的に自律した高級官僚層が形成され，中央集権的な統治構造の中核を担うことになった。のみならず，フランスでは国内の最高水準の知の体系は，国立の高等教育機関と，その卒業生の上澄みを集めた高級官僚層に集積される。ここから，国家・官僚制主導の経済・社会運営を目指す発想（ディリジスム）が繰り返し有力になった。

知事と名望家の「共犯関係」

　19世紀を通じて，地方の統治は，イギリスでは治安判事，この後でみるプロイセン（ドイツ）では郡長が，それぞれ貴族・ジェントリ，ユンカーという地域の大土地所有層を代表して，中央から自律的に進めてい

た。名望家にその力のないフランスでは，中央派遣の知事や技師（農業省などの出先機関）など高級官僚が代行しなければならなかった。知事は県に君臨する「小皇帝」として，高額の俸給や豪華な公舎，軍人の礼装のような威厳ある制服を与えられたものの，イギリスの治安判事やドイツ（プロイセン）の郡長と異なり，地元の名望家から社会的に分離されているが故に，統治に必要な地元に関する情報やネットワークはまったく持ち合わせていない。そのため，地方名望家層，特に県議会の議員や市町村長（メール）の協力を得ることが不可欠だった。

　20世紀に入ると経済振興や地域開発など広汎な政策分野が知事の管轄に入るが，19世紀を通じて知事の最大の任務は選挙のコントロールであった。1848年までの立憲王制では，実質的に二元型の議院内閣制がとられており，国王の信任に加えて下院の多数派の支持が内閣の存続に必要だったため，知事には国王や政府の意を体して与党的立場の候補者に肩入れ，つまり選挙干渉を行って下院で政府多数派の確保に貢献することが求められた。第二共和制期を例外として，市町村長は，政府ないし知事（どちらかは人口規模による）が指名していたため，しかるべき人物を指名し／させ，選挙への協力を確保することが知事と県庁の重要な職務になった。しかし，名望家の協力は知事が彼らの意向や影響力を受け入れることとバーターの関係になっていたため，県議会や下院選挙の候補者の選定時には，地元の支持の厚い有力者を，時には反政府派からも取り入れなければならない。地方に中央政府の決定を押し付けることが職務のはずの知事が，逆に地方名望家の要求や見解を中央政府に向かって入力する役割を果たさざるを得なくなるのである。七月王制下では，反政府的な傾向の強い正統王朝派の名望家が強い地域が少なくなく，知事は彼らとすら妥協しなければならなかった。地域社会から自律的な高級官僚層が地方統治を中央集権的に担う，というフランスの統治構造は

第二次世界大戦後の1970年代まで変わらず，こうした知事と名望家の協力関係も同じく存続することになる。1960年代の組織社会学の代表的研究者ヴォルムスはこれを「共犯関係」と呼んだ。

　ただし，知事ら中央の出先官僚制と地元の名望家層との間の力関係には，19世紀を通じてかなりの変化があった。まず，知事の地方統治を支える県庁の官僚組織は，19世紀前半にはごく貧弱なものだったが，19世紀後半以降，整備が進んできた。それ以上に，中央の政権が安定性を増したことが知事らの立場を強化した。19世紀前半の立憲王制下では，体制や政権の交代のたびに知事らも大規模に入れ替えられていたが，第二帝制期には彼らの地位は安定するようになり，同じ任地に長期間留まる者も少なくなくなった。その結果，「権威帝制」と呼ばれた第二帝制の前半期（〜1860年）には，力関係が最も出先官僚側に傾き，知事が名望家を服従させ統制しようとする志向を示した。

　まず，県議会は七月王制下には知事の共同統治者の地位を与えられていたものが，ほぼ一切の発言権を奪われた。また，国政選挙では名望家の候補者選定への関与が認められなくなり，政府が指名する「官選候補」への支持だけが要求された。ナポレオン３世は名望家統治への民衆の不満・平等指向を掬い取って独裁を樹立しただけに，第二共和制が実施した普通選挙を制限選挙に戻すことはできなかった。代わりに，議会に当たる立法部の権限を大幅に縮小し，その選挙も，皇帝への信任を示すだけの人民投票の色彩が濃くなり，選挙干渉もより強権的になった。ただそれでも，名望家の支持がなければ官選候補を当選させることはできない。第二帝制前半期ですら，地元名望家層から主導権を奪回しようとして行き過ぎて排斥された知事は，中央では無能と評価されて更迭の憂き目にあった。

教会と農村におけるヘゲモニーの行方

　フランス革命は中間団体（社団）を廃止し，国家が直接に領域内の住民個人を把握しようとし始める。国家が社会に延ばす触手は，知事以下の領域官僚制だけではなかった。初等学校に始まる大衆向けの教育システムを整備し，官僚制にこれを統制させることで人々の頭の中を国家が掌握することは，次章でみる「ネイション形成」の観点からして，どの近代国家にとっても不可欠だった。革命後のフランスは，この統制を徹底させようとした点で際立つ。

　しかしこれは，絶対王制で国教の地位を占め教育を掌握していたカトリック教会との全面対決を意味した。［但し，カトリック教会にとって国教であることは恩恵ばかりではなかったことにも留意しよう。教皇を頂点にした全世界単一の上意下達のピラミッドであるべしというカトリックの組織原理に反して，フランス国内の教会は世俗権力の統制下に置かれたからだ（フランスではガリカニスムと呼ばれた）。］実際，イングランドの国教会と同じように，フランスのカトリック教会は絶対王制の行政機構に組み込まれ，司祭を長とする小教区が，住民の統治・管理の事務を担う末端行政機関の役割も果たしていた。洗礼（出生）・婚姻・終油（葬式）などの宗教儀式に対応して戸籍事務を行う一方で，教育を委ねられていた。小教区ごとに学校が置かれ，農村の教師は司祭の助手や教会の堂守が兼任していた。教育内容は読み書きの基礎のほかは，教理問答や聖歌の練習などであり，司祭の統制下に置かれていた。

　これに対して，フランス大革命は「習俗の革命」を唱えて，聖職者が人々の頭の中を掌握する態勢を根こそぎにしようと企てた。聖職者を公務員化して共和制への忠誠を誓わせる（公民宣誓の強要）だけでなく，聖職者を教育から排除し，教育活動を担っていた修道会も解散させた。1793年以降，革命が急進化すると非キリスト教化運動が開始され，カト

リックの教会や信仰自体が否定されるようになった。宣誓を受け入れた「立憲派」の僧侶も聖職放棄や妻帯を強要され，応じなければ潜伏するか亡命するかを強いられた。ナポレオンは1801年のコンコルダート（政教条約）で教会との和解を成立させたものの，革命中には，３万以上の聖職者が任地を去り，教会財産も国有化・売却で失われ，民衆の脱キリスト教化が進んだ。その隙につけ込もうとしたのが革命後の世俗の国家である。ただし，カトリック教会がなお残している広汎なネットワークを引き続き叩くのか，逆に教会と組んで，その民衆への影響力を統治に利用していくのか，戦略の選択は体制ごとに分かれた。

　ナポレオンはコンコルダート以後，ガリカニスムの伝統を継承した。聖職者の給与などの活動資金を国庫から支出する態勢を整え，教会への統制を徹底した。カトリックはフランス市民大多数の宗教であると認めつつも，プロテスタント両派（ルター派とカルヴァン派）と同じ公認宗教として対等に扱った（後にユダヤ教も加わる）。中等教育以上の公教育に関しては，これを一元的に管理する教職員団体「ユニヴェルシテ」を創設し，バカロレア（大学就学資格）など学位授与権と教育に関する独占的な監督・規制権限を付与してカトリック教会を排除した。ただ初等教育については，公立学校を整備する暇はなく，教会に任せ切りになっていた。全てを革命前に戻そうとした復古王制では，再び「王座と祭壇の同盟」が唱えられ，カトリックは国教として統治の要に据えられた。ナポレオンのコンコルダートやユニヴェルシテも否定しようとしたものの，結局はこれに回帰せざるを得なかった。しかし，初等教育は引き続き司祭が提供し，地域の初等教育視学委員会でも大きな発言権を与えられた。

　復古王制に対する反動で七月革命とその後の七月王制は極めて反教権的（カトリック教会に敵対的）となり，1833年の通称「ギゾー法」によ

って初めて，初等学校の設立がコミュン（市町村に相当する基礎自治体）に義務付けられた（近隣コミュンと共同でも可）。この公立学校に送り込む初等学校教員を養成する師範学校の設立が各県（つまり知事）に義務付けられ，1837年には大部分の県で設立が完了した。七月王制末期には全国4万の初等学校教員のうち1万弱が師範学校卒となった。知事らには教会と司祭の運営する学校への不信感が強く，聖職者の教員資格審査を厳格化して，師範学校卒への置き換えを進めたのである。しかし，十分な財源の裏付けもなしに学校建設を強いられる地域の市町村長や名望家層の反発は強く，知事は板挟みとなった。地域の視学委員会においても名望家の支持を受けた聖職者を排除することは難しかった。

　これに対して，より徹底的に教会と闘い聖職者を初等教育の場から締め出そうとしたのは，農村に配属された師範学校卒の教員だった。彼らは農民・手工業者などの師弟であり，民衆階層の社会的上昇のシンボルとして，農村で名望家や教会に対抗する反教権的な共和派の中核を占めた。日本でもよく知られた，教会・聖職者 vs 教師・反教権共和主義勢力という対立図式はここで初めて姿を現したのである。

　第二共和制では，革命直後から教育をめぐる主導権争いが激化した。師範学校卒教員は1848年4月の制憲議会選挙で当時の最左派である「社会的共和派」の選挙運動の支柱となったが，保守的共和派が大勝すると，選挙後，多数が報復的な処分を受けた。さらに，1850年3月の通称「ファルー法」により，初等教育の管理・監督権限が教会・聖職者に与えられ，公立学校にも多数の聖職者が進出した。しかも，ナポレオン以来のユニヴェルシテが中等教育に対して独占的管轄権を持つ制度が改められ，修道会，特にイエズス会が進出できるようになった。ここに20世紀末までフランス政治を左右に二分する，教会と学校をめぐる政治的紛争が本格的に始まり，以後，体制や政権が左右に振れるたびに公教育をめ

ぐる制度が争点となる。

パリ民衆蜂起のルーティーン化とその終焉

　このように19世紀が進むほどに農村でも領域官僚制の浸透が進み，名望家による地方統治は中央政府やその出先機関への依存を深めていく。そのため，七月革命や二月革命では，首都や大都市で叛乱を起こした民衆に中央政府の諸機関を一度押さえられると，大革命中のような地方での反革命の蜂起はみられなくなった。つまり，パリの街頭での民衆による実力行使の成否が全国大で体制の行方を左右する傾向は時代とともにより明確になる。実際，大革命では，大都市の民衆行動とは別に，「大恐怖」と呼ばれた農民蜂起が革命初期の先導役を果たした。非キリスト教化運動はむしろ地方からパリへと攻め上ってきた。これに対して二月革命では，革命の急進化と反動の波は，六月蜂起の敗北に至るパリ街頭をめぐる民衆と当局などの間の力関係によって規定された。

　パリ民衆の政治行動は大革命中に徐々に進化を遂げていった。大革命の発端となったバスティーユ監獄の襲撃やベルサイユ行進などにおいては，民衆自身の行動は食糧危機に端を発した半ば自然発生的な騒擾ないし抗議行動に過ぎず，上の階層に利用される形になっていた。革命初期には，民衆はパリ市の権力を握ったブルジョワによって一切の政治的決定から排除されていたが，やがて市内の地区ごとに組織された国民衛兵，次いで地区の意思決定機関自体を乗っ取って，革命政府の決定に参与し始めた。二月革命においても，地区の国民衛兵を乗っ取る形でパリ東部のサンタントワーヌ街などの民衆地区で蜂起を起こし，パリの街頭における主導権を握った。テルミドール反動後の1795年の民衆蜂起や1848年の六月蜂起が失敗に終わったのは，規律を回復した正規軍が戻ってきたからであり，民衆の街頭行動が首都を押さえるには，対外戦争や政権の

機能麻痺などによって軍や警察が中立化される必要があった。

　それでは，一世紀近くもの間，自由化・民主化の振り子現象を引き起こし，半ばルーティーン化していたパリの民衆の街頭行動は，なぜ19世紀末に終焉を迎えたのだろうか。よく指摘されるのは，第二帝制期のセーヌ県知事オスマン（1853年就任）によるパリの街の改造である。曲がりくねった街路や貧民窟を一掃し，直線的で幅の広い大通りで市内を貫通した結果，民衆地区のバリケードが無力化されたという。しかし，より重要な理由は，名望家による地域支配が脆弱すぎて中央の派遣した領域官僚制に頼らないと立ち行かないという，大革命後のフランスの統治構造が，19世紀半ば過ぎまでに大きく変容したことにあると考えられる。フランスの歴史家アギュロンらが明らかにしたように，都市のブルジョワの影響を受けて，農村においても，水平的な人間関係に基づく民衆の自律的な結社が多くの地域に浸透し始めた。農村の民衆がいつ，独自の（多くは共和主義的な）政治意識に基づいて政治的に行動する能力を獲得したのか，については諸説あり，地域ごとの違いも極めて大きいと考えられる。ただ，第二帝制の崩壊（普仏戦争の敗北と皇帝の捕囚）に際して，またも蜂起したパリ民衆（コミューン）を，普通選挙で選ばれたティエールの国防政府が粛々と鎮圧した後，安定的な議会制が確立されたことを考えれば，60年代の終わりまでには，多くの地域の農村で決定的な構造変化が起こっていたことが推定される。つまり，農村民衆が名望家の支配を脱し，自ら選んだ市町村議会などの代表を通じて地域を統治するシステムが徐々に姿を現しつつあった。あとはこれを自由な普選を通じて中央の議会に統合し，その議会の多数派に基盤を置く政府を作るだけで，地方に強固な基盤を持ち，首都の民衆の直接行動にもはや左右されない政府を築くことができるようになっていたのである。

　このように，いわば統治構造の末端から民主制の原理が浸透していた

ことは，第二帝制後半の農村でみられた知事と市町村長らの間の力関係
の変化をみても指摘することができる。市町村議会や県議会に普選が定
着し，市町村長や県議会の行政的機能が増すにつれて，地方名望家の地
位が公職への依存を強めた。かつてのように資産（土地）や血統の故に
ではなく，公選であることや行政・公務への参加の故に影響力を持つよ
うになったのである。しかも，普通選挙の正統性を体制の基盤の一つと
する第二帝制には，公選の正統性を背負った市町村議会や県議会の権威
を正面から否定することは難しかった。知事には市町村議会（普選とな
った）の解散や市町村長（引き続き知事ないし政府が指名した）の解任
の権限も与えられていたが，その行使は慎重にすべしとの指示が早くも
1856年に中央政府から出ている。外交・外征の相次ぐ失敗を受けて，
1860年以降，「自由帝制」への移行が始まり，立法部（議会）の権限拡
大や野党の形成，立法部選挙の実質化など，上からも自由化・民主化が
進むと，地方公選職に対するこうした姿勢はさらに明確になった。

2. プロイセン／ドイツ：ユンカー支配と国家統一

　ナポレオンによる占領はドイツ諸邦に統治構造の改革をもたらし，自
由化・民主化の口火を切る役目を果たした。なかでも忘れてはならない
のは，フランス革命前に大きなものだけで300を越える多数の政体に分
裂していたドイツ地域が，ナポレオン支配とその後のウィーン会議の結
果，39（6つの都市を含む）にまで整理・統合が進んだことである。世
俗化（司教領や修道院領を世俗諸侯の領地に編入）や陪臣化（皇帝に直
属していた群小の帝国騎士領や自由都市をほかの邦国に編入）の恩恵を
受けて，バイエルン，ヘッセン，バーデン，ヴュルテンベルクなど，西
南部の中規模の邦国が大幅に領土を拡張した。しかしこの過程で最も強
大化したのはプロイセンであり，革命中の第二・三次ポーランド分割で

東に，ヴェストファーレンの編入で西に領土を広げて，ドイツ域内で圧倒的な比重を持つようになった。以後，19世紀の自由化・民主化の過程では，自由主義的な南西部の主要邦国が先行するのを反動的なプロイセンとオーストリアが抑え込むという図式が繰り返された。そこで本節では，なぜプロイセンにおいて自由化・民主化が停滞したのかをその独自の統治構造に 遡 って分析する。

プロイセン改革：ユンカーの形成と地方統治

　1806年，ナポレオンとの戦争に敗れたプロイセンは占領され，エルベ川以西とワルシャワ，ポーゼンなど，領土の約半分を失った。国家存亡の危機に直面して，国王はシュタイン（1807～08年），次いでハルデンベルク（1808～1822年）を宰相に据え，統治構造の大改革を委ねた。プロイセン以外の出身者やブルジョワから幅広く改革派が登用され，官僚制主導で自由主義的改革が実行された。この時期のドイツのほかの多くの邦国同様，身分制を基盤にした絶対王制の社団国家をフランス革命の目指した国民国家（第5章参照）へ改造することを目指したが，不徹底が目立った。市場経済の導入は順調に進んだものの，政治面では身分制との大幅な妥協を余儀なくされ，半封建的要素を残した大土地所有層が農村を支配することになった。

　経済面の改革の柱は，農奴解放と土地売買の自由化である。まず，プロイセンの農奴解放は，19世紀に行われたドイツ内外の例のなかでも，農民側に厳しい，領主に有利な内容となった。世襲農奴制の廃止が謳われたものの，農民に対する領主裁判権や警察権などは実質的に温存され，後述するように，一見近代的な地方行政機構のなかに生き残り続けることになった。経済的にも，賦役や地代は有償の廃止にすぎなかった。グーツヘルシャフトの隷属的農民のうち，保有地の一部を領主に返上する

見返りに自由農民の地位を得たのは上層だけで，大部分を占める零細農は保有地を失い，旧領主の農場で新たに農業労働者となるか，都市に流入して貧民になるしかなかった。他方，土地売買の自由化によって，旧領主の所領をブルジョワや農民でも購入できるようになったため，売却された多数の騎士領や国王領の農場をブルジョワが購入し，貴族と一体となって資本主義的な農場経営者である「ユンカー」を形成していった。

　この２つの改革によって，隷農の賦役に頼っていたグーツヘルシャフトは，農業労働者を雇用する近代的なユンカー経営へと転換したことになる。零細農から土地を収奪して貴族的な要素を残す地主が資本主義的な経営を行う大農場を創出したという点では，イギリスの「囲い込み」と共通しているが，農民（農業労働者）と地主の間の関係に封建的な人格的支配の要素が色濃く残存している点ではむしろ対照的である。

　イギリスの貴族やジェントリは，土地所有に基づく経済力などを背景にパターナリズムの見返りとして，農村の民衆から信従を確保していた（46頁）。身分的支配でなかったからこそ，土地からの収益が確保される限り，比較的柔軟に自由化・民主化に応じ，中産層以下を取り込んでいくことができた。これに対して，プロイセンで自由化・民主化が進めば，東部のユンカー経営が基盤とする農民に対する半封建的・身分的な支配が掘り崩され，農場の経営基盤が揺らぎかねない。ユンカーが自由化・民主化を拒絶する理由はここにある。重要なのは，ブルジョワの騎士領購入を通じて，こうした反動的な政治的志向が都市にまで浸透したことだ。19世紀後半になると，都市のブルジョワの上層と土地貴族は融合する傾向を強め，自由化・民主化に抵抗し続ける（後述78頁）。

　政治・行政面では，国家の統治機関の末端にあたる郡の改革の失敗が決定的だった。身分代表の郡議会による選出という形になり，ハルデンベルクらの構想に反して，大土地所有者であるユンカーが郡長を互選で

選ぶ，敗戦前の制度が実質的に存続してしまった。加えて，農奴解放に伴う農村共同体の解体に伴って，農村は自作農の住むラントゲマインデ（通常の村）と，ユンカーの所領地であるグーツベチルク（領主農場地区）に二分されたが，いずれも引き続き農場所有者の政治的行政的支配権（オーブリヒカイト）のもとに置かれた。とりわけグーツベチルクに留まった農業労働者は，農奴解放にもかかわらず，直接的に農場主の警察権・行政権に服することになった。近代的な地方行政機構のなかに半封建的・家産的な行政単位が大々的に入り込むことになったのである。しかも，騎士領を購入したブルジョワも，この政治的行政的支配権を行使することになっていた。農場主の警察権は1872年の郡制改革で廃止されるまで維持された。

　郡以下の行政のこうした前近代的な性格は，合理化の進んだ上のレベルの官僚機構とはまったく対照的だった。郡の上の県こそ地方行政の要であり，ここに中央政府直轄で地方行政を一元的に司る官僚制として県庁が設置された。これを指揮するのは内閣が直接選任する県知事であり，フランス同様，所定の学歴を備えたうえ試験で任用されたエリート官僚が中央から送り込まれた。19世紀のプロイセンの統治は，身分制的要素を色濃く残した基底部分の上に，18世紀以来，形成されてきた近代官僚制が乗る，二層構造になっていたことになる。

ユンカー支配と自由化・民主化の停滞

　プロイセン改革では中央には議会は一切設置されず，立法は官僚主体の国務参事会（1817年設立）が所管した。議会を設置すると，開明的官僚による「上からの改革」に対して特権的身分が抵抗する際の拠点になる恐れがあったからだ。一種の官僚制独裁であり，公選議会に代わって，幅広い社会階層の大学卒業生から任用された官僚制が，自ら社会を代表

しその利益を国家へと媒介することが予定されていた。実際，プロイセン改革期には，高級官僚の半分までを貴族身分でない者が占めたが，時とともに改革派官僚の影響力は後退し，ハルデンベルクの死（1822年）後，宰相職が空席となると，力関係の逆転は決定的になった。これをみて，今度はユンカーなど特権階層が国民代表の制度化に反対し始め，全国議会創設の試みは1823年に最終的に挫折した。以後，官僚制独裁は単なる自由主義抑圧と改革阻止の道具へと変わっていく。

　しかも，1840年代以降は，特に高級官僚の中で貴族・ユンカーと上層ブルジョワが比重を更に高めた。その背景には独特の官僚養成システムがあった。18世紀末に導入された採用試験・研修制度では，行政や司法の官職に就くには，大学で法学を修めて試験に合格するだけでなく，試補見習・試補という長い研修期間を耐え抜く必要があった。これによってブルジョワの師弟も貴族に伍して高級官僚になれるようになった反面，数少ないポストが空くまで極めて長い見習期間を支えるには家に資産が必要となる。ナポレオン戦争後，高級官僚を目指すユンカーの子弟が増え，世紀半ば以降は彼らの農場の経営状況も改善したため，官僚家系など経済基盤で劣るほかの階層は押されがちとなった。さらに三月革命の結果，官僚制内で党派間抗争が激化し，勝利した保守派は採用時にも保守的な世界観や行動規範を基準にしたため，ユンカーや上層ブルジョワの子弟が有利になった。同じ理由でカトリックや，自由主義的傾向がより強い西部諸州の出身者も不利になって高級官僚に占める比率を落とした。

　19世紀後半，特に第二帝制期に入ると，貴族・ユンカーと上層ブルジョワは通婚などを通じて，社会的地位・富・教育を共有する特権的な上流階層を形成した。彼らは戦闘的な反社会主義や，ユンカー農場を軸とする特権の防衛など，独特の社会意識で結ばれ，官僚制を牛耳った。新

たに高級官僚となった者も，このころ，若手の登竜門となっていた郡長ポストを経験することで，ユンカー経営の存続にコミットし保守的価値観を強めた。かくして形成された新しい支配階層が，プロイセンの，そして統一後のドイツ帝国の統治を担っていく。

　これに対して，プロイセンで自由化・民主化の主たる担い手となったのは，都市の中流以下のブルジョワ，特に「教養市民層」と呼ばれた，官吏や，弁護士・医師などの自由専門職だった。上層ブルジョワと貴族・ユンカーからなる支配階層と彼らとの間には大きな経済格差があり，両者は社会的にも隔絶していた。しかるに，教養市民層は土地貴族の保守的価値観に強く引き付けられていた。たとえば「一年志願兵」制度などを通じて，将校団への憧憬やミリタリズムが浸透していた。高等教育を要件とする一年志願兵自体がエリート的教養と財産の証と考えられ，教養市民層は，権力からは明らかに排除されているにもかかわらず，ユンカーを核とする特権支配階層に親近感を持つ一方，自らと民衆との間に社会の最大の溝があると考えていたのである。

　伝統的な土地貴族と上層ブルジョワが土地所有を軸に融合し支配階層を形成するのは，19世紀後半のイギリスでも顕著にみられた傾向である。また，この支配階層の文化や社会的威信が都市のブルジョワ以下の階層にも吸引力を持ったのもイギリスと共通している。自由化・民主化に関する帰結が対照的になったのは，国制の違いを反映して，自由主義運動に占める官吏の比重がドイツの方が大きかったことと，何よりも，ジェントリとユンカーの農場経営の基盤の違いを反映して，ドイツの支配階層の政治的意識がはるかに反動的だったことによる。

三月革命と重石としてのプロイセン

　それでも二月革命はライン川を越えて飛び火し，三月革命ではオース

トリアを含む全ドイツで民衆の異議申し立てが吹き荒れた。南西部の先進地域では，都市部でブルジョワと民衆が手を組み，社会的民主共和国が宣言されるところまで行った。しかし，結果としては，ウィーンやバーデンで叛乱側に多数の死者を出したにもかかわらず，革命は自由化・民主化に目立った進展をもたらさなかった。最大の原因は，プロイセンでは，首都ベルリンの革命にもかかわらず，革命の影響が小さく，逆にその軍事力を発揮してほかの邦国の革命を抑圧して回ったことにある。

　確かに，プロイセン領西部のラインラントでの請願運動等を経て，革命の波はベルリンにも波及した。しかし保守の牙城・オーストリアですら，首都ウィーンでは，パリの二月革命同様，ブルジョワから民衆まで，都市各階層の組織的な抗議運動から革命へ発展していったのに対して，ベルリンでは，民衆と軍の緊張のなかで王宮前で偶発的に発生した軍の発砲事件から，ブルジョワも参加した蜂起が起きたに過ぎなかった。立憲化やドイツ統一を目指す旨の国王の布告，自由主義的な新政府，全国議会（連合州議会）の召集（1848年4月）といった国王側の若干の譲歩だけでベルリンのブルジョワは満足し，早々に民衆運動を抑える側に回った。農村を比べても，封建的支配関係が残存していた南西部では激烈な農民反乱となったが，エルベ以東のユンカー農場の農業労働者の間には何の動きもなかった。プロイセンでは，郡長を中心にユンカーが中央から半ば自律的に統治を行っていたため，フランスとは逆に，首都でだけ革命の灯が燈っても，農村でのユンカー支配が揺るがない限り，地方からの圧力で吹き消される運命だった。

　いずれにせよ，プロイセンとオーストリアという反動的な二大国が重石となって，ドイツ全域の自由化・民主化を遅らせるという構造は，ナポレオン戦争直後から鮮明になっていた。当初，この役割を主導したのはオーストリアであり，宰相メッテルニヒが，ウィーン会議で設立され

たドイツ連邦を使って，西南部以外への立憲化や全国議会開設の波及を阻止する態勢を作り上げた。抑え込みを可能にしていたのは，プロイセンとオーストリア（ハプスブルク君主国：第5章3参照）の軍事力である。両国はドイツ連邦軍（兵力30万）の三分の二を占め，自由主義的立憲改革の阻止に足並みを揃えない邦国を威嚇し抑圧した。

　三月革命では，欽定憲法発布（1848年12月）でベルリンでの革命騒ぎをいち早く収拾していたプロイセンがこの火消し役を果たした。1849年3月末，フランクフルト国民議会は大ドイツ主義と小ドイツ主義の対立（オーストリアを含むか否か）の果てに世襲皇帝制・連邦制の帝国憲法を採択したが，プロイセン王は憲法も帝位も拒否した。各邦国政府も拒否して選出の議員たちも引き上げたが，南西部のバーデン，ヴュルテンベルクなどでは，民主派結社と，造反した軍・市民軍の一部が帝国憲法の擁護・実施を訴える「帝国憲法闘争」を開始し，運動はプロイセン領のラインラントにも波及した。しかし，プロイセンを中心とする軍隊が派遣され，弾圧でバーデンなどで多数の死者を出した。

国家統一事業と自由化・民主化

　三月革命は結社組織の飛躍的拡大をもたらし，政治的党派の議会外組織と社会経済団体のネットワークを中心に，世紀末以降の大衆組織政党（第6章参照）の原型となった。しかし自由化・民主化の観点からは，当面の成果は，最後尾のプロイセンなどの邦国が立憲化・議会開設に至っただけに終わった。以後，プロイセンでは，教養市民層を中心とする自由主義勢力が革命後にようやく開設された公選の邦国議会を舞台に自由化・民主化を追求していく。確かに革命後は反動の時代であり，1849年5月には議会選挙にいわゆる「三級選挙法」が導入され，納税額の順位で下位80%超にあたる民衆が上位5%弱の富裕層と同じ議席数しか割

り当てられないことになった。しかし，1850年代には重工業を中心に産業化が進んで産業ブルジョワが影響力を拡大し，自由主義に理解のある摂政のもと，議会でも政府でも自由主義勢力は地歩を築いた。

　これに対して最大の障害になったのは軍である。すでに反動の時代に，欽定憲法に定められた軍の憲法宣誓が廃止され，軍は文民政府から自立して国王に直属する地位を獲得していた。予算審議権を通じて軍への統制を回復しようとする議会に対して，軍は1860年2月，兵役の3年への延長など軍制改革を求め，国王の統帥権を押し立てて，自律性の強化を図った。自由主義勢力は反発し，責任内閣制や領主警察権の廃止などを要求する急進派が進歩党を結成，直後の61年選挙で躍進した。摂政はこの年の王位継承とともに保守化しており，議会解散で対抗したが，進歩党がさらに議席を伸ばし，軍制改革問題での妥協も成立しなかった。

　これに対処すべく首相に任じられたビスマルクは，大胆な路線転換を敢行した。ウィーン会議以来の正統主義，つまりドイツ統一を目指すナショナリズムの運動は抑圧するという保守勢力の基本方針を逆転させ，ナショナリズムも利用しながら，プロイセン政府による上からの統一を推進する方針に転じたのである。これは，プロイセン国内のユンカーを中心とする保守的な政治秩序を守るための転換であり，ゆえに後年，ビスマルクは「白い革命家」と称された。進歩党など自由主義勢力が軍事予算を否決したため，ビスマルクは1862年からの4年間は議会で承認された予算のないまま統治を強行した。「憲法紛争」と呼ばれるこの膠着状態を打破したのは，64年2月のデンマーク（第二次シュレスヴィッヒ・ホルシュタイン）戦争に始まる一連の戦争におけるビスマルクの勝利である。66年の普墺戦争後の総選挙で進歩党は議席を半減させ，ビスマルクとの妥協に応じるか否かで内部対立が生じた。結局，65年までの予算なき統治について，今後繰り返さないという約束と引換えにこれを容認

する「事後承諾法案」をめぐって党は分裂する。ビスマルク外交を支持し，憲法紛争など反政府的な方針を誤りと総括する勢力は国民自由党を結成し，ドイツ統一後の議会ではビスマルク与党となる。責任内閣制など自由化・民主化を追求する左派は自由主義のなかでも少数派となった。

　ここに，19世紀後半のプロイセンやドイツで自由化・民主化が停滞したもう一つの理由がある。英仏にはない国家統一という政治的事業を抱えていたため，ひとたび特権階層を基盤とする政府が統一に向けて主導権をとると，自由主義勢力は自由化・民主化を後回しにしてこれに協力せざるを得なくなった。ドイツの場合，第 5 章でみる少数派ネイションの場合とは異なり，自由主義が国家統一を目指すナショナリズムと論理必然的に結びついていたわけではない。しかし，ドイツ自由主義勢力の中核を占めていたのは教養市民層であり，官吏の比重が大きい彼らは国家官僚制に強い一体感を持っていたため，国威を発揚する国家統一事業の吸引力に抗えなかったとされる。

参考文献

Christophe Charle, *Histoire sociale de la France au XIXe siècle*, Seuil, 1991.
工藤光一『近代フランス農村世界の政治文化：噂・蜂起・祝祭』岩波書店，2015年
Tiphaine Le Yoncourt, *Le préfet et ses notables en Ille-et-Vilaine au XIXe siècle, 1814-1914*, LGDJ, 2001.
小田中直樹『19世紀フランス社会政治史』山川出版社，2013年
谷川稔『十字架と三色旗』山川出版社，1997年
松嶋明男『礼拝の自由とナポレオン：公認宗教体制の成立』山川出版社，2010年
Sudhir Hazareesingh, *From subject to citizen: the Second Empire and the emergence of modern French democracy*, Princeton University Press, 1998.
F. ハルトゥング他（成瀬治編訳）『伝統社会と近代国家』岩波書店，1982年
北住炯一『近代ドイツ官僚国家と自治：社会国家への道』成文堂，1990年
望田幸男『軍服を着る市民たち　ドイツ軍国主義の社会史』有斐閣，1983年

5 | ナショナリズムの時代

中山洋平

《目標＆ポイント》　ナショナリズムは19世紀が産んだ史上最強の政治運動であり，偉大な成果の傍ら，著しい惨禍を今なお生み続けている。今日では，国家とネイションが一対一に結びついた国民国家が標準とされているが，歴史的には，ネイションと国家やエスニシティとの関係は複雑かつ多様であった。この点を具体的に理解するため，英仏独の3か国におけるナショナリズムの形成過程を検討する。次いで，ハプスブルク君主国を例に，自身の国家を求める少数派のナショナリズム運動がもたらした光と影をみていく。
《キーワード》　ネイション，エスニシティ，想像の共同体，標準化，スコットランド，境界主義，プロイセン愛国主義，ハプスブルク君主国

1. ナショナリズムの理論：国家とエスニシティ

　ナショナリズムは，19世紀ヨーロッパが産んだ，人類史上最強の政治運動である。こういうと，2つの世界大戦を初めとする無数の戦争や「民族紛争」，移民排斥といった否定的側面ばかり思い浮かべてしまうかもしれない。しかし，私たちの今日の生活を基礎付けている民主制や福祉国家も，実は，ナショナリズムがなければ，その実現は極めて困難だったはずだ。民主制は「我々」という意識を共有する集団による自己決定であり，福祉国家は「我々」の間の連帯を基礎にした再配分にほかならない。したがって，民主制や福祉国家がどれだけ実質的に機能するかは，この「我々」の結束力にかかっている。民主主義や社会保障の単位となり得る政治体（多くの場合は領域国家）を構成する集団（通常「国

民」と呼ばれる）に「我々」意識を植え付け，強化してきたのは，まさにナショナリズムである。逆にいえば，ナショナリズムをよりよく制御することこそ，私たちの民主制や福祉国家を維持し改善するための第一歩となる。ナショナリズムの成り立ちと力学をその起源に 遡 って理解することが，今日の私たちにとって死活的に重要なのはそのためである。

ナショナリズムをめぐる概念の整理

ネイション（nation），民族，国民。こうした概念はナショナリズムを論じるには不可欠だが，同時に極めて頻繁に使われる日常語でもあるため，地域や時期ごとに多様な住民や国家の実態を反映して，国や時期などによって意味内容がまったく異なる。ネイションは，nation state が「国民国家」と訳されるように，「国民」つまり領域国家の人的構成要素に関連付けられることが多い。しかしイギリスでは，かつて「連合王国」を構成していたイングランド，スコットランド，ウェールズ，アイルランドをそれぞれ nation と呼び，これに仏伊を加えた6つのラグビー代表チームの対抗戦は今日 Six Nations と称される[1]。このように多義的な日常語のままでは，比較分析の概念として使うことができないので，言葉を定義し直す必要がある。誰もが納得する定義があるわけではないが，この講義では，エスニシティ集団，ネイション，国民といった概念を次のように定義しておこう。

「エスニシティ集団」は，政治や国家とのかかわりに関係なく，血縁ないし祖先，言語，文化，宗教，生活習慣などを共有するが故に自分たちは仲間だ，同じグループだという考えが広まっている集団のことを指す。血縁や文化などの共通性は客観的なものである必要はない。あくまで集団の中の主観的な認識が問題なのであり，したがって時代とともに大きく変化し得る。

---

1 1920年，アイルランド「自由国」の「独立」（条約上は自治領）に際して，北部のアルスター地方だけが連合王国に残留した。ラグビーの代表チームは今日でも南北のアイルランド双方を含むが，サッカーの方は「独立」以後，協会もチームも2つに分裂した。

　これに対してネイションは，政治的共同体，つまり，自分たちは政治的行動をともにし政治的運命を共有するグループであるという意識が広まった集団のうち，自己完結的，つまり，自らを根拠付ける上位の共同体を持たないものと定義できる。今日の西ヨーロッパでは，フランデレン，カタルーニャなどはネイションとしての意識を強め，ベルギーやスペインからの独立を要求している。このように，自分たちはネイションなのだから十全たるネイションとならねばならないと主張するイデオロギー・運動がナショナリズムである。ナショナリズムはこのように「外」に対して向けられるだけではない。政治的に行動をともにするのに障害となるとみなす差異を自らの集団の中に見つけ出し，これを教育等によって解消しようとすれば「同化主義」になり，いわゆる「移民」や在留「外国人」に矛先が向えば「排外主義」となる。

　このように定義されたネイションは，例えば，上にみたイギリスの日常語での nation の用法とは合致しない。しかし，スコットランドが nation と呼ばれるのは決して偶然ではなく，イギリスにおけるネイション形成（nation-building）の特性が反映されているのだが，この点は後述しよう。なお，nation の訳語としては「国民」が充てられることが多いが，この講義ではこの語をネイションとは区別し，国家の正当な構成員の総体と定義する（ただし「国民国家」のような成句については nation の訳語として国民を使う）。上記の定義によれば，ネイションもエスニシティ集団も，集団の成員の主観に依存しているのに対し，国民は国籍法で規律された客観的な存在となる。

　ナショナリズムの成り立ちを理解するうえでまず重要なのは，上記のように定義されたネイションとエスニシティ集団の間の関係である。ネイションがエスニシティ集団を基盤にすることは極めて多いが，両者は決して同一のものではなく，そもそもエスニシティ集団を基盤にしない

ネイションも存在しうる。コーンは1944年に刊行したナショナリズムに関する著書の中で，ヨーロッパでもナショナリズムには東と西の二種類があると唱えた。ドイツなど東型のナショナリズムは，文化などエスニックな同質性を前提とするため，非合理主義・ロマン主義的な色彩が強くなり，排他主義・自民族中心・同化政策に傾きやすい。個人の多様性や自由に対して非寛容な，権威主義的な傾向すら持つという。これに対して，エスニックな同質性を前提としない英仏など西型では，個人の政治的共同体への帰属の意思だけが基盤になるため，合理主義・啓蒙主義的になり，自由主義や民主主義と親和性が高くなるという。この対比は，英仏独いずれのナショナリズムについても形成過程を単純化しすぎており，誤解を招く点も多いが，基本的な図式としては，今日の多くの比較ナショナリズム論にも引き継がれている。

　コーンの図式は，今日のナショナリズム論における主要な理論的対立にも連関している。紐帯主義という考え方では，ナショナリズムを生む共同体の基盤や繋ぎ目は何なのかを問うため，エスニシティ集団の社会学的な共通性がいかにして形成されたのかが注目されやすい。これに対して，境界主義という立場では，なぜさまざまな地域が今ある国という一つの単位になったのかを問うため，誰がなぜ隣の共同体との間の線を引いたのか，という政治的要素を重視することになる。コーンの東型は紐帯主義に，国家の領域を前提にする西型は境界主義に即しているようにもみえるが，実は，ドイツのナショナリズムの形成も境界主義的観点なしでは決して説明できず，フランスのナショナリズムにも強固なエスニシティの紐帯が存在している。

ナショナリズムと国家の領域

　紐帯主義でも境界主義でも，ナショナリズムの生成過程を理解するう

えで，国家との関係を問うことは欠かせない。西型の場合，領域国家の成立がナショナリズムの生成に先立つ分だけ，この点が特に際立つ。イギリスの歴史学者ブルイリは，英仏の場合，絶対王制の権力強化に反対する勢力が結束していく過程にナショナリズム運動の原型があると説く。絶対王制の統治領域に偶然組み込まれただけで，言語・文化などを共有しない，各地域の特権団体が，王権に対抗するために最も効率よく結束できる軸が，同じ王国の臣民であるという意識，つまりナショナリズムだったのだという。実は，最初の段階では，宗教がこの役割を果たした。絶対王制による教会の権限侵犯の結果，16世紀中盤のフランスのユグノーのように，宗教が国王に対する政治的反対の結集の有力な核になった。しかし，教会は独自の論理と利益を持ち，しかもしばしば王国の領域を越えて行動するため，王国領域内の反対派にとっては，宗教を結束の軸にすると余計な拘束を受けることになりかねない。ゆえにナショナリズムに取って代わられたのだという。いずれにせよ，ここでは言語や文化といったエスニックな同質性は重要ではなく，先に成立した国家の統治領域こそがナショナリズムの枠組みを作り出したことになる。

　ブルイリによれば，17世紀以降，フランスの絶対王制は当事者能力を失った全国三部会をバイパスし，各地の地方三部会や高等法院と徴税などについて個別に協議するようになった。断片化された多数の地方団体に結束の核を提供したのは実は王権側だった。集権化の試みのなかで国王が，諸利益を超越した王国の一般利益を強調したのを逆手にとって，各地の特権諸身分は，各自の歴史的権利を王国の臣民全体の自由と位置付け直すことで結束を図ったのだという。かくして絶対王制の国家の構造がネイションの概念を規定することになる。この点がより明確に現れたのがイングランド／イギリスだという。

　第2章ですでにみたように，イングランドでは中世末期以来，集権化

が進んでいたため，国王は中央の議会とだけ交渉すればよい構造となっていた。その結果，王権に反対して結束しようとする勢力，すなわちネイションも，議会の枠組みの中にのみ生起することになる。領域内の諸利益は議会の手続きと慣習によって結合・集約されるため，反対派が王権の侵害から守るべきは，議会の権利・地位に体現されるアングロサクソンの民の歴史的権利ということになる。ここから，フランスに比べて，自然権や社会契約といった，ネイションに関するイデオロギーの色が薄いというイギリス・ナショナリズムの特徴が生じたという。反面，歴史的に議会は，フランスが代表する大陸のカトリック勢力からプロテスタントの宗教的自由を守る拠点になってきたため，19世紀前半までのイギリス・ナショナリズムには宗教色が色濃く刷り込まれることになった（後述93頁参照）。ネイションとは議会に代表される民のことであり，これは当初，選挙権を持つ特権層だけだったが，19世紀の選挙権拡大とともに社会全体を包摂するに至る。かくしてイギリスにおいても国家の統治構造がナショナリズムの内実を規定したことになるとブルイリは説く。

　ナショナリズムの起源を統治構造に関連付けるこうした考え方は，現代のナショナリズム論に決定的影響を与えたベネディクト・アンダーソン（兄）の『想像の共同体』で広く知られるようになった。弟ペリーとは対照的に，ヨーロッパの経験を相対化することに注力したベネディクトは，19世紀の中南米諸国におけるナショナリズムの形成を行政官の「巡礼」という考え方で鮮やかに説明した。ヨーロッパの絶対王制においては，行政官はより上のポストを目指して，出身地に関係なく，王冠のもとに統合された国家の領域内を遍歴していく。この「巡礼」の過程で，王国の別の地域出身の行政官らと接触することで，王国の領域を基盤にした「我々」の意識が行政エリートの間に発生することになる。しかし，スペインやポルトガルの支配下にあった「新大陸」では，現地生

まれのスペイン人，つまりクレオール（クリオーリョ）の行政官は，本国や帝国全体を統括するポストには上げてもらえず，出身地，つまり今日のメキシコやチリなどに当たる，帝国の行政区域の中でしかポストに就けなかった。出身区域に限定された「巡礼」の結果，ペルーやチリといった行政区域に枠付けられた共同意識がエリートの間に生まれ，19世紀初頭，ヨーロッパの大部分より早く，運動としてのナショナリズムが本国の支配に対抗する形で生み出される原動力になったのだという。

2. 実在するナショナリズムの類型

国家による標準化とナショナリズム：フランスの事例

　国家はその統治領域によってナショナリズムを枠付けるだけではない。集権化を進めた国家は，行政機構を使って言語・文化・宗教などについて「標準化」を進めていくことになる。最も顕著なのは言語であり，中心地域の方言を標準語に定め，その使用を領域の全住民に対して強要することで，フランスが典型的にそうであったように，領域内で言語的な均質性を実現していくことになる[2]。かくして，国家の標準化作用を通じて，当初は存在しなかった言語・文化・宗教的な同質性が生み出され，これを基礎にしてエスニシティ集団の意識が創出され，国家の統治領域に基づく，政治的共同体意識としてのナショナリズムと融合していくことになる。フランスのナショナリズムが，コーンのいう純粋な西型ではありえず，エスニシティ集団を基盤にした東型との混交になるのはそのためである。この点をやや詳しくみておこう。

　フランスではもともと nation は大学における同郷者団体などを指しており，政治的共同体を意味するようになったのは大革命前後からに過ぎない。しかし，同じ統治に服し共通の法律のもとに生活する共同体と

2　ただし，完全な均質化に至るとは限らない。ロッカンは西ヨーロッパ諸国では，中央による集権化に対して，周辺の言語や文化がさまざまな形態（スイスなどの連邦制や，ノルウェーのような第二標準語）で生き残ってきたと指摘する。地政学的要因次第で，標準化をめぐる中心対周辺の対立はさまざまな形で決着し，それが西ヨーロッパ諸国の政党制に多様性を生む社会的亀裂（cleavages）の一つになると主張する。第7章参照。

いう意識はすでに絶対王制の官僚制によって育まれていた。15世紀以
降，慣習法の成文化が進められ，以後は王令のみが法源とされ，裁判所
も王の権威のもとに統一された結果，王国領域の法的な統一が進んだ。
とはいえ，たとえば言語面では行政エリート以下の階層には標準化はほ
とんど進んでいなかった。大革命中には，3,000万弱の全人口のうち，
農村を中心に1,200万人がフランス語を母語としていないと報告されて
いる。つまり，初期のフランス・ナショナリズムはエスニックな同質性
を前提とせず，王国という政治的共同体への帰属意識を基盤にしていた。
　こうした構造は大革命にも引き継がれた。ブルベイカーによれば，国
籍規定にはその時代のネイションの観念が反映される。大革命当初の友
愛的コスモポリタニズムは開放的な国籍規定を生んだが，イギリスやハ
プスブルク君主国などとの革命戦争の開始によって，革命の敵か友かを
峻別して国民か否かの線を引く発想へと大きく転換した。革命初期から
貴族は革命の目的や共和主義を共有しないが故に異邦人と扱われたが，
これが一般化されて，ともに政治的に行動する意思のない者をはじき出
す，純粋に政治的なネイションの概念が生まれた。外国と反革命に包囲
されたなかでの特殊な心理状態の産物ではあったが，エスノ文化的要素
（血や言語，宗教）を二次的なものとみなすフランス・ナショナリズム
の基本的な考え方は，ここに起源がある。
　しかし，標準化によるエスノ文化的な同質化も，実は大革命に端を発
している。たとえば言語面では，革命政府は，上にみた報告に基づいて，
方言や外国語を一掃する政策を検討し始め，実際，ナポレオン期以降，
整備された行政機構・学校・軍隊を通じてフランス語の使用が，時に極
めて暴力的に[3]，国土の隅々にまで徹底されていくことになる。ただ，
こうしたフランス流の同化主義が当事者に意識されにくいのは，革命当
初から，フランス語は革命と啓蒙の普遍的な理念を体現しており，言語

3　ブルトン語地域などでは，小学校の「罰札」など，住民の相互監視の制度が導入された。

的同質化は革命の遂行を妨げる政治的障害を除去するためだと正当化されていたからである[4]。後にフランスがアフリカや東南アジアに植民地を築いた際にも，フランス語は同じ普遍主義の名のもとに（解放と文明化の言語だと言い換えられて）現地住民に強要され，さらに第二次世界大戦後，（旧）植民地から労働力として受け入れた「移民」に対しても同じ姿勢が採られた。

こうした言語・文化的な均質化の進展を受けて，1880年代になると，エスニックなネイション理解が右翼勢力を中心に浸透し始め，イタリアなどからの移民労働者らに対する排外主義運動や国籍法の改正要求（出生地主義に対する批判）が盛り上がりをみせた。しかし，もともとフランスではナショナリズムにエスニシティ集団の要素は薄いため，決して主流にはなり得なかった。論争の末に成立した1889年の改正国籍法では，逆に出生地主義が大幅に拡大され，移民二世に自動的に国籍を付与するなどして，フランス・ナショナリズムの国家中心で同化主義的な性格が強化された。

イギリスにおける重層的ナショナリズムの形成
　同じ西型に属するはずのイギリスでは，国家による標準化が徹底しなかった結果，フランスとは異なり，イギリス人（Britons）という一つのネイションであるという意識と，ウェールズ人やスコットランド人などの意識が共存してきた。つまり，1998年以降の権限委譲（devolution）までイギリスは単一国家として統治が行われていたにもかかわらず，むしろドイツのような連邦制国家と平仄の合う重層的なアイデンティティが成立していたのである。スコットランドは，1603年にイングランドと同君連合を組み，1707年に併合されたのに対し，ウェールズはこれに

4　後に総裁政府の大立者となるバレールは，1794年1月の公安委員会宛報告で「我々は政府や習俗を革命した。さらに言語も革命しよう。連邦主義と迷信はブルトン語を話す。亡命者や共和国への憎悪はドイツ語を話す。反革命はイタリア語を，狂信はバスク語を話す。これら災いをもたらす誤謬の道具を打ち砕こうではないか」と述べている。

先立って1536年に合同している。スコットランドの方がウェールズより
独自性の意識が強いが、これは後から併合されたためだと考えれば、両
者ともイギリスの領域に組み込まれた時期が比較的遅かったので、同化
が遅れて重層的アイデンティティが残ったという説明も可能かもしれな
い。しかしフランスのフランシュ・コンテ地方は、南ネーデルラント継
承戦争とオランダ侵略戦争の結果、1678年にフランスに併合された。サ
ヴォワ地方に至っては、1860年に第二次イタリア独立戦争支援の代償と
してサルデーニャ王国から割譲されたに過ぎない。にも拘わらず、これ
らの地域ではスコットランドのような重層的アイデンティティは見られ
ない。とすれば、イギリスの国家・統治形態に特殊性があったから、ナ
ショナリズムの構造が多元的になったと考えざるを得ない。たとえば、
歴史的に各地域は法律や行政制度の面でも自律性と独自性を残してお
り、19世紀の救貧法やカトリック救済法も、第二次世界大戦後のNHS
（国民健康サーヴィス）も、地域別に制定ないし運営された。フランス
のような領域官僚制を欠き、19世紀末まで治安判事による地方の自己統
治が行われていたことを反映して、フランスと比べて中央政府が標準化
によって異なるエスニシティ集団を同化・統合する作業をしてこなかっ
たとも言えよう。

　この点を傍証するのが、イギリスの歴史学者コリーのナショナリズム
論である。コリーの著書『イギリス国民の誕生』によれば、イギリス人
意識の形成は1707年のスコットランド併合から始まり、1837年のヴィク
トリア女王の即位のころまでの間に行われたという。18世紀初めの時点
で３地域間には言語・文化や習俗で大きな相違があった（だからといっ
て、スコットランド人やウェールズ人といった意識があったわけではな
い）。しかし、その後一世紀にわたって間断なく続いたフランスとの戦
争や、これと結合した（名誉革命後の）ジャコバイト叛乱を通じて掻き

立てられた，フランスとカトリック（「法王教」と蔑（さげす）まれた）への政治的・宗教的敵対心から，イングランドを越えて，ウェールズやスコットランドにも共通のイギリス人意識が成立したという（したがって，征服されたカトリックの土地であるアイルランドの人々は，初めからイギリス人意識の対象外だった）。反カトリックと結びついていたのが，大陸諸国よりはるかに豊かで先進的なイギリスという表象であり，商業上の覇権がもたらす繁栄を国王の海軍が防衛してくれる，という形でイギリスの国制への忠誠に結びついている。

　これはナショナリズム理論のうち，境界主義の典型的な例であり，戦争つまり外的脅威が「イギリス」の枠組を作り出したということになる。ドイツのように，文化・言語などのエスニックな同質性を基盤にしていたわけでも，フランスのように，集権的統治によって政治的な共同体意識が形成されたのでもない。地域ごとのエスニックな意識の形成と並行して，反仏・反カトリックの一点に基づくネイション意識が（アイルランドを除く）連合王国全土の住民に焼き付けられたのである。フランスとの第二次百年戦争が近代イギリスの形成に決定的な役割を果たしたという点で，国家機構（官僚制）の形成に関するブリュアの「財政＝軍事国家」論（第2章参照）とも平仄が合っている。反面，ナポレオン戦争の終結とともにフランスの脅威は終わり，アイルランド危機によってカトリック解放が行われると，反仏・反カトリックを軸にした共同体意識の基盤は失われたことになる。

　それを補ったのは，やはり大英帝国の繁栄と威信ということになろう。実際，コリーによれば，スコットランド人は，18世紀半ばのジャコバイトの叛乱鎮圧後，軍人や官僚（特に植民地勤務）としてイギリスの国家機構内に進出した。七年戦争後の帝国の拡大によって植民地の統治に必要な官僚制や軍事機構が膨張したものの，イングランド人の子弟は海外

勤務を嫌がるため，その隙間をスコットランド人が埋めたのである。か
くして，スコットランド人は戦争と帝国を介してイギリスに一体感を持
ち，イングランド人と対等との意識を抱くに至ったという。言い換えれ
ば，19世紀前半までのイギリスのナショナリズムとは，帝国・陸海軍・
強力安定効率的な政府などによって喚起されたものであり，戦勝や繁栄
などが続かないと保たない，脆い統合だったことになる[5]。

ドイツにおける2つのナショナリズムの相克

ドイツの場合，言語や文化の共通性を基礎にしたナショナリズムの運
動を通じて，19世紀の初めには，エスニシティ集団がナポレオン戦争後
の邦国を跨ぐ形で広がっていたことになる。ただし注意すべきは，この
段階でドイツというネイション意識を共有していたのは，ブルシェンシ
ャフト運動やハンバッハ祭が示すように，自由主義者を含むエリート層
に限られており，いまだ大衆には及んでいなかったことだ。その結果，
19世紀を通して，2つの相対立する形のナショナリズムが競合・相克し
ながら展開されていくことになる。第一は，エスニシティ集団としての
ドイツ・ネイションの意識を拡散しようとするロマン主義的な運動であ
り，第二は，プロイセンなど，主要な邦国が自らの国家統治の基盤とし
て，プロイセンやバイエルンのネイションを上から形成しようとする動
きである。後者はドイツ・ナショナリズムではなく，プロイセン愛国主
義などと呼んだ方が相応しい。なぜなら当時のプロイセンには東部を中
心に多数のポーランド人が含まれており，エリート・レベルでは，たと
えば，ドイツ政治史家の今野元が描き出したように，ホーエンツォレル

---

5 ヨーロッパ政治史家の飯田芳弘は，ビスマルクによるドイツの統一過程についても，境界主義
　に基づくナショナリズム分析が有効であることを示した。エリート・レベルでは三月革命までに
　ドイツ・ナショナリズムが浸透していたが，どこまでをネイションの範囲とするかについては，
　大ドイツ主義 vs 小ドイツ主義などの対立が示すように，曖昧なままだった。この境界を画定した
　のが，ビスマルクがドイツ統一に先立って行った3つの戦争（対デンマーク，普墺，普仏）であり，
　自由主義のエリートたちの抱くナショナリズムは，戦争のたびにビスマルクの国家戦略に都合が
　いいように，パン種を捏ねるが如くに形状を変えられたのだ。

ン家への奉仕を通じて自らをプロイセン臣民であると認識するポーラン
ド人貴族が生み出されていたからである。フランスでは国家が進める言
語などの標準化以外にはエスノ的凝集性の核になるものが乏しかったた
め，2つのナショナリズムはかなりの程度融合していた。他方ドイツで
は，ビスマルク登場までのプロイセンも含め，各邦国の政府が統一に必
ずしも前向きではなかったため，両者は厳しい緊張関係にあり続けた。

　1871年の国家統一はこの緊張関係を決して終わらせなかった。そもそ
も統一の過程は一貫して，プロイセン国家とその政府（ビスマルク）の
制御下にあり，エスニシティを基盤にしたナショナリズム運動はほとん
ど貢献していない。貢献があったとすれば，それは軍事力による統一を
英仏など周辺列強に正当化して受け入れさせるとともに，ビスマルクの
政府に対抗してきた自由主義勢力を統一後の国家運営に協力させるため
の手段となった点に尽きる。2つのナショナリズムのうち，統一に向け
て現実を動かしたのはプロイセン愛国主義だった。同じことは，サルデ
ーニャ王国の宰相カヴールによるイタリアの国家統一にも当てはまる。

　統一完成後も，プロイセンに代わって，今度はドイツ帝国という統一
国家（ライヒ）が自らを支えるネイションを上から形成しようとして，
エスニシティを基盤にしたドイツ・ナショナリズムと衝突することにな
る。プロイセン同様，統一された帝国の領域には，東のポーランド人だ
けではなく，西にはフランスから割譲を受けたエルザス・ロートリンゲ
ン，北にはデンマークから勝ち取ったシュレスヴィッヒ・ホルシュタイ
ンというエスニシティ集団としてのドイツ人に属さない住民が多数を占
める地域が含まれていた。しかも，小ドイツ主義で統一を行った結果，
オーストリアなど，帝国の領域外に多数の「ドイツ人」が取り残されて
いた。エスニシティ集団としてドイツ・ネイションをみる立場からは，
帝国の現状は二重に不完全だったのである。国籍規定の観点から，つま

り国民としてみれば，ライヒは当初，帝国を構成することになった邦国の国民（臣民）の総和として定義された。各邦国の国民（臣民）は，邦国間の国境を越えて移動する労働者ないし貧民の扶助義務の負担をどちらに振り分けるか，という極めて便宜的な邦国間の協定によって定められたもので，エスニシティ集団とは無関係であった。

　しかし統一後，特にヴィルヘルム2世の治世には，2つのナショナリズムの力関係は明らかにエスニシティ集団側に傾く。第7章でみるように，ビスマルク時代にも，ポーランド人などをカトリックと並んで「帝国の敵」と呼んでスケープゴートにすることで国民多数派の結束を図る「負の統合」戦略が採られた。しかも1890年代以降は急進的なナショナリスト団体が隆盛を極めた。この流れを受けて1913年には国籍法が，エスニシティ集団としてのドイツ人に属する者に対してはより拡張的に，そうでない者にはより閉鎖的な方向に改正された。在外の血統的な「ドイツ人」には国籍を保持ないし取得しやすくする一方，移民二世に国籍を与えず，東部ではポーランド人労働者を排除しようとしたのである。

3. 少数派ネイションのナショナリズムとハプスブルク君主国

　19世紀半ば以降のヨーロッパの歴史は，これまでみてきた英仏独のような大国のナショナリズムだけではなく，より小規模なエスニシティ集団のナショナリズムによっても彩られてきた。特に冷戦終焉後は，バルカン半島のように，断片化しかつ混在するエスニシティ集団が互いに自治ないし独立や支配領域の拡大を求めたことが長期にわたる悲惨な紛争を引き起こした。しかし，これからみる，19世紀後半から20世紀初めのハプスブルク君主国（オーストリアとハンガリーを二本柱とし，チェコなど周辺のスラヴ系の諸民族を支配した）の事例は，同じ地域のナショ

ナリズムが，条件さえ揃えば，地域全体の自由化・民主化に貢献し得ることを示している。19世紀前半，イギリス統治下のアイルランドにおけるカトリックの運動が，カトリック解放を通じてイギリス本国の自由化・民主化の口火を切る役割を果たしたのによく似た現象だった。

フロッフのナショナリズム発展段階論

　19世紀のバルカン半島やハプスブルク領内のように，有力なネイションの支配下にある「少数派ナショナリズム」も，大国のそれには少し遅れを取ったものの，すでに19世紀初めには姿を現していた。いかなる形でも（ドイツの邦国や北イタリアの都市国家のような形ですら）自前の国家を持っていなかったため，ネイションは基本的にエスニシティ集団を基礎としたものとなり，ナショナリズム形成における国家の役割も，主要なネイションの場合とは大きく変わってくる。

　チェコの歴史家・政治学者フロッフは，自前の国家や支配階層，文化的伝統を欠く「被支配ネイション」（smaller nations）のナショナリズム運動の発展過程を３つの段階に分けている。A段階は，ネイションの言語，習俗，歴史などに関する知的関心や認識を蓄積し拡散することで欠けていた文化的伝統を構築する学識者を中心とする運動。B段階は，示威行動を通じてエスニシティ集団のなるべく多くの成員にネイション意識を吹き込み，ネイション建設に巻き込もうとする運動。ドイツでいえば，ナポレオン戦争後のブルシェンシャフト運動やハンバッハ祭がこれに相当する。ただし，ドイツのような支配的ネイションの場合には，この段階でブルジョワ（資本家，教養市民層）が運動に参入することで，政治的自由主義や共和主義などの政治目標が掲げられるようになるが，被支配ネイションの場合は，そうした政治的に自律した支配階層を欠くため，この段階の運動は，言語や文化面での要求実現に集中することに

なる。最後のＣ段階では運動は大衆化し，被支配ネイションではここで
初めて政治的目標が設定されるが，同時に，さまざまな政治的党派に分
裂していくことになる。

　ハプスブルク君主国領内の場合，1800年ごろまでにはＢ段階が始まっ
ており，先行したハンガリーとチェコでは三月革命の最中にＣ段階に移
行したのに対して，スロヴァキアやクロアチアなど後発組のＣ段階は
1870〜80年代にずれ込んだ。Ｂ段階への移行と運動の発展を促したのは，
18世紀後半の啓蒙専制君主（マリア・テレジア，ヨーゼフ２世）による
一連の政策だった。特に学校教育を整備し，初等教育を母語中心に切り
替え，カトリック教会の監督から解放したこと，検閲を緩和し，印刷資
本主義の発達と相俟（あいま）って，言語・文化遺産の発掘と文芸などの大衆化を
可能にしたことに加え，産業振興政策によって自生的な産業ブルジョワ
を登場させたことが重要である。三月革命後の農奴解放を契機に，こう
したブルジョワは，チェコでは甜菜糖（てんさいとう）生産，ハンガリーでは穀物生産を
軸に急成長を遂げ，ナショナリズムの主たる担い手となっていった。

オーストリア側とハンガリー側：分岐する運命

　実はこうした少数派ナショナリズムのうち，チェコのそれはハプスブ
ルク君主国のオーストリア側において体制の自由化・民主化を促したが，
ハンガリー側では議会中心の体制が逆に権威主義化していく結果となっ
た。この違いを生んだのは，それぞれの政府が採った対照的な対少数派
戦略であり，さらにその原因となったのは，それぞれの多数派（ドイツ
人とマジャール人）におけるナショナリズムの担い手の違いだった。

　君主国はもともと，神聖ローマ皇帝，次いで（1804年以降）オースト
リア皇帝たるハプスブルク家が相続などでかき集めた，ハンガリー王国
などの領邦の寄せ集めに過ぎなかった。周辺各国の絶対王制より遅れて

18世紀半ばに集権化を開始し，常備軍に加えて，ブルジョワ出身者を軸に官僚制が拡充・整備された。重要な非ドイツ人地域のうち，ボヘミアでは，17世紀にプロテスタントのチェコ人貴族が叛乱を起こして一掃され，カトリックのドイツ系貴族に置き換えられていたため，比較的円滑に集権化が進み，領邦議会や封建領主に代わって，ドイツ語を使う中央派遣の行政機構が統治を担い始めた。

　しかし，ウィーンの皇帝や宮廷は，三月革命以後，領内に少数派ナショナリズムが勃興すると，決してこうした集権的統治に固執しなかった。帝国の領土とその統一の維持を何よりも優先し，マジャール人やチェコ人に対して柔軟に譲歩する態度を取り続けたのである。その結果，ウィーン政府の管轄下の領域では，年を経るごとに連邦制の要素が増し，議会でも少数派ネイションを与党に組み込んで，その意向を比較的密接に反映した政権運営が行われるようになり，実質的な議会化（議会の影響力の増大）へ向かった。

　これに対してハンガリーでは，プロテスタントの中小貴族（イギリスの大規模地主に倣ってジェントリと呼ばれた）が県の議会や県知事以下の県の官僚制を占拠し続けた。ヨーゼフ2世はハンガリーへの統制を強化し，行政言語をドイツ語に切り替え，県議会の活動や貴族の領主としての権限を制約しようとしたが，抵抗にあって挫折した。むしろ逆に「ジェントリ」のナショナリズムを覚醒させ，オーストリアからの自治や分離を求める運動に火を点けることになった。19世紀初め以降，ジェントリの多くは土地を失ったが，大挙して官僚に転身し，行政機関を肥大化させつつ，ナショナリズムや政治的自由主義の主要な担い手となった。

　彼らはヨーゼフ主義以後のハンガリーに対する政治的・文化的統制強化への反発から，ウィーンに対して自律を追求するだけでなく，1840年代には，ハンガリー王国内のクロアチアやスロヴァキアなどのスラヴ系

に対して，マジャール語などを強要する「マジャール化」政策を強圧的
に推し進めようとし始めた。三月革命中のハンガリーで主導権を掌握し
たコッシュートも，ドイツ人と対等の同盟を夢見て，領内のスラヴ系に
自治などを与えるのを拒否し続けた。その結果，自治やスラヴ系の連邦
国家を目指したチェコやクロアチアと協力することは最後までできず，
皇帝の軍隊に個別撃破されて革命の敗北を招いた。

　三月革命後，ウィーンの政府は，ドイツ人ブルジョワ出身の官僚制の
主導で一旦，中央集権体制を築いたが，1859年の第二次イタリア独立戦
争に敗れると，少数派ネイションに譲歩して連邦制の要素を導入し始め
る。集権志向の強い官僚などドイツ人リベラルは反発したが，宮廷はこ
れを退けた。さらに普墺戦争の敗北後の1867年には，ハンガリーとの間
で「アウスグライヒ（妥協）」と呼ばれる国制の大改革で合意した。こ
れは「二重制」と呼ばれ，ハンガリー側にハンガリー議会に答責する政
府の樹立を認めて，スロヴァキア，クロアチアなどを含む領土の東半分
の統治を委ねたうえで，領土の西半分を治めるオーストリア側と対等の
立場で共通政府を形成し，外交，防衛，財務の3つの共通省を置くとい
う，ごく緩やかな連邦制，ないし国家連合を定めたものだった。

　オーストリア側では，アウスグライヒと同時に，議会の権限強化など
立憲化が完成した。教養市民層や産業ブルジョワを基盤とするドイツ人
の自由主義勢力が一時的に議会と政府を掌握したが，オーストリアでは
彼らの実力は限られたものであり，その覇権は宮廷の支援に依拠したも
のだった（宮廷はボヘミアの大土地所有層が選出する議席の配分に介入
することで議会多数派を左右できた）。にもかかわらず，自由主義政府
が集権化やドイツ語使用などを押し付けようとしてチェコなどスラヴ人
との関係を悪化させたため，1870年代に入ると，皇帝・宮廷はスラヴ人
との提携に軸足を移していった。ボヘミアでの使用言語をめぐるチェコ

人とドイツ人の対立の深刻化などを契機に，1879年，皇帝と宮廷はドイツ人自由主義勢力を切り捨て，スラヴ人諸派にカトリック保守派を組み合わせた「鉄の環」と呼ばれる連合に基づく政府へと切り替えた。ただ，ボヘミアでの言語対立の激化を受けて，チェコ側の急進派（青年チェコ党）が議事妨害戦術を開始した。加えて，大衆動員や普選の導入（1907年）によって各ネイションを代表する政党がイデオロギー・階層別に分裂し，政党制の断片化が進んだ結果，19世紀の末年以降，帝国議会は機能麻痺に陥った。以後，公式には，議会に基盤を置かない官僚政府が憲法上の緊急令規定に基づいて統治を行う形となったが，それでも政府は引き続き議会の主要政党の意向を密接に反映しながら運営されていた。

　これに対して，ハンガリー側では，まず，アウスグライヒの妥協に不満を持つ野党・コッシュート派（48年派）を抑え込むため，二重制を支持する与党（67年派）は，自由主義を称するにもかかわらず，選挙干渉や選挙権の制限などを体系的に行った。当初，比較的自由な言論や司法制度のもとに行われていた議会政治は徐々に変質していった。ただし，選挙での競争はなお残されていた。1905年の選挙では偶発的に48年派が勝利し，一時的に政権をとった結果，ウィーンの国王・宮廷を巻き込んだ危機に発展した（その余波でオーストリア側で普通選挙が導入された）。政権を取り返した後，67年派は，議事妨害を繰り返す野党48年派を軍隊を使って排除し，出版・集会の自由に対しても統制を強めた。

　何より体制の権威主義の度合いを強めたのは，スラヴ人などに対する強権的なマジャール化政策だった。1870年代以降，領域内の少数派ネイションに対して，これまで二言語使用の原則のもとで容認されていた，学校や自治体行政での母語使用を禁じた。実際，都市部ではマジャール語が浸透し，マジャール人意識を持つドイツ人，ユダヤ人，スロヴァキア人，ルーマニア人などが増えていた。時に強引な同化政策を用いてで

も，少数派をマジャールのエスニシティ集団に吸収し，これをハンガリー・ネイションとするという野望がハンガリー政府を突き動かしていたのである。言語などの文化団体に対する統制の強化・禁止処分など，少数派ナショナリズムの運動に対する抑圧が強まった。とりわけクロアチア人は，アウスグライヒに付随して結ばれた1868年の「ナゴドバ（妥協）」で，ハンガリー側から公用語や自治などについて譲歩を得ていたにもかかわらず，1883年，ハンガリー政府はクロアチア人にもマジャール語との二言語使用を強制し始めた。クロアチア人は強く反発し，1905年，同じ南スラヴ系ながらこれまで対立してきたクロアチア領内のセルビア人と連合を組んでブダペシュトに対抗するという転換に踏み切った。これがきっかけとなって，セルビア王国とハプスブルク君主国との間に激しい対立が惹起され，第一次世界大戦，そして君主国の瓦解へとつながる。

参考文献

塩川伸明『民族とネイション』岩波書店，2008年（岩波新書・新赤版1156）

John Breuilly, *Nationalism and the State*, 2nd ed., University of Chicago Press, 1994.

R. ブルーベイカー『フランスとドイツの国籍とネーション』明石書店，2005年

E・ホブズボウム，T・レンジャー編『創られた伝統』紀伊國屋書店，1992年

飯田芳弘『想像のドイツ帝国　統一の時代における国民形成と連邦国家建設』東京大学出版会，2013年

今野元『多民族国家プロイセンの夢：「青の国際派」とヨーロッパ秩序』名古屋大学出版会，2009年

R. オーキー『ハプスブルク君主国1765-1918』NTT 出版，2010年

Miroslav Hroch, *Social Preconditions of National Revival in Europe: a Comparative Analysis of the Social Composition of Patriotic Groups among the Smaller European Nations*, Cambridge University Press, 1985.

平田武「オーストリア＝ハンガリー君主国における政治発展の隘路（一）」『法学（東北大学）』71-2（2007年）

月村太郎『オーストリア＝ハンガリーと少数民族問題：クロアティア人・セルビア人連合成立史』東京大学出版会，1994年

6 │ 世紀末の大衆動員と組織化

中山洋平

《**目標＆ポイント**》　19世紀末，大不況と大衆動員の時代に，政党と職能団体（労組など）を核とする大衆組織の濃密なネットワークが西欧各国に作られ，以後およそ1世紀の間，各国の政治構造の基礎を形作ることになる。ではなぜ大衆組織のあり方は国ごとに異なるものになったのだろうか。この章では，社会主義政党の強弱や宗派政党の有無について，さまざまな要因や仮説がどれくらい説明力を持つのかを検討していく。そのうえで，大衆組織が形成されなかった場合，どのような議会政治になるのか，フランスを例に考える。

《**キーワード**》　大不況，政治的サブカルチュア構造，社会主義政党，リブラブ連合，宗派政党，国教会，平信徒，組織されない民主制，政治階級

　19世紀末，西ヨーロッパ各国の政治と社会の構造は大衆組織の形成を通じて根本的に変化した。以後，20世紀半ば過ぎ（1970年代ごろ）までの西ヨーロッパ政治は，大衆組織，つまり大衆組織政党（社会民主主義やキリスト教民主主義など）と職能団体（経営者・業界団体，労組，農民組合など）に基盤を置くことになる。しかも大衆組織化のパターンは国によって異なったため，以後一世紀近くの間，このパターンこそが各国の政治のあり方の大枠を規定することになる。第一次世界大戦後に西ヨーロッパのほとんどの国で民主制が成立した後，戦後の危機や大恐慌を乗り越えることができたかどうか（第8章，9章参照）。第二次世界大戦の高度成長期の政党政治のスタイル（第10章参照）や同時期の国民経済の運営のあり方（ネオ・コーポラティズムが典型：第11章）がどのようなものになったか。いずれも世紀末前後に形成された政党と職能団

体の組織化の度合いや形状によって大きく左右されることになる。

　そこでこの章では，国ごとに大衆組織化のあり方はどのように異なったのか，なぜそのような分岐が生じたのか，更に，大衆組織化のパターンの分岐によって政治にどのような違いが生じたのかを，比較研究に基づく理論も紹介しつつ，西ヨーロッパの主要な国々における動員・組織化のプロセスに即してみていく。

1. 大衆組織政党の形成と民主制の形

政党と職能団体

　19世紀第4四半世紀には，政党と職能団体，2つの異なる領域で組織化が急激に進展した。①大衆動員に伴う大衆組織政党の形成と，②大不況に伴う職能利益の組織化とは，並行して相互補完的に強化し合いながら，高度の組織ネットワークを作り上げた。

　1880年代以降，さまざまなイデオロギー・世界観に基づく大衆運動が西ヨーロッパ各国を席捲する。なかでも大衆組織化を主導したのは社会主義・労働者運動とキリスト教各宗派（カトリックと一部のプロテスタント教派）である。現在，多くの国で主要な政権党となっている社会民主主義政党，キリスト教民主主義政党の起源である。この2つの新興勢力が大衆動員を進める契機になったのは，宗派の場合は，信仰の防衛，社会主義の場合は，労働者が対等な権利を獲得するためだった。どちらの場合も，とりわけ参政権（選挙法の改正）の要求は動員のテコとなった。ビスマルクによる「社会主義者鎮圧法」やカトリックを迫害する「文化闘争」のように，社会主義運動や教会に対する攻撃・抑圧が逆に動員や組織化を後押しする結果になった場合も少なくない。

　しかし，大衆組織化の前提になっていたのは，労働者や農民の経済的な苦境である。都市では，第二次産業化に伴って無数の非熟練労働者が

流入して集積し，苛酷な労働・生活環境にあえいだことが本格的な労働運動が成立する背景となった。ここで重要なのは，西ヨーロッパの多くの国では，社会主義勢力に対抗して，宗派系の勢力も有力な労働組合を組織していたことである。キリスト教各宗派の教会も宗教的救済の一環として，また労働者の信仰を社会主義から守るため，「社会問題」つまり労働者の悲惨な状況の改善に乗り出していたからだ。要するに，同じ民衆階層をめぐって，社会主義と教会各宗派が互いに相手の動員・組織化に危機感を募らせ，動員の努力をエスカレートさせていったのである。

　社会主義と宗派という新たな政治勢力が急激に大衆を動員し組織化を進めたことで，政党間に玉突き現象が起こった。従来，制限選挙制の議会などで権力を握ってきた自由主義，保守主義などの政党が，新興勢力に対抗すべく支持基盤の組織化に取り掛かる。スカンディナヴィア諸国で典型的にみられたように，産業界，農民組合などを基盤に，比較的よく組織された近代政党に変身していった。この頃，産業界では，大不況によって市場競争が激化するなか，集中・独占の形成が進むのと同時に，寡占化に向かう企業間で過当競争を回避すべくカルテルが形成され，さらにこれを基盤として業界団体の組織化が進んでいた。カルテル化を促進したのは自らも寡占化した大銀行である。資本集約的な重工業の発展には資金調達を銀行に依存せざるを得ず，そこから生まれた金融と産業の間の結合関係，銀行による系列化が産業界の組織化の原動力となった。農村では，世紀末の大不況下の農産物価格の下落に対応すべく，生産・販売や融資，原材料の共同購入などの機能を求めて農民組合が発達した。

　結果として，政党の組織化の背後にはほとんどの場合，労働者や農民，産業界などの職能組織化があり，政党と職能団体は多くの場合，密接に提携し表裏一体の関係となっていた。社会主義政党では労組や共済・協同組合，宗派政党では職能別のさまざまな大衆組織（主に労働者・農民

の組織）が基盤であり，選挙運動や日常的組織活動の支柱になっていた。

政治的サブカルチュア構造

こうした複雑な組織化の結果，多くの西ヨーロッパ諸国には「政治的サブカルチュア構造」と呼ばれるものが成立した。これは，特定のイデオロギーや世界観を軸に，政党などを中心にして統合された，高度で複合的な大衆組織のネットワークを指す。労組などの職能団体，共済・協同組合，青年・婦人などの団体，教育（学校），社会保障・福祉，文化・娯楽団体（体操・合唱団・読書など），新聞といった，政治・経済から文化まで，日常生活のありとあらゆる領域に党派別の組織化を浸透させる。

ただし「政治的サブカルチュア構造」には，地域によって2つの類型があった。第一の「柱状組織」型は中部ヨーロッパに多く，ドイツ，オランダ，ベルギー，オーストリア，チェコ，イタリア北部などに分布した。このタイプでは，社会主義勢力とキリスト教各宗派が，互いに競い合いつつ，排他的な組織ネットワークを張りめぐらせた結果，社会全体が柱のように並立する複数の大衆組織網に分割され，個人の生活は特定の「柱」組織の中に完全に包み込まれる形となる（カプセル化）。狭義では，このタイプだけを「政治的サブカルチュア」と呼ぶこともある。

オランダでは「柱」，オーストリアでは「陣営」と呼ばれたように，サブカルチュア構造同士はイデオロギー的にも経済的利害の面でも相いれないことが多く，第9章でみるように，1930年代，大恐慌期のドイツやオーストリアでは，サブカルチュア間の対立が調停不能となって民主制が崩壊した。オランダ出身の比較政治学者レイプハルトは，サブカルチュア間の内戦を避け，民主制を維持するために，サブカルチュアが並立するオランダのような国では「多極共存型民主主義」を採ると説いた。

これに対して，多数決で全てを効率的に決めていく英米型の民主主義

では，政治的には異なる党を支持する者であっても，政党政治以外の場では，同じ結社で活動を共にすることが多いとされた。政権交代の可能性があることに加えて，社会生活を形作るさまざまなネットワークが党派ごとに分断されていないからこそ，多数決による政治が成り立つ。これに対して，相互排他的な柱状のサブカルチュア構造に分断された社会で多数決に頼れば，少数派は永遠に排除され差別されたままとなり，やがては内戦すら避けられない（今日の米国社会はこのモデルに近付きつつある）。そこで，全会一致による決定，つまり個々のサブカルチュアに拒否権を付与しつつ，比例配分によってあらゆるポストを分け合うことで，全ての「柱」に死活的利益を確保する形の民主主義が定着したのだという。オランダにおける多極共存型民主主義の起源に関するレイプハルトの説明は修正が必要（第7章133頁参照）だが，戦後高度成長期から1980年代まで，このモデルに沿って政権運営が行われた例が少なくない。

　これに対してスウェーデンなどの北欧諸国では，社会を分断しない，より開放的な組織形態になった。「民衆運動」型と呼ばれる第2の類型である。スウェーデンでは社会民主主義勢力が戦間期以降，常に優位を保ちつつも，自由主義勢力と提携し，国王・官僚制・保守派政府に対して普選などを要求する幅広い「国民運動」を率いた。労働運動を軸に，農民運動，地方言語運動，禁酒運動・自由教会運動などを束ねる形で組織化を進めたのである。その結果，社会民主労働者党が主導権を取る大衆組織には中産層も幅広く参加する形になった。スウェーデンの福祉国家が「労働者の家」ではなく「国民の家」と呼ばれるのもそのためだ。

政党制の特徴

　以上のサブカルチュア構造の類型は中欧と北欧の相違を理解するうえで有用である。しかし，より広く西ヨーロッパ全体でみた場合，20世紀

の政党制についてより重要な差異が２つある。第一は，政党配置の違い
で，社会主義政党はほぼどの国にも存在するが，宗派政党はないところ
も多い。ある国とない国を分けた要因は何なのか。第二は，主に社会（民
主）主義政党にかかわるが，組織化の度合いに大きな違いがみられる。
戦後の社会民主主義政党の組織力をみると，オーストリアやスウェーデ
ンが最上位に来る一方で，フランスやスイス，スペインは最も弱いグル
ープに入る。このような差異はどのような要因で説明されるのか。この
２つの変数で西ヨーロッパ各国を分類すると表6-1のような形となる。

表6-1　20世紀の西ヨーロッパ各国の政党制

	キリスト教民主主義（宗派）政党	
	あり	なし
社会（民主）主義政党 強い	オーストリア　ドイツ イタリア	北欧 イギリス
弱い	オランダ スイス	フランス スペイン　ポルトガル

2. 労働者・社会主義勢力の強さ

　同じ西ヨーロッパのなかで，なぜ社会主義勢力の強さや形態・路線な
どに国ごとに大きな違いがあるのかという問いは，古くから関心を集め
てきたテーマである。フランスの公法・政治学者のデュヴェルジェは大
衆政党と幹部政党という２つの類型を提示した。ドイツの社会民主党が
前者の典型とされるのに対して，フランスの旧社会党（SFIO：現在の社
会党の前身の一つ）は社会主義政党であるにもかかわらず，党組織が数
的に小さいうえに選挙運動の時以外は活動しないことが多い，内部構造
が分権的で，規律が弱いなどの点で，保守・中道の名望家の政党である
後者の類型にかなり近いとされる。他方，社会主義陣営のもう一方の支
柱である労働組合の組織は，組織率（該当する産業部門などの全労働者

に占める組合員の比率）と集権性（賃上げなど労使交渉やストなどに関する方針決定の権限が全国レベルの中央組織にあるか，その下の産業別や地域別の労組にあるか，など）といった指標でその強さを測ることができる。労組の場合，集権性，つまり産業部門間や地域間の戦略調整ができるかどうかは，ストなど労使間の力比べの勝敗に直結する。この基準ではフランスのみならず，イギリス労働党も，党の背後で組織の実体をなした労組が比較的弱く，サブカルチュア構造を持つこともなかった。

社会経済要因から政治的機会構造へ

　こうした社会主義陣営の組織力の違いを説明する際に最もよく使われるのは，主に産業化や都市化に関する社会経済的な要因である。英仏の場合，ドイツやスウェーデンと比べて，第二次産業化の進行が緩慢だったこと，企業の集中・合併が進まず，奢侈品の比重が大きかったこともあって，中小企業中心の分散的な産業構造が維持されたこと，工場制への移行が遅れ，手工業的な性格が強かったこと，都市化が遅れたり緩慢だったりして，都市への人口集中の度合いが低かったことなどが挙げられる。こうした説明はおおむね当てはまるが，いくつかの有力な例外が残ってしまう。たとえば，北欧のうち，デンマークやノルウェーでは，フランスと同じように，中小企業が多く手工業的色彩を強く残していたが，そこで働く熟練工を中心に極めて高い組織率と集権化を誇る労組が20世紀初頭までに登場し，社会民主主義政党を支えていた。これは社会経済的要因の陰で政治的要因が作用していることを示している。

　この点について，アメリカの政治学者リプセットは，体制（エリート）側の対応が「労働者階級政治」のあり方を決めるという見方を提示した。労働者の政治・経済的な参加要求に対して政治・経済エリートが譲歩して，政治・経済の両面で市民権，つまり普通選挙や団結権・団体協約な

どを認めるのが遅れるほど労働者の運動は急進的になるという。プロイセンなど各邦国の議会選挙に不平等選挙（三級選挙法）が残り，議院内閣制の確立も第一次世界大戦後まで遅れたドイツでは，労組が改良主義的になる（穏健化する）のを尻目に，党の方は急進路線を採らざるを得なかった。この変数に，産業化以前の社会階級システムにおいて階級間の仕切が厳格か否か（これは絶対王制期の身分制・社団の残滓が強いか否かによる）というもう一つの変数を掛け合わせて，社会主義陣営の労組と党の各々の強さと路線選択が説明される。たとえば，英米では市民権付与はともに早かったが，封建制を経験しなかった米では労組も弱くなるという（表6-2）。

表6-2　市民権・社会階級と労働者運動のタイプ

経済的市民権	政治的市民権	社会階級のパターン	
		非厳格	厳格
早	早	政治意識低い，弱い利益団体的労組（米国）	政治意識低い，強い改良主義的な労組（英国）
早	遅	強い改良主義的な党と労組（低地諸国）	急進的な党，強いプラグマティックな労組（独）
遅	早	弱い改良主義的な党，急進的な労組（スイス）	強い改良主義的な党，急進的な労組（フランス）
遅	遅		革命運動（ロシア，フィンランド）

〔出典：S. M. Lipset, "Radicalism or Reformism: the Sources of Working-class Politics", *American Political Science Review* 77-1 (1983).〕

リプセットの議論にはいくつか問題があるが，特に重要なのは，エリートの対応が労働運動側の戦略を決めるのは妥当な想定だとしても，形式的な法的な権利の付与ではなく，実質的に体制参加による成果獲得の可能性が労働側にあったかどうかでみるべきだという批判である。この点を考慮して議論を組み直したのが同じくアメリカの政治学者リュッバートである。第一次世界大戦前の段階でリベラル勢力が労働者勢力と連

合を組み（これをリブラブ連合と呼ぶ），これに実質的な利益をもたらすことができた場合（英仏スイス）には，労働者勢力は自由主義的秩序を受け入れて統合され，本格的な組織化の努力をせずに終わる。これに対して，リベラルが連合を拒否した場合，自由主義的秩序から排除された労組と社会主義政党は包括的かつ均質的な組織化に全力を投入し「対抗社会」（サブカルチュア構造に相当）が形成されるという。そして，リブラブ連合が成立するのは，リベラル勢力がヘゲモニーを保っている，つまり，保守派などほかの勢力に比べて十分強く，労働者勢力に対しても十分な優位を保っているが故にこれに実質的な譲歩を行うことができる場合に限られる。後に「対抗社会」を伴う非自由主義的な秩序となった諸国でも，初期の社会主義運動はリベラルの庇護・支援の下に発育するケースが多いが，リベラルが宗派勢力などにヘゲモニーを奪われたり，力をつけた労働者勢力との連合をめぐって分裂したりしたために，リブラブ連合が普選実施の前後に決裂に至ったという。

　リプセットやリュッバートの枠組は，社会運動論における「政治的機会構造論」，つまり運動は直面した環境のなかで最も有利な戦略を選ぶという考え方を取り入れたものであり，国ごとの労働運動のあり方の違いをイデオロギーや政治文化と結びつけて事足れりとしてきた伝統的な研究に対して，より理論的な説明を追求する出発点を提供した。

党と労組の統一と分裂

　ただし，体制やエリート側の対応にのみ注目するのは不十分であり，大衆動員や組織化を進める側の主体的要因も視野に入れる必要がある。イタリアの政治学者バルトリーニは，西ヨーロッパ諸国の社会主義陣営の政党と労組に関する計量分析を通じて，社会主義・労働者運動の側の統一性が運動の組織化のレベルに決定的な影響を与えたと論証した。西

ヨーロッパ諸国における社会主義運動の初期（1940年まで）の段階に限れば，党－組合間の関係が，ドイツ，スウェーデンのように「相互依存」で絆が強い場合は，フランスやスイスのように「偶発的」で，党と労組が疎隔して絆が弱い場合に比べて，党組織は2.5倍の発展をみる（イタリアは中間類型）。また，組合と党が各々統一されている場合，党組織は，分裂している場合の３倍の水準に達するという。

　では，一部の国で党と労組はなぜ対立・疎隔したのか。リプセットらの政治的機会構造論に則れば，体制側の対応が政治と経済とで食い違い，社会主義・労働運動側に開けた戦略的可能性が党と労組とで異なったために路線や戦略が食い違ったと説明できる。こうした場合に対立や疎隔を避けるには，党と労組各々の指導部が協議と妥協によって戦略的乖離を架橋できるかどうかが鍵となる。ドイツでは，社会民主党は帝国議会で第一党を占めながら，他党からほぼ一切の協力を拒絶されて，執行権どころか，立法にも何の影響力も持ち得なかったのに対して，労組は重工業部門の大企業を除けば，比較的良好な労使関係に恵まれ，団体交渉と労働協約を通じて賃上げや労働条件の改善などを勝ち取ることが期待できた。その結果，改良主義の旗幟を鮮明にした労組に対して，党の方では革命路線にこだわる急進派がなお有力だった。しかし，1906年，両指導部間に戦略調整のための合同会議が設置されると，以後，労組側が優位に立って党の急進派を抑え込んでいく構図が鮮明となった。

　これに対してフランスでは，議院内閣制が確立されていたうえに自由主義左派の急進社会党（単に急進党とも呼ばれる）が議会でヘゲモニーを持ち，社会主義諸派と幅広く提携する姿勢を維持した。実際，両派の協力，つまりリブラブ連合によって世紀転換期にかけて多くの社会立法が成立している。これに対して労組は，同時代のヨーロッパでも図抜けて低い組織率のために経営者の敵対的な姿勢を崩すことができずに苦し

んでいた。党と労組の間にこのような深刻な乖離があったにもかかわらず，政党の側が四分五裂状態だったため，試行錯誤の末に1905年にようやく統一を実現するまで，政党間の調整を優先し，苦しむ労組側への配慮を欠いた。しかも統一後は，党内でジョレスら改良派が優位に立って，選挙や議会に活動を傾斜させることになったため，労組CGT（労働総同盟）は「革命的サンディカリズム」という（少なくとも言葉のうえでは）極めて急進的な路線を選択したうえで，社会主義政党との絶縁を宣言した。この反政党主義が，以後（1920年代に登場した共産党系を除く）フランスの主要な労組の組織原則となった。こうして刻み込まれた党と労組の分断と対立も作用して，フランスの社会主義・労働運動は組織力が隣国に比して著しく劣ることになったと考えられる。社会主義運動の失敗のために，ほかの政治勢力に玉突き現象で動員・組織化が起こることもなくなり，フランス政治全体が，大衆組織化を欠いた19世紀のままのような状態で20世紀に入っていくことになった。

3. 宗派（キリスト教民主主義）政党の登場

　日本では宗派政党の存在は比較的見慣れたものになっているが，世界的にみればむしろ稀である。教会の直接の後ろ盾を得た政党を作ることは教会にとってもさまざまなリスクが小さくないからである。にもかかわらず少なからぬ西ヨーロッパ諸国で宗派政党が設立されたのは何故か。

防衛説と解放説
　宗派政党の背後には宗派別の大衆組織がほぼ必ず控えている。一般に宗派別組織化の背景としては，次の2つの説明がなされることが多い。第一に，19世紀後半，多くの国で自由主義勢力が政権に就き，教育の世俗化などを通じて教会の社会・大衆に対する影響力を排除しようと努め

ていた。カトリックの場合，1864年の『誤謬表』と70年の「教皇不可謬性宣言」という教皇庁が出した2つの文書が自由主義政権の反発を買って，対立が激化し，教会の利益を守るための大衆動員の引き金となった。

　さらに，19世紀末の「社会問題」の発生によって，都市に集住した非熟練労働者の間で脱キリスト教化（世俗化）が進行した。とりわけ社会主義イデオロギーが浸透してキリスト教の信仰が取って代わられることに教会は危機感を深めていた。かくして，自由主義的な国家や社会主義の攻勢から信徒の信仰を防衛し，キリスト教的秩序を擁護するために組織化が開始されることになる。この側面を強調する解釈を「（信仰共同体）防衛説」と呼ぶ。カトリックの場合，大衆に接する下層の聖職者の活動（社会カトリシズム）に1891年の教皇回勅レールム・ノヴァールム（Rerum Novarum）がお墨付きを与え，組織化の起爆剤となった。社会主義陣営と労働者を奪い合うだけでなく，オランダのように，複数の宗派が動員を開始した場合は，宗派間でも競合が始まり，動員・組織化合戦を通じて，各々が宗派政党とサブカルチュア構造を築くことになる。

　これに対し，第2の説明として，ドイツやオランダのカトリックのように，宗教的少数派として，多数派の他宗派からの社会的差別や政権による抑圧・弾圧を受けたことが団結と組織化を促し，差別の解消や弾圧の中止を求めて運動が盛り上がったと主張する研究もある。ただこの「解放説」が妥当するのはいくつかの事例に限られ，多数派であるイタリア，ベルギー，オーストリアのカトリックやオランダのカルヴァン派を説明できない。しかもオランダやスイスのカトリックの場合，世紀末に大衆動員が始まるまでに差別や抑圧はすでにかなり解消されていた。

　このほか，社会主義にも共通する大衆動員の加速要因として，民主化運動，特に普選要求運動との結合が挙げられる。当時，多くの国で各宗派の教会を攻撃していた自由主義勢力はその多くが制限選挙に基づく寡

頭的な議会制に基盤を置いていた。したがって，政治参加拡大を要求す
る運動に信徒大衆を動員して普選などの実現に成功すれば，政権を奪う
か，自由主義勢力を政権から退けて教会と信仰を守ることができる。

　ただし，注意すべきは，創立当初の宗派政党では，党内の支配権は高
位聖職者，貴族や保守的なブルジョワに握られており，党全体に保守色
が強かったことだ。普選運動を展開していてもその目的は民主化ではな
く，あくまで教会と信仰の擁護だった。エリートの指揮下に上から信徒
の動員を進める一方で，教会や党の保守派は民衆の組織化には当初，消
極的だった。特に労働組合のように，階級闘争につながりかねない労働
者独自の組織を否定し，労使混合組織（オランダではカルヴァン派のパ
トリモニウム，カトリックの「ハールレム系」，ドイツ・カトリックの
「労働者福祉会」など）で経営者が主導権を握る組織形態に留めようと
する傾向が強かった。これでは社会主義系の労組との競合に勝てないと
見越した労働運動指導部（オランダのカルヴァン派）や教皇庁（回勅レ
ールム・ノヴァールム）の判断で戦略を転換させて初めて，宗派系の労
組が本格的に発展し始めることになった。当初保守的だった宗派政党が
今日のようなキリスト教民主主義に近付いていくのは，戦間期以降，党
内で民主化が進み，議会の議員団においても弁護士などの中間層に主導
権が移ると同時に，サブカルチュア構造を構成する労働者・農民組織の
発言権が増してきてからのこととなる。

フランスにおける宗派政党の不在

　宗派勢力の大衆動員・組織化をこのように理解した場合，たとえばイ
ギリスや北欧で宗派政党がみられないことはどのように説明されるのだ
ろうか。より重要なのはフランスの例である。西ヨーロッパ最大のカト
リック国であるにもかかわらず，隣国のイタリアやベルギーなどとは対

照的に，有力なカトリック政党やカトリック・サブカルチュアが存在し
ない。なぜフランスのカトリックは大衆動員や組織化に失敗したのか。

　社会主義運動の場合と同様，まず，教会や宗派を取り巻く環境が組織
化にとって有利だったか否かを問う必要がある。実際，フランスではカ
トリック勢力が動員をかけるのに不利な要因が揃っていた。第一に，す
でにみたように，隣国に比べて社会主義の組織化が非常に弱く，カトリ
ック教会にとって，民衆の信仰を守るべく対抗動員をかける必要性は相
対的に低かった。第二に，フランスでは二月革命以来，男子普選が定着
しており，第三共和制への移行後間もなく議院内閣制も確立していた
（120頁参照）ため，普通平等選挙などの民主化をスローガンに大衆動員
をかけることはできなかった。第三に，大革命とその後の世俗化政策に
よるカトリック教会への打撃が大きく，ほかのどの国より早く民衆の脱
キリスト教化が進行してしまっていた。

　しかしフランスの場合，環境要因のみならず，宗派陣営内部で組織化
が開始されるに至るメカニズムに関しても問題があったと考えられる。
つまり，社会主義陣営の場合同様，組織化を進める主体である教会組織
の側の要因についても検討しなければならない。

　自由主義政権の進める世俗化政策に対して教会を防衛しようとしたの
が，動員・組織化の起点の一つだと考えれば，まず教会と国家の間の関
係の歴史的な 型（パターン） が大きく影響してくる。プロテスタントのうちルター
派やイギリス（イングランド）の国教会は，国家の教会に対する優位を
認め，教会が国家官僚機構の一部に組み込まれることをよしとしてきた。
そのため，自由主義勢力が政権を取った世俗化の時代にも，教会が政権
／国家に対抗して動員を行い大衆組織の力で挑戦しようという動きは起
こりにくかった。これに対して，カトリックやカルヴァン派（オランダ
の「改革派」）の場合，教会は国家に対する自律・優位を主張する。学

校教育や救貧など，従来，教会の権限・管轄範囲とみなされていた領域が自由主義国家によって侵害された場合，激しく反発して押し返そうと動員や組織化に乗り出す。したがって英国教会とドイツや北欧のルター派が宗派政党を作らなかったのは順当だが，フランスのカトリック教会が動員・組織化を行わなかったのはやはり例外的だったことになる。

　フランス・カトリックの例外は，組織としてのカトリック教会の戦略選択によって説明できる。主な要因は２つある。第一は，絶対王制のガリカニスムやナポレオンのコンコルダート以来，構築・維持されてきた，国家官僚制と教会指導部の間の密接な協力関係である。第４章でみたように，フランスではカトリック教会が「国教」の地位と引き替えに，イギリスやルター派の国教会と同様，国家官僚制の管轄・統制下に組み込まれていた。同じ現象は，オーストリアのカトリックや，オランダの多数派である改革派にも起こっていた。この場合，教会指導部は国家と妥協癒着しており，大衆組織化によって自由主義政権に挑戦するより，妥協の形成・維持を図って，教会内部で強硬策を唱える急進派（カトリックでは「非妥協派」と呼ばれる）を抑え込もうとする。結局，オーストリアなどでは，ローマ教皇庁が上から介入し，現地の教会指導部を入れ替えることで大衆動員・組織化の推進に転じた。他方，オランダ改革派では，1886年，牧師で新聞主幹のカイペル（131頁参照）が率いる急進派（正統主義）が教会組織を割って出ることで，教会指導部を握る保守派（近代主義）の 軛 を打ち破った。しかし，フランスの場合，教皇庁はガリカニスム（69頁参照）の伝統を持つフランスの教会を完全に制御できず，自由主義国家との対決が最終段階になっても，国家官僚制（内務省）との癒着関係を清算できなかった。そのため，フランスの教会指導部は妥協派と非妥協派に二分され，カトリックが忌み嫌う教会組織の分裂を避けるため，教皇庁としても大衆動員を抑制せざるを得なかった。

平信徒に対する統制と宗派政党の登場

　しかしより決定的だったのは，第2の要因，フランスの教会指導部や
教皇庁が，教会内部で聖職者－平信徒間の権威－服従関係の維持を最優
先にしたことである。カトリック教会の指導部にとって最大の関心事は，
教会内部で聖職者間の階統的秩序（司教－司祭）を保つだけでなく，平
信徒組織に対する聖職者・教会の排他的な権威と統制を維持することに
ある。政治や経済上の目的で信徒を動員し組織化することは，社会主義
や自由主義国家に対抗するには必要だが，対応を誤ると，平信徒の作っ
た政党や職能団体（労組や農民組合など）が教会から独り立ちし，教会
の権威と統制を危うくしかねない。そのため，カトリック教会は，大衆
組織化には常に慎重な態度を崩さず，必要に迫られて，一旦大衆組織化
の戦略を採った場合も，平信徒組織の自律性指向が許容限度を越えてく
る場合には，組織化を中止してでもこれを厳しく抑圧しようとする。

　1904年にイタリアで平信徒の職能団体を統括していた「大会事業団」
（145頁参照）が教皇の命で解散させられたのは典型的な事例である。カ
トリック教会指導部は，聖職者の平信徒に対する権威やこれに基づく教
会内の組織秩序が揺らぐくらいなら，組織化を止めて大衆への影響力を
落とすことも厭わなかったのである。とりわけ，職能団体を超えて宗派
政党の形成にまで進むと，選挙戦の前面に立って戦い，有権者の信望を
集める平信徒の政党指導者が教会指導部に対抗する独自の権威となる事
態が容易に予想できるため，教会は宗派政党の結成は極力妨害しようと
する。教会にとっては，自前の政党を作るより，教会の利益を代弁して
くれる保守政党と提携し，いわば議会での代弁者を雇って政治的防衛の
業務を外注した方がはるかに組織運営上のリスクが小さいのである。

　この点に注目して，西ヨーロッパにおける宗派政党登場の秘訣を説明
したのが，ギリシャ出身の政治学者カリヴァスである。教会の抵抗を押

し切って平信徒らによって宗派政党の設立が実現するには，平信徒側の組織が教会の妨害や抵抗を押し切るだけの自律性を備える必要があり，そのためには，十分に強固な組織化をなるべく早期に実現しておくことが条件になると主張する。しかるに，フランスでは教会指導部が，すでに述べた内部対立や独自の戦略判断により，20世紀に入るまで組織化を開始しなかったため，自律性を持った平信徒団体が成立せず，結局，宗派政党はできなかったのだという。カリヴァスは組織化の開始時期にこだわる一方，平信徒組織が教会からの自律性を持つには具体的にどのような条件が必要か，明確に述べていないが，失敗したフランスの事例をイタリアやベルギー，ドイツ[1]の事例と比較すれば，キリスト教系労組や農民組合といった職能組織を発達させることが鍵になると考えられる。

4. フランスという例外：「組織されない民主制」の登場

このようにして，19世紀末のフランスでは，社会主義もカトリックも，大衆の動員と組織化に失敗した。しかし，民主化が停滞したわけでは決してない。第二帝制の崩壊とパリ・コミュンの鎮圧を受けて成立した第三共和制は，当初，王党派やパリの大ブルジョワが支配する，寡頭的で保守的な体制だった。しかし1877年の「5月16日事件」[2]によって，共和派が勝利して王制復古の可能性が消滅するとともに，大統領が無力化されて一元型の議院内閣制が確立した。以後，議会を国家の最高機関と位置付け，共和制＝民主制と同一視する規範（議会中心主義と呼ぼう）が政治エリート（特に左派）に浸透していく。また，1880年代を通して，議会エリートに占める大ブルジョワの比率が低下し，「新しい階層」と呼ばれた弁護士など専門職や教員の比重が増していった。第二帝制後半に地方の末端（市町村長など）から始まった下からの民主化（73-74頁

---

1 ドイツの場合，中央党の結党直後に文化闘争が始まり，聖職者が追放などの抑圧にあって階統制が機能停止したため，平信徒の組織化を統制できなくなっていた。
2 王党派の大統領と共和派の議会下院多数派が，互いの支持する首相を不信任しあう力比べの挙句，大統領が下院を解散したが，総選挙では共和派が再び勝利した。

参照）が国家機関の頂上である議会，そして政府にまで及んだものと理
解できる。民主化はむしろ順調に，早いテンポで進んだのだ。

大衆動員の挫折とその帰結

　大衆動員の契機も決して欠けていたわけではない。世紀末フランスの
二大危機，ブーランジェ運動（1886年から89年）とドレフュス事件（1898
年に本格化し1900年にほぼ収束）では，社会主義，カトリック，反ユダ
ヤ主義・ナショナリストなど，隣国とよく似たアクターが舞台を賑わせ
た。しかし２つの事件をめぐる合従連衡の結果，社会主義，カトリック
いずれの陣営も分断されて大衆組織化の動きを封じられる形となった。
　ブーランジェ事件は，当時の保守的議会共和制に対する民衆の雑多な
不満を掻き集めて議会中心体制を打倒し，より権威主義的で強力な，執
行権優位の体制を作ろうとする政治運動であった（後述124頁）。他方，
著名なドレフュス事件は，反ユダヤ主義や軍の権威など，共和主義の原
則をめぐって文字通り国論を二分した。統治制度の選択と民主的規範と
いう異なる争点で二度の大衆動員が行われた結果，社会主義諸党派や王
党派は，ブーランジェ事件後に議会共和制に統合された。他方，ドレフ
ュス事件後，最後まで抵抗を続けたカトリック教会と，革命的サンディ
カリズムを掲げて急進化した労組CGTは，ともに孤立して弾圧され，
その打撃の大きさ故に第一次世界大戦まで動きが取れなくなった。
　西ヨーロッパの隣国のほとんどが世紀末以降，サブカルチュア構造を
備えた大衆組織政党からなる「組織された民主制」となったのとは対照
的に，社会主義もカトリックも大衆組織化に失敗した結果，第二次世界
大戦前までのフランスは，西ヨーロッパでは数少ない「組織されない民
主制」の一つとなった。議会には最左翼の社会党以外は，十分な規律や
最小限の党組織を備えた政党は存在しなかった。急進党より右の中道・

右派陣営は，有力な議員（閣僚候補者）を中心とする無数の議員集団に
分かれ，離合集散を繰り返していた。社会主義や宗派勢力を起点とする
動員と組織化の玉突きが起こらなかったうえに，政党の後ろ盾となる職
能団体の組織化も低調だったからだ。フランスではドイツのような金融
と産業の間の結合関係が発達しなかったため，カルテル形成を通じた業
界団体の形成もほとんど進まなかった。業界団体が弱くても，労働組合
が強ければ，北欧やイギリスのように，ストやロックアウトを打ち合う
なかで，労組に対抗すべく集権的な経営者団体が登場してくることもあ
るが，労組の弱いフランスではそうした労使間の組織強化合戦も起こり
得なかった。

「組織されない民主制」の作動様式

　「組織された民主制」においては，議会や選挙は強力な大衆組織政党
間の競合と提携・対決の場であり，軍隊のような巨大な大衆組織のトッ
プどうしの駆け引きで物事が決着する。これに対して，世紀末以降もサ
ブカルチュア構造を形成しなかったフランスでは，19世紀の自由主義的
な議会制でみられたような多数派の形成・運営のパターンで連合政治が
行われていた。政権多数派は，党派指導部間の協定と党規律とによって
事前に確保されるのではなく，議会での審議の展開を踏まえて，最終的
には議員個々人が判断を下した結果として，本会議での票決において形
成される。会派や議員が内閣を支持するかどうかは，主要争点について
提示される政策路線と各会派へのポスト配分に加え，首相や閣僚の政治
指導も含めて総合的に判断される。したがって，多数派の帰趨（きすう）は常に不
確定で，本会議場での重要法案や信任投票において不断に再現・確認さ
れねばならない。予期せぬ内閣の倒壊は日常茶飯事であり，政権は短命
だった。重要閣僚は首相が変わっても留任を繰り返すことが多かったも

のの，政権が革新に向けて推進力を発揮するのは容易ではなかった。

　このように変転常なき政権に代わって，統治の安定性を支えていたの
は，議会，特に強力な権限を持った常任委員会だった。常任委員会は，
政府提出法案を含め全面的な修正・改廃の権限を持ち，議事運営をも掌
握していた。したがって，常任委員会こそ，議会の強力な政府統制の担
い手であった。主要な委員会への選出は若手議員の登竜門であり，委員
長ポストの経験はその分野の大臣適格者となる要件だった。選挙の後に
繰り返される頻繁な政権交代も，多くは，こうした限られた議会エリー
トの間の合従連衡と政権のたらい回しに過ぎなかった。

　出身階層が弁護士・教員などに偏っているうえに，キャリア・パスも
同質化していった結果，議会は共通の価値観・文化を共有する「政治階
級」に牛耳られているという見方が広まっていった。実際，彼らは隣国
の政党指導者と異なり，背後に大衆組織を持たないため，党組織や提携
団体のイデオロギーや職能利益に縛られにくく，比較的柔軟に妥協や協
調が可能であった反面，一般社会や世論から乖離しやすかった。しかも，
ナポレオン 3 世のクーデターや 5 月16日事件などを経て議院内閣制を確
立してきた歴史を反映して，議員の間には，強力な指導者が国民世論に
直接訴えることを極端に嫌い，執行権を常に議会の統制・監督下に置こ
うとする傾向が強かった。かくして，議会は，国家の全権を握ろうとする
にもかかわらず，世論や議会外の勢力の動向に鈍感になりがちだった。

　隣国において政党や議会と社会をつないでいた大衆組織がない分を補
っていたのが，知識人と，極右の「リーグ」などの政治団体であった。
新聞・雑誌などのマス・メディアに乗って世論の動向を増幅・伝達した
り，街頭行動を組織したりして，議会政治を半ば強制的に世論の方に振
り向かせる機能をアドホックに果たした。このうち知識人の役割は，ゾ
ラの論説「我弾劾す」で知られるドレフュス事件を通じて確立されたと

される。政治エリート間の談合によって隠された争点を摘出することで，社会の抱える懸案から逃げがちな「政治階級」を規律した。

　他方，リーグの活動は，ブーランジェ事件で本格化した。大ブルジョワが実権を握る当時の議会共和制に対して，左右両翼の反対派が，対独「復讐将軍」ともてはやされた元陸相ブーランジェ個人の人気に乗じて攻撃をしかけ，下院の補欠選挙を利用した人民投票的な運動の圧力によって憲法改正の実現ないしはクーデターを目論んだ。この運動には，反ユダヤ主義を掲げて台頭しつつあったナショナリストから，ブランキストなど社会主義者の一部に至るまで，幅広い勢力が結集したが，なかでもデルレードの「愛国者同盟」などのリーグは，街頭でのデモや出版・宣伝活動を通じて，当時の保守的な議会共和制の腐敗や閉鎖性に対する民衆の雑多な不満を掻き集めるのに大きな役割を果たした。

参考文献

田口晃『ウィーン：都市の近代』岩波書店，2008年（岩波新書・新赤版1152）

Stefano Bartolini, *The Political Mobilization of the European Left, 1860-1980*, Cambridge University Press, 2000.

Gregory M. Luebbert, *Liberalism, Fascism, or Social Democracy: Social Classes and the Political Origins of Regimes in Interwar Europe*, Oxford University Press, 1991.

Stathis Kalyvas, *The Rise of Christian Democracy in Europe, Cornell University Press*, 1996.

西川知一『近代政治史とカトリシズム』有斐閣，1977年

中山洋平「例外としてのフランス：なぜキリスト教民主主義政党は根付かなかったのか─世紀末の組織化の挫折と媒介構造の形成」『年報政治学2001』岩波書店（2002年）

Ch. シャルル『「知識人」の誕生：1880-1900』藤原書店，2006年

M. ヴィノック『フランス政治危機の百年』吉田書店，2018年

7 | 大衆民主制の到来
―政党制の確立と福祉国家

中山洋平

《目標＆ポイント》　前章でみたように，世紀末の大衆組織化によって西ヨーロッパ各国では20世紀の政党制の原型が形作られ，多くの国は第一次世界大戦後にかけてより完全な民主制へと向かう。大衆組織に基盤を置く政党の出現は，この民主化の時代の政治にどのような影響をもたらしただろうか。この章では，①民主化の完成段階が円滑に進んだかどうか，②民主化前後の議会政治が安定したかどうか，に焦点を当てて検討する。併せて，民主化に並行して築かれた福祉国家が，実はこの大衆組織を維持・強化する作用を果たしていたことに着目する。この時期に各国政治に刻み込まれた特徴はその後も固定化されていく傾向が強く，ロッカンのいう「政党システムの凍結」はその典型である。福祉国家がこの固定化作用の一翼を担っていたことになる。
《キーワード》　ロッカン，普通選挙，議院内閣制，凍結仮説，社会保険，宗派連合，中央党，トラスフォルミズモ

1. 大衆組織化，政党制の形成と民主化

　世紀末の西ヨーロッパ各国では大衆組織化のあり方によって，国家と社会がいかにつながるかが国ごとに定まっていった。のみならず，どのような政党が議席や政権をめぐって競い合うか，つまり国ごとの政党配置のあり方も，この時期に決定されていくことになる。政治社会学者ロッカン（26頁参照）によれば，20世紀における西ヨーロッパ各国の政党システムは，19世紀末の時点での各国における主要な社会的対立（これ

を「亀裂」cleavages と呼ぶ）が，世紀末の民主化の過程のなかで（特に比例代表制の導入に伴って）政党として政治の世界に「移入」（translation）されることによって成立したと説く。2つの主要な革命，すなわち，国民革命（国民国家形成に伴う集権化と標準化）と産業革命が4つの社会的亀裂，つまり中心対周辺（エスニシティ，言語，宗教など），国家対教会，第一次産業（農業）対第二次産業（工業）（地主対産業資本家），経営者対労働者を生み出し，この4つの亀裂の重なり具合によって国ごとに多様な政党制のあり方が生まれたのだという。前章でみた社会（民主）主義政党はロッカンのいう資本対労働の亀裂を代表しており，宗派（キリスト教民主主義）政党は，国家対教会の亀裂に基づいて大衆が動員され組織化されたものにほかならない。玉突き現象で産業界や農民を組織化し始めた保守主義や自由主義などの政党も含めて，ロッカンのいう亀裂の政党制への「移入」は，世紀末の大衆動員・組織化を通じて行われたと理解できよう。

　ロッカンは，民主化には4つの越えるべき「閾」（正当性＝異議申し立ての権利，編入＝普選，代表＝比例代表制，多数派権力＝議院内閣制など）があると論じるが，そのうち比例代表制は，ほとんどの大陸ヨーロッパ諸国では第一次世界大戦直後にほぼ一斉に導入された（例外は大戦前に先行したベルギーとスウェーデンのみ）。残る閾のうち，普選と議院内閣制のどちらを先に越えるかによって各国の民主化の過程は決定的な影響を受ける。イギリスとノルウェーは議院内閣制が先行したが，普選への移行も平穏のうちに進み，民主化への道に最も障害が少ない事例となった。これに対しオランダ，ベルギー，イタリアでは，議院内閣制は問題なく確立されたが，普選の実施をめぐっては，制限選挙の下で議会を支配する自由主義政党と，新興の社会主義政党や宗派政党が対決し，後者が前者の覇権を打破するのと前後して普選が実現することになる。

　しかし民主化が最も大きな困難に直面したのは，普選が議院内閣制より先に実現してしまった場合である。なかでもドイツでは第一次世界大戦の敗戦を迎えるまで議院内閣制が実現しなかった。先に普選が実施されると議院内閣制への移行や議会化（政府の議会への依存や政策決定への議会の影響力が増すこと）が難航するのは，階級や国家対教会などの亀裂が「移入」され，議会の民主化推進勢力が分断されやすくなるからだ。社会主義や宗派などの政党が大衆組織を築いて議席も増やしたものの，それぞれ背後にサブカルチュア構造を持つが故に，イデオロギー的にも職能利益の面からも互いに対立は避け難い。自由主義や保守主義勢力による権力の独占を打破すべく，妥協と協力を続けるのが困難になる。

北欧における民主化パターンの分岐

　たとえば北欧の3か国のうち，ノルウェーでは，ロッカンの用語を使えば，まず中心対周辺という最も古い亀裂に沿って，19世紀半ばに農民（国内には大土地所有がほとんどなく自作農が中心）が政治的な組織化を開始した[1]。1869年に都市の急進派と提携して統一会派（後の左翼党）を結成すると，1884年に官僚政権の支配を覆して議院内閣制を実現するところまで，民主化は比較的円滑に進んだ。これは，普選導入によって社会主義政党（労働党）が議会で勢力を増す前だったため，反政府・反官僚の左派勢力が階級の亀裂の「移入」によって分裂することが避けられたためであった。逆に，デンマークでは，1849年憲法によって成年男子の70％といわれる幅広い選挙権拡大が実現していた（普選導入は1915年）。そのため，自作農を基盤とする左翼党が地主・官僚の政権（右翼党）と首都要塞建造問題などをめぐって激突し，予算審議拒否の議会闘争が長引くうちに，社会民主党が台頭し農業労働者などにも浸透し始めた。当初リブラブ連合を組んでいた左翼党はこれに急速に脅威感を強め，社

1　ノルウェーは長らくデンマーク王権の統治下にあって支配層である官僚制は言語も含めてデンマーク化しており，ネイション形成のための標準化が始まると，西部を中心とする農村で反発が強まり，伝統的な文化・言語を防衛しようとする農民の運動が盛り上がった。

会民主党に背を向けて1894年に政府と「大妥協」を結ぶに至る。プロイセン進歩党のビスマルク政権に対する「憲法紛争」（82頁参照）と同様に，予算なしの暫定令統治を追認し，議院内閣制の要求を棚上げするという結末を迎えたのである。この妥協の背後には，1880年代末以降，大不況が農村に波及し，新大陸産品との競争に晒された自作農（畜産が強く協同組合が発達していた）が経済的苦境を乗り切るため，政府に保護や支援を求め始めたという事情もあった。つまり，世紀末の職能利益に基づく動員・組織化が議院内閣制への移行の前に起こり，階級や都市対農村という亀裂を移入させて政党制に分裂を引き起こしつつあったことが，左派反対派の分裂と政府との妥協，民主化の停滞を導いたのである。

2. 政党配置の「凍結」と福祉国家

　再びロッカンによれば，20世紀の各国の政党制は，選挙権拡大が始まる前後，つまり19世紀末の大衆動員の時代までに原型が形成され，1920年代に確立された後，少なくとも1960年代まで継続した。つまり「1960年代の政党システムは，少数のしかし重要な例外はあるものの，1920年代の亀裂構造を反映している」。政党制は20年代から60年代まで凍結されていたという「凍結」仮説である。なぜ凍結が起こるのか，ほとんど説明しないままロッカンは世を去ったが，バルトリーニら後進の研究者は亀裂の動員が大衆組織を残したことに鍵があると考えた。社会構造が大きく変容し亀裂が風化しても，既成の政党が生き残り，政党配置が存続するのは，政党を支える大衆組織の再生産に成功してきたからだ。実際，ほとんどの国では，1960〜70年代にサブカルチュア構造の大衆組織が融解し始めるとほぼ同時に，戦間期以来の既成政党が地歩を失い新党が台頭する政党制の「脱凍結」が発生している（第12章参照）。

　亀裂に基づくサブカルチュア構造は，もともとイデオロギー・世界観

と職能利益が渾然一体となって大衆を縛り付ける形になっていたため，イデオロギーが色褪せた分は経済的利益の配分によって補うほかない。一部の国（イタリアなど）では，公務員などのポストのばらまきに加えて，戦後日本の「利益誘導政治」と同様，公共事業向けの補助金予算などを選挙区など各党の支持基盤に個別的に配分するという形をとった。しかし，これができないほかの多くの国でも，サブカルチュア構造の大衆組織が社会保障制度を通じて再生産されるという現象が幅広く見られた。

　西ヨーロッパでは，福祉国家の構築もおおむね世紀末に始まるが，多くの場合，救貧事業や共済組合など，市民社会が自発的に福祉のスキームを発達させてきたことを前提にしていた。この民間スキームを国家の設定した社会保障の制度に何らかの形で取り込み，規制・統制を加える代わりに一定の補助を与えることで，近代的な福祉国家の基礎が築かれたのである。下からの福祉スキーム整備の最大の推進主体となったのは，世紀末に大衆組織化を進めた宗派と社会主義の両勢力である。ここまでは共通だが，共済組合，救貧・慈善事業や労組をどのように取り込むか，つまり国家・官僚制による規制・統制と与えられる補助のバランスによって，宗派や社会主義のサブカルチュア構造が受ける影響はまったく異なってくる。たとえば，社会保険のシステムに取り込まれた後も，傘下の共済組合などに対して，党や労組などサブカルチュアの側が発言権を維持したまま公的資金の援助を受けられるのであれば，そうした社会保険制度は各々の大衆組織の維持・強化に資することが期待できる（このモデルをベルギーの例にならって「補助金付きの自由」と呼ぼう）。

　共済組合などの取り込み方は，公的保険にどのような制度が採られるかによって大きく左右される。福祉国家についてはエスピン・アンデルセンの三類型（社会民主主義，保守主義，自由主義：第11章参照）がよく知られているが，これは特定の時点の社会保障給付のパターンや給付

水準を基準にした，いわばスナップショット的な分類である。福祉国家の歴史的展開を捉えるには，給付自体ではなく，誰がシステムの管理について権限を握っているかに着目する必要がある。管理権限の配分には，誰が資金を出しているかがものを言う場合が多い。

　この観点からすると，まず，被保険者の拠出金（保険料）に基づく職種別などのスキームと，税財源で全国民を一律に対象とする制度に分けられる。後者では，財源を握る政府（官僚制）が管理権を独占し，共済組合や労組などは排除される。他方，前者にはさまざまな管理の枠組みがあり得る。共済組合や労組などにとっては，上にみた「補助金付きの自由」モデルで発言権が最も大きくなり，サブカルチュア構造の再生産を支える契機が強くなる。これに対して，イギリスの「国民保険」のように，国家（官僚制）管理のスキームに保険料徴収と給付を担う窓口として組み込まれた場合は，共済組合などは徐々に官僚制の一部となって労組や政党から切り離されていき，再生産は妨げられよう。その中間にくるのがいわゆるビスマルク型であり，労組や共済組合と，政府，経営側の代表からなる理事会が管理権を握るため，理事会の権限や議席配分が制度の効果を分けることになる。以上のモデルはいずれも理念型であり，現実には複数のモデルの混交ないし折衷となる場合が多い。

　本章後半では，以上みてきた，①大衆組織化のタイミング，②初期の福祉国家のタイプという2つの要因がどのようなインパクトを与えたか，という観点から，西ヨーロッパ各国における世紀末以降の民主化の過程や民主制のあり方を比較していきたい。

3. オランダとベルギー：対照的な宗派政党支配

オランダにおける宗派連合の不安定

　オランダはナポレオン戦争後，独立を回復し保守的な王制となった。

二月革命の余波で内閣は議会に責任を負うと憲法に定められたが，実際には国王の組閣への影響力が強かった。議会への答責は曖昧な状態が続いたが，1866-68年に国王の任命した内閣と議会が対立し，二度の解散でも反政府派が多数を占めた。以後，国王は組閣に関与は続けるものの，議会の意志に反する内閣を任命しなくなり，議院内閣制が一応確立した。

　成人男子の1割しか選挙権を持たない寡頭的な議会を支配していたのは，トルベッケを代表とする自由主義者である。1857年の教育立法以降，自由主義政権はキリスト教教育自体は認めつつも，公立学校から宗派ごとのドグマを排除し始めた。宗派別の私立学校には国庫補助を行わないなどの統制強化に乗り出したためカルヴァン派が反発し，1878年の初等教育法改正に対して大規模な請願や抗議運動を展開した。カトリックは少数派として抑圧されていたため，当初は自らの権利擁護のため自由主義者と同盟していたが，1853年にカトリック教会の階統制が復活を許されたのを機に自由主義者との関係は悪化へ向かい，カルヴァン派が上記の「反学校法闘争」を始めると同調してカトリックも組織化に乗り出した。

　カルヴァン派を率いたカイペル（118頁）は，学校法反対の請願運動をテコに「反学校法同盟」の組織化を進め，これを基盤として1879年，オランダ初の政党・反革命党を結成した。党組織は当初，選挙区ごとの「同盟」の寄せ集めに過ぎなかったが，カイペルは議員団の規律を強化し，党候補者の公認権などをテコに党内の集権化を進めていった。対照的にカトリックの場合，カルヴァン派同様，「柱」（サブカルチュア構造）を形成しながら，1926年のローマカトリック国家党の結成まで，カトリック系の議員が一つの政党にまとめられることはなかった。連合を組んだ両宗派勢力は，1887年，96年と段階的に選挙権が拡大（成人男子の4分の1，次いでおよそ半分に）されるたびに政党を持たない自由主義者の優位を掘り崩していった。早くも1888年に宗派連合が初めて政権を獲

得し，懸案の学校問題で私学に国庫負担を認める法案を通した。1901年のカイペル政権では公立との同権化を実現する。宗派連合は1908〜13年にも政権を担当するなど，自由主義者と政権交代を繰り返すうち，第一次世界大戦までに両者間には妥協が形成されていった。

　他方，社会主義陣営は，隣国ベルギーなどに比べて産業化が大きく遅れたことの影響を大きく受けた。アムステルダムやロッテルダム，ハーグなどの大都市に大企業が集積し，不況時には非熟練労働者に大量の失業が生じるため，労働運動には急進的な傾向が強くなった。1880年代末以降はフランスなどの影響を受けて反議会主義的なアナルコ・サンディカリズムに傾斜し，ゼネストによる革命で資本主義を打倒すると謳った。しかし，1903年1月に始まった港湾部門の争議がゼネストに発展するも，宗派系労組の切り崩しなどにあって敗北し，革命派の労組は四分の一に勢力を落とした。代わって，熟練労働者を基盤に改良主義・議会主義を採る社会民主労働者党が労働運動の主導権を握った。以後，宗派系労組が社会主義系と数的にも拮抗するようになったこともあり，労働運動は全体に穏健化し，大戦前後には全国協約が普及した。政府も労使の全国レベルの代表を諮問機関（1913年の労働委員会，19年の高等労働委員会）に組み込み，戦後のネオ・コーポラティズムの原型が築かれた。

　1917年，自由主義派最後の政権が宗派勢力や社会民主労働者党との間で「和約（平和条約）」を結ぶことで，オランダの民主化の過程は完成した。公立と私立に同額の国庫支出を行うことで学校問題を最終的に解決すると同時に，比例代表制とセットにして普選導入を定めた憲法改正案が主要政党のコンセンサスで可決されたのである。

　レイプハルトはこれを，サブカルチュア構造間の激突による深刻な危機をエリート間の協調によって辛うじて乗り切って多極共存型民主主義の基礎を築いたと解釈した（第6章107頁）。確かに，第一次世界大戦中

　の例外的状況に頼った特異な合意ではあったが，しかし，上にみたように，大戦前に宗派連合のヘゲモニーと労働運動の穏健化が実現して「和約」の前提になっており，レイプハルトの理解は実態から乖離している。

　いずれにせよ，この「和約」を通じてオランダの議会制民主主義は確立された。しかし，1918年以降，宗派連合が常に過半数を押さえているにもかかわらず，議会政治は戦間期にはなかなか効率的には機能しなかった。カトリック政党への司教団の影響力が強すぎることにカルヴァン派側が反発し，両派の連合が安定しなかったからだ。また司教団は，カトリック党が社会主義政党と連立するのを拒み続けた。結局，社会民主労働者党は第二次世界大戦直前まで政権からは排除されたままで，（主要政党が全て参加する）大連合や拒否権を特徴とする多極共存型民主主義はまだ成立していなかった。戦間期のオランダの宗派政党には，なおイデオロギー色が強すぎたためである。

　後でみるベルギーやドイツの例に比べて，オランダのカルヴァン派では，戦間期になっても労組など職能団体の影響力が小さいままだった。同派内にはさまざまな教義上の分派が存在し，こうした分派間の均衡や調整の方が反革命党内では重要だった。カトリック側では，戦間期にローマカトリック国家党ができると，ようやく労組や農民組合などが議員団に直接発言権を持つようになったものの，逆にこうした職能団体間の対立が党内の紛争を深め，調停のために司教団の介入への依存を深めた。

　イデオロギー対立が収まらない結果，戦間期には少数派内閣が多く，1925〜33年になると「議会外内閣」しか成立しなくなった。これは，閣僚の出身政党の議員団が，政権の政策綱領に拘束されず，内閣の存立や倒壊に責任を負わないことを意味する。しかし，ごく最近までオランダでは議会外内閣でなくても，与党と政権は距離を置いた関係にあった。与党各党が，議員団間で結んだ政権政策協定を越えて，個別に政権の政

策決定過程に介入することは控える。閣僚と与党議員団の間の政策をめぐる協議は行われない。閣僚と議員の兼任が禁じられていることもあり，首相以下の閣僚は所属議員団の立場を離れて内閣というチームの一員として行動する。つまり，議院内閣制であるにもかかわらず，議会多数派と内閣が一体化しないのである。議院内閣制成立の歴史的経緯から生まれた，こうした特殊な慣行が，イデオロギー色の強いサブカルチュア構造を抱えた主要政党間の協調を辛うじて支えていたといえる。

オランダとベルギー：サブカルチュア構造と福祉国家

　戦間期のオランダ政治にイデオロギー性が強かったことは福祉国家の制度化のパターンとも深いかかわりがある。すでにみたように（特にカルヴァン派では）戦間期になっても労組などの職能団体の影響力が小さかったこともあり，疾病保険すら，各陣営の労組や農民組合と関係の深い共済組合を取り込んで基礎とする形にはならなかった。産業ごとに行われた金庫管理も，公的関与を最小限に抑え，労使の自発的協力機関に委ねたため，社会主義系労組が排除され，従順な宗派系労組に対して経営側が優位を強化する結果となった。第一次世界大戦中に労組が設置する失業保険金庫に政府が補助金を投入する制度が創設されたが，戦間期を通じて政府が給付基準を定め，金庫管理を厳しく統制していた。いずれの点をみても戦間期のオランダでは，社会保険制度がサブカルチュア構造を再生産・強化する効果は他国に比べてかなり小さかったといえる。

　これに対してベルギーでは，カトリック党や労働党における労組や農民組合，協同組合の重要性を反映して，傘下の共済組合が官僚制の統制をほとんど受けないまま，手厚い公的資金の援助を受けるシステムが採用された。この「補助金付きの自由」と呼ばれる福祉国家のあり方がサブカルチュア構造を再生産・強化するうえで大きな役割を果たした。

　ベルギーでは，自由主義政権とカトリック教会の紛争は，オランダに
比べて早期に決着した。自由主義政権が1879年，初等教育の世俗化など，
教会の影響力のさらなる削減を図る方針を打ち出すと，反発したカトリ
ック勢力は1884年にかけて「学校闘争」を展開し，早くも同年の総選挙
で議会で優位を確立した。1831年のオランダからの独立時にすでに議院
内閣制が憲法に規定され確立されていたため，以後，第一次世界大戦ま
でカトリック党の単独政権の時代となる。したがって，1880年代末以降
のカトリックによる大衆組織化は自由主義政権を倒すためではなく，大
不況の衝撃で勢力を伸ばした社会主義運動に対抗するための動員だった。
　ベルギーの社会主義運動は，都市ごとに設立された協同組合が核とな
って労組などを従える形になっていた。労働党もその連合体に過ぎず，
党内ではイデオロギーよりも職能利益が優越していた。カトリック側で
も，キリスト教民主主義派が党内の保守派の抵抗を打破しつつ，労組の
建設に励み，共済組合を含むサブカルチュア構造を構築していった。農
村でも1885年以降の農産物価格の下落を背景に，主にフランデレン地域
（オランダ語圏）において，聖職者主導の「農民同盟」が発展した。第
一次世界大戦後，平等な普選（複数投票制の廃止）が実施され（比例代
表制は1899年に導入済み），カトリック党が過半数を失ったのを契機に，
党内の労組や農民同盟は党指導部の保守派支配への反発を強め，1921年，
党を「身分」別に改組することによって議員団への影響力を強化した。
　かくして二大政党のいずれにおいても労農の職能団体が大きな発言権
を持っていた結果，ベルギーにおける社会保険はいずれも二大政党傘下
の職能団体が抱える共済組合をそのまま公的なシステムに取り込む形で
構築されることになった。赤と黒の共済組合の間の競合が最も激しかっ
たのは疾病保険である。議会でのつばぜり合いの挙句，1894年に成立し
た改正共済組合法により，「補助金付きの自由」の制度が導入された。

ただし，政府の補助金投入には政府から公認を受けることが条件になっており，カトリック党政権を敵視していた社会主義系の共済は，予想通り，政府の規制を嫌ってほとんどが公認を回避した。つまりこの制度は実質的には，カトリック系の共済を強化することを狙ったものだった。他方，失業保険の分野では，ベルギーは，労組によって設立された失業保険金庫に自治体政府から補助金が投入される，いわゆる「ヘント・システム」の発祥の地（1901年にヘント市で導入）であり，都市ごとの社会主義のサブカルチュア構造の再生産を支える支柱の一つとなった。

4. ドイツにおける民主化の隘路

ビスマルクが築いた第二帝制では，社会主義とカトリックの大衆組織化が典型的な形で進展し，強固なサブカルチュア構造（ドイツでは「ミリュー」と呼ばれる）が構築された。しかし隣国と異なり，大衆動員は第一次世界大戦の敗戦まで民主化にはほとんどつながらなかった。プロイセン憲法紛争の敗北が響いて議院内閣制が実現しないうちに，統一で創設された帝国議会に普選が導入され，階級や職能利益の亀裂が政党制に移入されて民主化勢力が分断されたためである。

カトリック中央党：「文化闘争」から「青黒ブロック」へ

当時のドイツのカトリックは，プロイセンでも全国でも，人口の三分の一程度に留まった。少数派として社会的な差別を受けて学歴や経済力でハンデを負い，経営者や官僚などの比率は人口比をはるかに下回った。大衆組織化に関する解放説（115頁）が最もよく当てはまる例である。カトリックの組織化が始まり，中央党結成（1870〜71年）へ向かう契機になったのも，普墺戦争の結果，カトリックのオーストリアが脱落し，統一ドイツでカトリックが少数派となることが確定したことだった。

　しかし，中央党についてむしろ特筆すべきは，その徹底した与党志向
である。もともとこれは，プロイセン西部の官僚・貴族・聖職者などの
保守層が中心となって結党されたためだったが，結党直後にビスマルク
が開始した「文化闘争」の標的になっても，党の与党指向は変わらなか
った。イエズス会が追放され，プロイセンでは，邦国内に一人の司教も
いなくなり，小教区の三分の一で司祭が不在となるほどの弾圧を受けた
にもかかわらず，教皇無謬宣言などできっかけを作った教皇ピウス 9 世
が1878年に死去し，ビスマルクが教皇庁との手打ちを模索し始めた途端
に，中央党は宰相提出の社会立法や保護関税に関する法案の賛成に回っ
た。1890年にビスマルクが退陣し文化闘争が公式に終焉を迎えた後は，
歴代宰相を実質的に支える議会多数派を構成することが多くなり，保守
政党からは帝国政府の中央党依存を懸念する声まで上がり始めた。
　中央党の与党指向の背景には，農民組合など，カトリック信徒の職能
団体が党の基盤として比重を増していたことがある。特に農民をはじめ
とする旧中間層は，大不況のなかで市場競争に晒（さら）されており，彼らを没
落の危機から救うべく政府が保護を与える立法をきめ細やかに議会で通
す（たとえば，百貨店や消費者協同組合に対する法規制で商店主を守る）
ことが中央党指導部の最優先事項となっていた。文化闘争中，３割に迫
った帝国議会選挙での党の得票率は，帝国政府の抑圧から信仰を守ると
いう大義がなくなった1890年代には20％を割り込んだ。党の議席を守る
ためにも，保守的な帝国政府に接近し閣僚らと誼（よしみ）を通じてなるべく多
くの保護立法を通す必要があったのである。典型的だったのは，バイエ
ルンなどの南西部に多い自作農への対応である。1890年代の農産物価格
下落の直撃を受け，多くの農民が累積債務から破綻の危機に直面した。
帝国議会の中央党が農業保護関税の引き下げ（1893年）を容認したため，
バイエルンの農民は中央党を信用しなくなり，ポピュリズムの色彩が強

い農民同盟へと雪崩を打った。地域の中央党は，名望家層に代えて農民組合指導者を党指導部に据え，農民の協同組合に融資などさまざまな実益をもたらすことで，ようやく支持を取り戻した。

　かくして中央党は，農民や農村・小都市に住む旧中間層の経済利益に一体化していった結果，イデオロギー的にも自由主義左派政党や社会民主党と対立を深めていった。産業資本主義の発展を避けえぬ歴史の趨勢とみなす両勢力に対して，中央党は非道徳的・反宗教的な都市文明の代表とみなして敵意を強めた。宗教・倫理教育を強化する教育改革や検閲強化を要求するなど，社会道徳や文化問題が中央党と民主化を求める左派を分かつ最大の溝になったのである。その結果，党内が民主化し，地方組織の主導権が名望家層から農民組合などを指導する中間層へと下に移るほど，イデオロギー的に右に振れるというパラドクスがみられた。

　しかも党の選挙動員を末端で担っていたのは，小教区ごとに主に労働者を組織したカトリック国民協会であり，第一次世界大戦前で80万といわれる会員の大部分を占める労働者の動員を担ったのは末端の聖職者で，その旗印は反社会主義だった。カトリック系の労組も大戦までは党内での影響力が伸び悩み，こうした反社会主義の圧力を中和できなかった。

　こうした中央党の反動化こそ，大戦前のドイツの議会化や議院内閣制への移行を阻害した最大の要因の一つであり，実際，第一次世界大戦直前の数年間，産業界の一部（ハンザ同盟）の支援を受けた自由主義左派政党が社会民主党に接近し，三級選挙法の廃止や議院内閣制を要求したのに対して，中央党は保守政党と組んで阻止を図り「青黒ブロック」と呼ばれた。結局，大戦中に影響力を増したキリスト教労組の指導者を基盤にして，エルツベルガーが中央党を左傾させ，社会民主党と組ませることに成功するまで，ドイツが議院内閣制へ向かうことはなかった。

社会保険制度による社会民主党（社民党）の統合

　文化闘争が終結に向かうのとほぼ同時に，今度は社会主義者鎮圧法
（時限立法として1878年に初導入）で社会民主党がビスマルク政権の抑
圧の対象となった。選挙と議会への参加以外の党の活動は全て非合法化
されたが，合唱団などを隠れ蓑にした地下組織を，海外に亡命した指導
部が指揮する形で党組織は成長を続け，労組も再建され飛躍的に発展し
た。1890年，鎮圧法の更新に失敗したビスマルクが退陣に追い込まれる
と，直後の総選挙では1878年の３倍の得票に達した。1893年以後，得票
率では常に第一党を維持し，1900年代には３割前後で安定した。党組織
は1907年に50万，1914年には100万を越え，名実ともに西ヨーロッパ随
一の社会主義政党となった。ところが中央党とは対照的に，帝国議会の
社会民主党は，鎮圧法の廃止後も長らく他党からほぼ完全に排除され，
立法にもほとんど関与できなかった。唯一の例外が自由主義左派政党だ
ったが，それも第一次世界大戦直前までは，小選挙区二回投票制を取る
帝国議会選挙で時折，第二回投票で提携に応じる程度に留まっていた。

　にもかかわらず，この時期の社会民主党はベルンシュタインの改良主
義論争に象徴されるように穏健化していった。その一因は前章（113頁）
でみたように，比較的良好な労使関係に恵まれた労組に引きずられたこ
とにある。しかし同党は，労組以外の複数のチャネルを通じて，いわば
裏口から体制の中に引き込まれ，目に見えないうちに権力に正面から挑
戦する姿勢を弱めていった。第一のチャネルは，邦国以下の地方政府で
ある。都市自治体レベルでは1900年のゲマインデ選挙法の改正後も三級
選挙法（81頁）が維持され，国民自由党などが覇権を保った。しかし南
西部の邦国（バーデン，バイエルン，ヴュルテンベルク）では実質的な
選挙法改正に成功し，社民党は議席を増やした。のみならず，南西部で
は自由主義政党との協力関係が邦国議会などで成立するようになり，い

くつかの都市では執行機関入りも果たした。とはいえ，最大の邦国であるプロイセンやベルリン市の議会からは引き続き排除されていた。

　社会民主党をより強力に体制に統合していたのは，第二のチャネルである社会保障制度だった。ビスマルクが著名な「労働者保険」（疾病保険，老齢年金など）で目指したのは，労働者にはなるべく拠出をさせず，そのために国家（ライヒ＝連邦）が補助金を出すことで，国家が管理し付与する恩恵として社会保険を提供することだった。その目的は，創設されたばかりの統一国家に対して労働者の忠誠を獲得し，新生ドイツ・ネイションの建設に資するとともに，失敗した社会主義者鎮圧法に代わって，社会民主党や社会主義系労組から労働者を引き剥がして帝国に統合することにあった。しかし，議会の自由主義政党や産業界の反対にあって，こうしたビスマルクの意図はほとんど実現せず，出来上がった社会保険制度は，①国家補助金はごく一部に留まり，労働者が経営者とともに拠出する制度となったため，労組が運営に大きな影響力を行使することとなった。②老齢年金以外は，既存の共済組合や地域別の金庫（スキーム）を公的な枠組に取り込む形となったため，多種多様な金庫が乱立することになり，国家（ライヒ）管理の性格は雲散霧消した。

　疾病保険については，労働者拠出が三分の二になったため，主たる金庫となる地区別の金庫についても労組が理事会の三分の二を押さえ，管理の主導権を握ることになった。次に，老齢・廃疾年金に関しては，労使対等の拠出に加えて，定額制（年金の基礎額部分に相当）の国家補助金が実現した。また，共済組合は老齢年金を提供しない場合がほとんどだったため，31の地方ごとに新設された保険公団による一元的な管理形態が取られたが，その理事会では労組は使用者側と管理権限を半々に分け合った。最後に，失業保険は南西部の邦国を中心に，一部の都市自治体が50％前後の補助金を伴う「ヘント・システム」を導入したが，当時の

ドイツは労働者不足だったこともあり，全国に拡大することはなかった。
　結局，公的資金の投入こそ小規模だったものの，社会主義系の労組が
特に疾病保険の管理を事実上，掌握したことが労組，党や系列の結社の
影響力や組織の拡大に大きく資したことは間違いない。所管するライヒ
（帝国）の官僚制は，産業界の圧力を受けて，第一次世界大戦前後に労組
の発言権を縮減する法改正を試みたが，基本構造まで変えることはでき
なかった。かくしてビスマルクの「労働者保険」はサブカルチュア構造
の維持・再生産を支えるとともに，社会民主党を裏口から統合すること
で，革命を目指すエネルギーを吸収し穏健化を促す役割を果たしていた。

議会化の限界と第一次世界大戦前の危機
　社民党や中央党以外の既成政党も，各々が背後に強力な利益団体を抱
えていた。産業界は，重工業部門と輸出部門（加工完成品・軽工業）で
２つの団体に分裂していた。保護主義と労働運動の抑圧を唱える前者に
対し，後者は自由貿易とより協力的な労使関係を選好して折り合わなか
ったからである。議会で受け皿となる自由主義政党の方も，統一前から
２つに分裂しており，両団体の間の関係を取り持つよりも，国民自由党
の右派が重工業を，同党左派などが輸出部門を議会で代表するという役
回りに甘んじていた。帝国議会には財政・経済など限られた分野に関す
る立法権が与えられているだけで，政府を構成すべく安定的な多数派を
形成・維持する必要がないため，各政党は背後で支持してくれる職能団
体の経済利益を代弁することに専念しがちだった。これにより，帝国議
会は国民の主要な経済利害の集約機関として影響力と威信を増す一方，
政党が連合形成や紛争解決など統治能力を養う機会は逸し続けていた。
　とはいえ，ビスマルク以後の帝国政府は，徐々に足場を皇帝の支持か
ら議会の多数派へと移し，その議会では，第一次世界大戦前になると，

自由主義左派政党などが社会民主党と組んで，普通平等選挙（邦国など
の三級選挙法の廃止）など，民主化を目指す動きが出てきていた。にも
かかわらず，結局，大戦における敗戦まで，つまり西ヨーロッパで一番
最後まで，議院内閣制の実施が遅れたのは，議会外の保守勢力の強さに
よるところも大きい。その第一は，プロイセン邦東部のユンカーである。
1893年の農業保護関税の引き下げに反発し，中小農民も集めて農業者同
盟を結成した。彼らが牛耳る保守党は，産業界を代表する自由主義政党
にも対峙し，反ユダヤ主義や旧中間層の地位を保全する復古的な社会秩
序への回帰を唱えた。大戦前に民主化への流れが急になると，自らの経
営基盤を守るべく，保守的な重工業経営者らと結託して「生産的諸身分
のカルテル」といったスローガンのもと，議会や政党を見限ってより権
威主義的な体制への移行を唱え始めた。第二は，艦隊協会や全ドイツ連
盟など，議会外の急進的なナショナリスト団体であり，広汎な大衆の動
員に成功して，議会の多数派形成を右から脅かした。最後に，官僚制，
特に高級官僚層では，プロイセン時代以来の特権階層が多数を占め，議
会に基盤を置かないプロイセン邦やライヒ（帝国）の政府を支えるとと
もに，両政府が民主化に抵抗するよう強い圧力を掛けていた。大土地所
有層と癒着した官僚制は民主化，特に議会が非選出勢力（国王など）の
握る執行権を追い詰めて議院内閣制を目指す際に最大の抵抗拠点にな
る。これはスウェーデンなどにも共通の図式である。大戦前のドイツ帝国
議会は，民主化をめぐってクーデターの危険を孕む緊張の最中にあった。

5. イタリア：リベラーリ支配の延命

民主化への独自の道

　イタリアにおける民主化の過程は，これまでみてきたどの国とも異な
る経路をたどった。イタリアの独自性は，一言でいえば，ネイション形

成と，民主化ないし民衆の体制への統合という 2 つの重い政治課題を同時に遂行しなければならなかったことにある。統一の主体となった北部・サルデーニャ王国でかつて首相を務めたダゼーリオは，カヴールによる統一の成就を見て「イタリアはできた。イタリア人を作らねばならない」と漏らしたとされる。しかし，ネイション形成に国家統一が先行したことそれ自体より，統一実現の経緯によってネイション形成が二重の意味で大きなハンデを負い，結局，十分に達成されないうちに世紀末の大衆政治の到来を迎えてしまったことにこそ困難の源があった。

　ネイション形成に対する第一の障害は，南部問題である。南部の両シチリア王国を滅ぼす形で統一が達成された後，南部では農民叛乱が発生し，これを旧王国支持の名望家や聖職者が支援することで，「匪賊」によるゲリラ戦が 5 年も続くことになった。その制圧のため，大挙派遣された軍が現地住民全般に厳しい抑圧を加えた結果，南部の民衆の目には，国家統一が，北部による南部の併合・支配と映るようになった。トリノの政府（後にローマへ遷都）の方でも，極めて後進的な南部の抱える構造的問題には目を瞑り，地域を支配する地主・名望家を議会を通じて取り込んで事足れりとする態度が支配的になった。

　第二は，教皇庁やカトリック世界との対決である。自由主義勢力（リベラーリ）が，カトリック教会の特権を制限し土地など財産を国有化し売却するなどの反教権主義立法を推進したのは他国と共通だが，国家統一の仕上げとして1870年の普仏戦争で教皇領（ローマを含むラツィオ地方）を併合し，教皇庁との関係が長期にわたり修復不能となったのは他に類を見ない。翌71年以降，教皇庁はカトリック教徒にイタリアの国政選挙への参加を禁じる指令「ノン・エクスペディト」を出し，以後，1904年に一部緩和（完全撤回は19年）されるまで，カトリック教徒は国政に参加できなくなった。自由主義政権との対決が続くなか，「非妥協派」

と呼ばれる強硬派を中心に大衆動員を進めたが，その組織力は議会での議席に直接は反映されず，民主化，特に普通選挙の実施は遅れた。

　イタリアでは，統一を推進したカヴール自身が議会を基盤にして国王など非選出勢力を抑え込んでいたため，議院内閣制は統一時から所与となっていた。したがって，世紀末の大衆動員・組織化が民主化につながらなかったのは，ドイツと違って非選出勢力による政権独占のせいではない。国家との和解を拒絶するカトリック教会の歴史的怨恨のお陰で，大衆動員どころか，政党の結成さえ拒む，旧態依然たるリベラーリが第一次世界大戦前まで政権を独占し続けることが可能になったのである。

　リベラーリは当初，史的右派と史的左派に分かれていたが，1876年に初めて史的左派が政権をとって，最大の争点だった選挙権の拡大（有権者の人口比は2.2％から6.9％まで上昇）を実現すると，両者の境界は見えなくなった。以後，議員の選挙区への利益誘導（公共事業から公務員人事，勲章まで多岐にわたる）を通じて，イデオロギーに関係なく，融通無碍に議会多数派を形成する「トラスフォルミズモ」と呼ばれる手法が幅広く使われるようになった。この手法は特に南部の名望家から支持を調達するのに極めて効果的で，南部選出議員の間には，利権の配分さえ保証してくれるのであれば，中央政界での党派の色分けに関係なく政府を支持する，という万年与党主義がはびこった。南部問題もリベラーリの延命に手を貸していたのだ。

赤黒のサブカルチュア構造の形成とジョリッティ

　イタリアの社会主義勢力は，都市よりむしろ農村に組織的基盤があった。1890年代前半以降，ドイツ資本の導入で北部の大都市で重工業が発達し始め，産業別の労組が登場してきたものの，社会党の核になったのはポー平原の資本主義的な穀物生産に従事する日雇い農業労働者（ブラ

ッチャンティ）の労組フェデルテッラであった。特に1899年の市町村選
挙以降は，社会党を通じて地域の核となる都市の自治体政府を掌握し，
協同組合を通じて政府や自治体の公共事業も請け負って繁栄した。農村
の労働市場を地域ごとに掌握していることに権力の基盤があるため，割
拠性が強く，同じ社会党のなかでも互いに排他的で，「社会主義の島」
と呼ばれた。これに対して，南部では，厳しい貧困と官憲を使った激し
い弾圧が蔓延るなか，革命路線が支配的であったため，北部の経済主義
（実利）的な改良主義と相いれなかった。両派は党の主導権をめぐって
激しく争い，周期的に党の路線が左右に大きく揺れることになった。

　他方，カトリックの組織化は，1875年に非妥協派を集めた全国組織
「大会・諸委員会事業団」（略称・大会事業団）の創設とともに始まる。
当初は教育の世俗化などの反教権立法に対抗するための名望家中心の組
織だったが，1891年の回勅レールム・ノヴァールム以後は，非妥協派が
ドイツの農村信用組合をモデルにしたカトリック系の農村金庫の設立運
動で北部の農村の平信徒の組織化に大きな成果を挙げた。他方，労働組
合はキリスト教民主主義派が率いていた。しかし，その指導者・青年司
祭ムッリがカトリック政党の樹立を目指して，1900年，大会事業団のな
かで分派活動を始めると，危険を察知した教皇庁が介入し，1904年，ム
ッリらキリスト教民主主義派が優勢となった時点で，大会事業団は解散
された（119頁）。平信徒組織への統制に固執する教会が宗派政党の成立
を忌避するという，前章で紹介したカリヴァスの理論が最もよく当ては
まる事例である。しかし皮肉なことに，以後，教皇庁の締め付けで非政
治主義が徹底され，社会経済領域の活動が奨励された結果，農村金庫の
みならず，キリスト教系の労組も急激に成長を始め，職能団体の連合体
が織り成す本格的なサブカルチュア構造へと発展していった。

　勢いを増す赤黒のサブカルチュア構造に対し，議会と政権を独占する

リベラーリは当初, 官僚制による統制を強化して抑え込む戦略を採った。最初にこの途に進んだ首相クリスピは, もとはリベラーリの左に位置する共和派の出身だったため, カトリック勢力を統制すべく行政機構を強化する反面, 都市自治体の首長や県議会の議長を公選とするなど, 社会への開放にも意を用いた。南部出身の初の首相として, 南部の貧困解決のための土地や税の制度改革も試みたが, 結果として, 1893年の「シチリア・ファッシ」(農業不況で困窮した小作の争議が農民叛乱に発展した) の弾圧など, 抑圧的側面だけが残って, 以後のリベラーリ右派の政権に引き継がれた。しかし, 都市民衆の食糧暴動や工場労働者のストを弾圧し, 社会主義やカトリック系の団体に軒並み解散令を出すといった「世紀末反動」路線は, 1900年に政府の弾圧への報復を叫ぶアナキストに国王が暗殺されると行き詰まりが明確になった。

　そこで代替選択肢として登場したのが, リベラーリ左派のジョリッティである。1903年末, 首相になるや, 幅広い中道の多数派を自在に操り, 第一次世界大戦までに三度8年にわたって政権を担当した。ジョリッティの統治戦略は「スーパートラスフォルミズモ」とも呼ばれる。クリスピ以来の行政機構による統制に代えて, 利益誘導を活用するトラスフォルミズモの手法を, 大衆組織を擁するカトリックと社会主義にも適用し, 財政資金などの資源を配分することで議会内に統合することを目指したからである。その一方で, 自らは大衆組織化どころか, リベラーリが政党になることすら否定していた。いわば, 19世紀の自由主義議会制の統治構造を維持したまま, 一枚岩になろうとする赤黒のサブカルチュア構造を, 社会主義なら自治体ごとの「島」に, カトリックなら選挙区ごとの組織や職能団体に, それぞれ分解して, リベラーリを軸とする自らの議会多数派に組み込もうとしたのである。そして, ばらまきの前提となる税収を増やすため, 鉄道国有化など積極的な国家介入を行って, 鉄鋼,

自動車，電力などを軸に，持続的な高度成長を促した。

　社会党に対しては，改良派を取り込むべく社会・労働立法を推進すると同時に，労働争議に際しては，労働側が政治目的を持ち込まず賃金など経済的要求に留めている限りは弾圧を行わず，しばしば労働側に有利な裁定を下した。さらに，北部の社会党系の自治体に公共事業や補助金などを配分することで，都市ごとの「島」を仕切る改良派の指導者を個別に取り込んでいった。ただし，ジョリッティの流動的な議会多数派には，引き続き南部の万年与党議員の票が不可欠だったため，地主ら名望家に手厚くばらまきを続ける一方で，南部の構造的問題は徹底して放置し，革命派の社会主義者らの異議申し立ては容赦なく弾圧した。そのため社会党内では，北部の改良派と南部の革命派の間でジョリッティ政権への対応をめぐって紛争が激化し，時に革命派が党指導部を押さえてジョリッティとの提携を拒否する事態が繰り返された。

　他方，カトリックを取り込むために，まずジョリッティは，過去の国家教会間の紛争を再燃させないよう，身内のリベラーリには反教権主義を封印させた。ピウス10世のもとで非政治主義をとる教皇庁もこれに呼応し，「教権穏健主義」と呼ばれる戦略を打ち出した。1904年，総選挙を控えて大会事業団を解散し，カトリック独自の政党を否定する代わりに，「ノン・エクスペディト」（143頁）を緩和した。選挙区ごとにリベラーリの穏健（保守）派と個別に提携し，これに教会の権益やカトリック信徒の職能利益を議会で代弁させる方針を採ったのである。この方針が維持されている限り，ジョリッティはさまざまなカトリックの利益を個別に代表する穏健派議員を必要に応じて多数派に取り込むことができる。しかし，続く1909，13年総選挙では，カトリックの選挙協力はより組織的に行われるようになり，カトリック票が小選挙区二回投票制の決選投票で絶大な威力を発揮した。北部では反教権派のリベラーリが大敗

を喫する一方，一定数のカトリック系議員も誕生してジョリッティの多数派形成に協力するようになった。かくして，ジョリッティの意図に反してカトリックへの依存が深まっていくことになる。

　台頭する大衆組織を利益誘導政治によって旧態依然たる議会政治に統合するというジョリッティの統治手法によって，第一次世界大戦前の十年間，リベラーリの政権独占は生きながらえることになった。しかしその限界や矛盾もすでに大戦前には明らかになっていた。最も深刻なのは，すでにみた社会党内の革命派の台頭やカトリック依存の高まりによって，赤黒の取り込みがこれまでのようにはいかなくなったことである。加えて，南部の構造的問題を放置したまま利益誘導に明け暮れる議会政治に対して，批判や侮蔑が高まり，帝国主義的な膨張で国威発揚を求めるナショナリスト勢力が伸長した。こうしたジョリッティ批判に同調するサランドラらリベラーリ右派は，ナショナリスト団体と提携し，普選を導入しつつ自らも大衆動員を図るという代替戦略を提示した。

　折りしも長期不況が始まり，利益誘導の基盤となっていたパイの拡大も望めなくなって追い詰められたジョリッティは，1911年，政権に復帰するとリベラーリ右派の路線を取り込み始めた。リビアにおける植民地獲得戦争に乗り出すとともに，翌12年に事実上の男子普選を実施したのである。大衆動員をできる限り抑制するという従来の基本戦略からの大転換であり，着地点の見えない「暗闇への跳躍」だったといえる。実際，1914年に第一次世界大戦が勃発すると，参戦によって国内の閉塞状況の打破を目指す左右の急進派による運動が盛り上がった。「参戦主義」の街頭デモは15年５月，遂に議会の反対を覆して国を参戦に導いた。こうした「広場の政治」は，３年余にわたる総力戦によって増幅され，大戦後，ファシズムの台頭となって議会制を転覆させることになる。

参考文献

小川有美「デンマークにおける議院内閣制問題と『体制変革』」『国家学会雑誌』
　105巻 7・8 号（1992年）

石原俊時『市民社会と労働者文化　スウェーデン福祉国家の社会的起源』木鐸社，
　1996年

高田実・中野智世『福祉』ミネルヴァ書房，2012年

R. エヴァンズ編『ヴィルヘルム時代のドイツ』晃洋書房，1988年

木下秀雄『ビスマルク労働者保険法成立史』有斐閣，1997年

George Steinmetz, *Regulating the Social: the Welfare State and Local Politics in Imperial Germany*, Princeton University Press, 1993.

パット・セイン『イギリス福祉国家の社会史：経済・社会・政治・文化的背景』ミ
　ネルヴァ書房，2000年

飯田芳弘『指導者なきドイツ帝国　ヴィルヘルム期ライヒ政治の変容と隘路』東京
　大学出版会，1999年

竹中亨『近代ドイツにおける復古と改革：第二帝政期の農民運動と反近代主義』晃
　洋書房，1996年

岸本（作内）由子「オランダ型議院内閣制の起源—議会内多数派と政府との相互自
　律性」『国家学会雑誌』122巻 7 号（2009年）

水島治郎「伝統と革新—オランダ型政治体制の形成とキリスト教民主主義」『国家
　学会雑誌』106巻7・8号（1993年）

作内由子「危機の時代の多極共存型民主主義：1930年代オランダを中心に」『千葉
　大学法学論集』27巻2号（2012年）

田口晃「組閣危機と『大連合』：オランダ型平常の政治」篠原一編『連合政治Ⅰ』
　岩波書店，1984年

馬場康雄「ジョリッティ体制の危機—形成期のイタリア民主政をめぐって（1・2）」
　『社会科学研究』31巻2号・4号（1979-1980年）

8 | 第一次世界大戦の衝撃と戦後危機の収拾

中山洋平

《目標＆ポイント》　第一次大戦はヨーロッパで初めての総力戦となり，長期にわたって前線でも後方でも過酷な生活を強いられた民衆は，休戦と共に憤懣を爆発させ，大衆運動の嵐が吹き荒れた。他方，戦時中に戦争経済を支えて自信をつけた労組幹部と産業界の経営者は，戦後，これまでの政党・議会頼みをやめ，職能代表制の導入などによって，自分たち職能団体が経済運営に対して直接，発言権を持ち得る態勢を構築しようとし始める。戦後の激しい大衆動員に直面した西ヨーロッパ各国が，1920年代に政治の安定を取り戻すことができたかどうかは，労使の職能団体のこうした介入の動きを，議会・政党の側がいかに統治構造に取り込み得たかに掛かっていた。この点を独仏伊3か国の比較を通して明らかにしていこう。

《キーワード》　職能代表制，戦時動員体制，社会化，インフレ連合，相対的安定期，「国家改革」，フェデルテッラ，ファシズム

　総力戦となった第一次世界大戦は既存の政党や官僚制以外のアクターを政治の舞台に呼び込んだ。ファシズム運動の基盤の一つとなった復員兵の運動は，大戦が産んだ新たな政治勢力の象徴となった。戦後直後には，「銃後」で総力戦を戦った労働者大衆も直接に，つまり政党や労組のエリートを飛び越えて政治に参入し始めた。休戦後のドイツを革命の渦に巻き込んだ「レーテ」（評議会）運動は，企業や産業の「社会化」の要求を掲げた。これは，選挙や議会政治を乗り越えて，所有を基盤にした既存の社会秩序全体を民主化していこうとする試み，言いかえれば，

職場や市場においても平等と参加を追求する，いわゆる経済民主主義
の運動であり，第二次世界大戦後まで何度も繰り返された下からの政治
的挑戦の始まりだった[1]。

1. 戦時動員体制と職能代表制の構想

　しかし，議会と政党に異を唱えたのは，現場の労働者や兵士だけでは
なかった。彼らと対極にいるはずの産業界の経営者たちも，戦争前の議
会政治には満足しておらず，より効率的で自らの声の通りやすい政治体
制を求めていた。加えて，労働組合の幹部や高級官僚など，さまざまな
勢力がそれぞれの立場から新たな統治のモデルを模索した結果，戦間期
には，さまざまな意匠を凝らした職能代表制の構想が繰り返し唱えられ，
議会中心の民主制のモデルに挑戦を繰り返した。こうした動きの原点に
なったのが第一次世界大戦の戦時動員体制であった。

　ヨーロッパで初めての総力戦となった第一次世界大戦は，平時とは大
きく異なる国家運営のあり方を生み出した。開戦と同時に「城内平和
（独）／神聖同盟（仏）」が唱えられて政党政治は停止され，平時には政
府を監督し統制して止まなかったフランス議会ですら，戦争遂行を政府
に委ねて沈黙した。しかも，時とともに，戦争の勝敗と国民の命運を決
するのは，実は戦時経済の運営の優劣であることが明らかになる。武器
弾薬に始まる莫大な量の軍需物資の生産を担う産業界，そして生産現場
の労働者を束ねる労組が突如，経済運営の中軸を担っていくことになる。
この経験は労使の職能団体を政治的に覚醒させた。なかでも，多くの国
で排除され抑圧にすら晒されてきた労組は，軍需生産の継続を確保する

1　アメリカの歴史学者メイアは「2つの戦後」と題する1981年の論文のなかで，権力・富・地位
　などが複合的に基盤となる資本主義的階統制秩序（ハイアラーキー）は第一次世界大戦後，広汎な民衆から挑戦を受
　け，「社会化」運動はその代表だったと分析した。揺らいだ資本主義的秩序を安定化させるには2
　つの課題があり，2つの大戦の後の戦後がそれぞれ一つずつを実現した結果，第二次世界大戦後
　の高度成長期に安定が実現されたと説く。このうち，第一の課題は，私企業の経営者の経営権を
　技術的合理性，つまり経済的成果を保証するテクノクラシーへの同意によって再正当化すること
　であり，これは戦間期の「産業合理化」運動などによって実現されたという。

ために強制仲裁制度や職場代表制度が導入された結果，初めて経営者や政府によって対等なパートーナーとして認定された。大不況以来，時として浪費を生む市場競争に翻弄されてきた企業経営者は，政府統制のもとで企業，業界，そして国民経済が効率的に組織されれば，最大のパフォーマンスを上げうると悟った。この一種の成功体験を戦後に継続ないし転用しようと，経済運営の再編を目指すさまざまな構想が戦間期を通じて繰り返し登場した。これらは，社会化，経済組織化，プラニスムなど，意匠は異なれど，いずれも労使を軸に職能団体を集めた，いわば「経済議会」に経済政策を中心とする政策決定の権限を与え，議会中心の統治に挑戦する職能代表制の要素を含むという点で共通していた。

とはいえ，こうした職能代表制の構想が第一次世界大戦後に果たした役割は国によって異なる。ドイツでは，構想は挫折したものの，戦後の労働者の叛乱を抑え込むうえで大きな役割を果たしただけでなく，労使の職能団体が強力だったため，非公式な労使の協調が戦後の経済危機の制御にも力を発揮し，成立直後の議会民主制を裏側から支えた。他方，戦後のフランスでは，労使の職能団体は弱く，経済再編構想が議会で真剣に取り上げられることもなかった。しかし戦間期を通じて議会政治が不安定だったため，混乱のたびに職能代表制構想が代替選択肢を提示する役割を果たした。これに対してイタリアでは，政権担当能力を持つ唯一の勢力（リベラーリ）が職能代表制構想に理解を示さなかったため，北部農村における労使紛争の激化を収拾できず，ファシズムの台頭と民主制の崩壊を招いた。

2. ドイツ：社会化からネオ・コーポラティズムへ

戦時経済から革命へ

第一次世界大戦では，開戦当初から，事前の想定をはるかに上回る大

量の弾薬が消費され，在庫補充が追い付かなくなる「弾薬危機」が独仏双方で表面化した。軍需生産を確保すべく，ドイツでは早くも1914年8月，電機大企業 AEG の会長 W．ラーテナウの進言に基づき，プロイセン陸軍省内に希少金属原料などの統制を行う「戦時原料局」が設置された。短期決戦という当初の見通しが崩れるなか，1914年9月以降，部門別に「戦時会社」が創設され，原材料の調達と配分に関する国家統制の全権を委託された。官僚統制は建前で，実際には各部門の業界団体やカルテルによる管理であり，軍需生産や原材料は大企業優先で配分され，寡占を強化した。これに対して，自ら戦時原料局長官に就任したラーテナウや，後継機関・戦時庁の長官となったグレーナー将軍は，軍需大企業に対する統制を強化しようとしたが，実権を握る軍に職を追われた。

　軍需産業の労働条件は極めて過酷であったうえに，食糧不足が深刻化し実質賃金は低下した。城内平和を受け入れた社会民主党系の自由労組は，戦争中はストを行わないという方針に従ってこれを黙認したため，末端労働者には不満が充満した。1916年春，金属労組などの現場活動家が労組幹部に逆らって「革命的オプロイテ」を名乗り，労働条件改善と反戦和平を要求し始めストにも踏み切った。軍と政府が1916年12月「愛国的労働奉仕法」を成立させ，戦時庁に労働力管理の権限を与えると，労組代表も同法の実施に参加することになった。また，従業員50人以上の軍需工場には労働条件の交渉にあたる労働者・職員委員会が設置され，その上に労使同数の調停委員会が置かれた。労組指導者はこれらを高く評価したが，現場では労働者への拘束と負荷が強まったため，労組指導部への不満はさらに膨れ上がり，敗戦後に爆発することになる。

　議会でも，戦時公債や予算に反対投票し除名された一部の社民党議員が1917年4月に独立社会民主党（USPD）を結成し，議院内閣制を要求すると，内政改革を求める左派連合が形を取り始めた。社民党に出し抜

かれるのを恐れた中央党が，エルツベルガーの指揮下に左旋回したからである。中央党は議院内閣制の要求までは踏み込まなかったものの，革命後の共和制を支える「ワイマール連合」（中央党，自由主義左派の民主党，社民党）の原型が姿を現した。エルツベルガーの背後には三級選挙法廃止などを要求するキリスト教労組がおり，中央党内で左派の優位が確立された。1916年以来，文民政府を抑えて独裁的権力を振るってきた軍最高司令部は，1918年9月末，戦線崩壊が目前となって初めて，これまで秘匿してきた戦況の実情を政府や議会，皇帝に告知し，社民党を中心とする議会多数派に政権を委ねて講和交渉をする役回りを押し付けた。10月，バーデン大公世子マクシミリアンが宰相となってワイマール連合三党が入閣し，議院内閣制への憲法改正を経て，11月，革命のさなか，皇帝退位の発表とともに，社民党のエーベルトが首相に就任した。ドイツの議院内閣制は軍事的崩壊によって初めてもたらされたのである。

社会化の阻止とネオ・コーポラティズム

　1918年10月末，キール軍港の水兵の叛乱が口火となって，労働者・兵士によるレーテ（評議会）運動が全国に波及し，一時各地域の統治権を掌握した。ドイツ革命の始まりである。しかし，12月中旬，ベルリンで労兵レーテの全国大会が開催され，レーテ運動は労働者独裁を目指すという意味での革命志向を採らないことが明らかになった。反面，企業や産業の「社会化」を要求する運動は翌年3月にかけて，ゼネストなどを伴いながら，全国各地で大きな盛り上がりをみせた。民衆は，戦争協力を進めた多数派社民党や自由労組幹部に対して不信を強めており，戦時中に軍需工場や兵営で強化された抑圧的な支配の打破を目指していた。社会化は，軍・行政・経済にわたる全般的な民主化を求める運動の支柱だった。

　ベルリンでは両社民党が労兵レーテの上に載<ruby>載<rt>の</rt></ruby>る形で人民委員政府を樹立したが，レーテ運動や社会化を支援する独立社会民主党に対して，多数派社民党は，革命や社会化を抑え込んで，労使間の妥協のうえに議会共和制を確立すべく準備を進めていた。11月12日，男女平等普通選挙と比例代表制の導入が宣言されるのと並行して，エーベルトは10日，参謀次長に就任したグレーナー将軍と，軍と新政府が互いに支持し合う旨の協定を結んだ。12月の労兵レーテ全国大会での革命路線の敗北後，独立社民党は政府を離脱して革命的オプロイテとともに反政府行動に乗り出した。協定に従って，正規軍が動員されたが，兵士の寝返りが相次いだため，社民党政府は帝制派など極右の「義勇兵」（フライコール）に頼って翌1919年1月，武装デモを鎮圧した。直後に最初の総選挙が行われ，ワイマール連合で8割の得票と議席を獲得した。

　並行して，政府は社会化運動の抑え込みに全力を傾ける。すでに18年11月15日に「シュティンネス・レギーン協定」が締結されていた。多数派社民党を背後で仕切る自由労組議長が産業界の最強硬派である石炭鉄鋼大企業の社主と結んだこの協定は，第二次世界大戦後のネオ・コーポラティズム（第11章2参照）の走りといえる。電機，鉄鋼，化学などの大企業と，キリスト教労組を含む労組が対等の立場で労使関係を規律する「中央労働共同体」を設立するとともに，御用組合への支援停止，団体協約の締結，労使対等の調停機関の設置，50名以上の事業所の「労働者委員会」設置，8時間労働制の実施などの合意が含まれていた。産業界は，社民党と自由労組に対してこうした戦争協力の成果を戦後にも継続するのを認める代わりに，社会化阻止への協力を取り付けたのである。

　社民党が社会化を阻止するのに用いたのは，経済省次官メーレンドルフ（18年11月就任）が提起した「共同経済」構想である。AEGの技師でラーテナウに戦争経済の組織化を進言し，自らも戦時原料局に勤務し

たメーレンドルフは，戦時産業動員体制に実現された国家＝産業間の協力と，各産業部門の組織化を戦後にも維持して，戦後の経済改革（経済運営の合理化や計画化による生産性向上など）に使うことを提唱した。経済省の名を冠して内閣に提出された構想は，各産業部門の経済的自治団体を全国経済評議会が束ねる形を予定しており，経済分野の行政を伝統的な議会・政府の管轄から外して職能団体による「経済議会」に移す職能代表制の一種といえる。メーレンドルフの構想は，中央党など，予想以上に幅広い支持を集め，政府はこれを基礎に19年3月「社会化二法」を可決させた。社民党政府は議会での法制化を通じて社会化を骨抜きにすることを狙っており，社会化への圧力をかわすため時間稼ぎをしたい産業界にとってもメーレンドルフ構想や社会化法案は渡りに船だった。

　しかしメーレンドルフ構想自体は，早くも1919年7月に閣議で却下されて日の目を見なかった。中央労働共同体など，労組主導の労使同権化の枠組みに固執する自由労組が社会化を忌み嫌い，構想に強力に反対したことが決定的だった。その後は，憲法に書き込まれたレーテを制度化する「経営協議会法」案の審議をめぐって，社民党は，民主党を介してその背後にいる産業界と粘り強く交渉し，結局，戦時中の労働者・職員委員会とほぼ同等の存在にまで格下げすることで合意を形成した。シュティンネス・レギーン協定を補完するこの妥協こそが資本と労働の間の協調関係の基盤を確立し，その上に載っているワイマール連合に最小限の安定性を与えた。公式の職能代表制度こそ実現には至らなかったが，労使の職能団体間のこうした協調関係は，敗戦後の危機の収拾と新たな秩序の構築に絶大な役割を果たしたのである。

インフレ連合の終焉と相対的安定期の労使協調

　労使の協調が解決した問題のなかで，見えにくいものの，社会化に劣

らない重要性を持つものとして，戦後インフレの制御がある。大戦中，各国政府は，勝利の暁には，戦費は増税など自国民の負担ではなく，相手国の払う賠償を充てると主張し，英米以外のどの国の政府も莫大な戦費のほとんどを各種の国債発行で賄った。物価は戦争中にすでに2〜4倍になっており，なお続くインフレにどう対処するかが戦後政治の明暗を分けた。ドイツは敗戦国で，財政状況が最も深刻になるにもかかわらず，実際には1923年まで放漫財政を続け，激化するインフレを野放しにした。国債の新規発行を継続して公共事業や社会支出（失業扶助，家族扶助など）を拡充したのである。労使の職能団体が互いの経済的利益を図るべく，あえて放漫財政によるインフレの亢進を選択したともいえる。アメリカの歴史家メイアらはこれを労使の「インフレ連合」と呼んだ。輸出大企業は為替レートの下落で外貨建ての対外取引に「輸出プレミアム」が期待できる。コストが増えても価格に転嫁しやすくなるので，実質賃金の低下を埋め合わせたい労組の賃上げ要求にも，寛大に応じることができた。何より重要なのは，財政出動で景気と雇用を維持することで労使間にポジティヴ・サムの関係を維持し，労使協調を継続することが可能になったことである。実際，隣国を苦しめる戦後不況を他所にドイツは1922年に完全雇用を実現した。

　インフレ政策を終わらせたのは，ヴェルサイユ条約に定められた賠償の不履行に苛立ったフランスによるルール地方の占領である。ドイツ側が「消極的抵抗」で対抗した結果，生産が停止したうえに莫大な追加的財政負担が発生し，ハイパーインフレに突入した。1923年9月の消極的抵抗の停止を経て，シュトレーゼマン「大連合」内閣（自由主義右派の人民党から社民党までを含む）が10〜11月に通貨安定化を断行すると，破局的な経済状況と外交的屈服を利用して，10月に中部で共産党が，11月にはバイエルンでナチ党などが武装蜂起（ミュンヘン一揆）を企てた。

これはかろうじて乗り切ったものの，インフレと通貨安定化は甚大な政治的後遺症を残した。第一に，ハイパーインフレで資産を溶かされた中間層は，政府と経済運営を牛耳って戦費負担を押し付けた労使の職能団体に猛烈な遺恨を抱いた。後にこれが中間層の急進化の一因となる。第二に，安定化は大量の失業を生み，労使間の均衡は決定的に崩れた。労組は組合員が半減して経営側の攻勢に応戦できず，1918年の「協定」以来の労使合意で獲得した一連の成果を失った。1923年12月，ヒトラーら極右勢力の「ミュンヘン一揆」から共和制を守るため，社民党は産業界の求める8時間労働の骨抜き化を承認せざるを得なかった。1924年には経営側の参加拒否によって中央労働共同体が解体に追い込まれた。

　しかし，今度は議会の政党連合が主導し，国家介入によって労使間の均衡を回復することで，労使協調は新しい基盤の上に再建された。1920年6月総選挙でワイマール連合三党が大敗して過半数を割って以来，社民党は「ブルジョワ政党」との連立に消極的となり，社民党を含まない，「ブルジョワ」少数派内閣が続いた。しかし1924年12月総選挙での社民党の勝利によって，同党抜きの連立は実質的に不可能になった。中央党で左派を形成する労組翼（労組の支持を受けた議員のグループ）が，社民党抜きの「ブルジョワ連合」への党の参加を許容しなくなったからである。公式の大連合政権は稀で，ブルジョワ少数派政権が多かったが，その多くは「大連合を予定する暫定政権」（平島健司），つまり潜在的な大連合だった。

　中央党左派・労組翼を基盤とするブラウンス労相は，社民党と協力して8時間労働の復活などに向けた努力を重ねるとともに，強制仲裁制度（1923年10月導入）を積極的に適用することで賃金水準を高めに維持する方針を採った。不況に苦しむ労働者側に政府が肩入れする強制裁定が常態化した結果，生産性上昇を上回る賃上げが実現し，経営側はこれを

「政治的賃金」と呼んで不満を露にした。1928年11〜12月には「ルール鉄鋼争議」が勃発，経営側は強制仲裁の拘束力を否定し23万の労働者にロックアウトを強行した。こうした強硬派はまだ重工業の一部に留まっていたが，労働側を支援する議会多数派への不満が高まれば，産業界は議会制自体を打破して権威主義体制を目指す動きに合流しかねない。

　民主党や人民党などが議会で社民党や中央党左派との妥協を維持しながら，自らの背後に控える産業界が議会外解決に走らないよう説得できるかが民主制の死命を分ける。最強硬派であるルールの石炭鉄鋼業を代表する人民党の右派が妥協を拒否するのに対して，党をまとめるシュトレーゼマンが説得に当たり，民主党や中央党の労組翼が社民党との間を取り持つ。このような形で，1927年に失業保険制度が導入され，また「労働時間緊急法」によって8時間労働の適用職種も拡大された。潜在的大連合を構成する議会の諸政党が，自らの提携する職能団体同士を結びつけることにより，1923年の通貨安定化で一旦崩れた労使間の協調体制は程なく再建され，29年までの短い「相対的安定期」を支えたのである。

3.　フランス：「国家改革」の諸潮流

　第6章でみたように，フランスでは，大衆組織政党が形成されなかったため，北中欧諸国のように，労使などの職能利益が政党を通じて直接議会に反映されるという形にはならなかった。産業化の遅れたフランスはなお圧倒的に農村社会であり，議会では農村利益が優位していたうえに，議会中心主義は経済運営においても貫かれていた。しかし，労使の職能団体が議会政治によって疎外されていたからこそ，第一次世界大戦後，戦争経済をモデルに経済運営を再編し，議会から権限を奪って取って代わろうとする動きは執拗に繰り返された。加えて，第一次世界大戦を通じて，政財界や労働運動の指導者は，フランス経済の後進性を痛感

し強い危機感を抱いた。社会・経済を「近代化」して独米に追い付くには、産業界の組織化や労使協調の確立が不可欠だと考えられたため、この危機感が職能代表制を伴う経済再編構想を後押しした。しかしフランスでは、職能団体の力も近隣の「組織された民主制」よりはるかに弱く、戦後の労働者・農民の動員も独伊に比べると低調だったため、ドイツと異なり、大恐慌まではそれらの構想が現実性を持つことはなかった。

戦争経済から戦後経済「近代化」構想へ

　戦時経済体制のうち、軍需生産管理に関しては、1914年9月、陸相ミルランの指揮下に、軍需大企業を中心に12の製造グループを作って受注する体制が作られたが、実質的に原材料や契約の配分を仕切っていたのは、鉄鋼業の大企業が加盟する業界団体である鉄鋼協会だった。1915年5月以後、社会党右派のトーマが軍需次官（1916年末に軍需大臣）として、鉄鋼協会への統制を強化しようとしたが、ドイツのラーテナウら同様、果たせなかった。

　しかし、フランスではドイツより産業界の組織化が大きく立ち遅れており、鉄鋼石炭以外の部門では、統率力のある業界団体はほとんど存在しなかった。そのため1917年以降、広汎な原材料の輸入や配分を統括した商務省は、商務相クレマンテルの指揮のもと、軍需部門以外の多くの未組織の産業部門に対して官僚制による統制を徹底させようとした。すなわち、1917年初めの輸入の国家統制化とともに、輸入原材料の配分・統制システムが構築された。原材料別に省際委員会（関係省庁で構成する統制機関）を立てる一方、配分業務の受け皿となるコンソルショムと呼ばれる機関を業界ごとに設立させた。これは未組織の業界を上から強制的に組織化することを意味する。物資配分権限を楯に、統制は価格や生産品目にまで拡大され、強制的な包括的産業政策に近付いていった。

　この統制システムを構築した商相クレマンテルは，産業構造の集中と組織化によって高い生産性を誇る独米経済に対して，フランス経済が著しく劣位にあることを痛感していた。戦後の産業競争に勝つには，「マルサス主義的な」（退嬰的で投資や革新に消極的な）経営者の反対を打破して産業の組織化を進め，経済官庁の官僚制を刷新したうえで，国家と産業界の関係を密接化しなければならない。このような確信に基づき，クレマンテルは，1917年12月に「商務省再編計画」を発表し，戦後直後にかけて，戦時期のコンソルショムを永続化し国家介入の受け皿とする構想を実行に移そうとした。しかし，産業界，議会などから激しい反発を受け，所管大臣の交代もあって，1919年春，コンソルショムは廃止され，戦時統制はなし崩しに解除されていった。

　ただし，産業界のなかには，クレマンテルの国家統制（フランスでは「ディリジスム」と呼ぶ）色の強い構想は斥（しりぞ）けつつも，経済「近代化」の目標は共有し，国家・官僚制ではなく企業側が自律的に各業界の組織化を進めることを主張する勢力もあった。この立場は電機・化学など，当時の新興部門のエンジニアないしテクノクラート型の経営者に多く，1920年代後半の産業合理化運動の担い手となって高度成長を支えた。アメリカの歴史学者キュイゼルは彼らを「ネオキャピタリスト」と呼んだが，20年代半ば以降，彼らも，議会に対抗する職能代表制構想の担い手となった。他方，クレマンテルの，よりディリジスム的な経済組織化構想は，左翼の労組 CGT の経済計画化論に引き継がれた。

CGT のディリジスムとネオ・キャピタリスト

　第一次世界大戦までの CGT は革命的サンディカリズムの路線を掲げ，ブルジョワ国家との全面対決や反戦を唱えていたが，開戦と同時に，政権参加した社会党とも連携しつつ，一転して全面的な戦争協力を開始し

た。CGT は労働力配分，移民労働者の導入などに関する政府の委員会に労働側代表として参加し，戦時動員態勢の構築・管理に協力した。その見返りとして1917年に強制仲裁・調停制度や職場代表委員制度が導入された。こうして樹立された政府・経営側との協力関係は，書記長ジュオーら指導部にとってはかつてない成功体験だった。元々，戦前の革命的サンディカリズム路線にはこけおどしの側面が強かった。極めて組織力が弱いまま敵対的な経営者と対峙しなければならない CGT が，ゼネストの脅しで政府や知事の介入を呼び込んで有利な仲裁を引き出そうとしたのである。組合員数でいえば革命派は実際には少数であり，1906年以降，急進党政権がスト弾圧の方針に転じて労組組織が停滞すると，指導部も路線転換を模索し始めていた。戦争協力は渡りに船でもあった。

　しかしドイツ同様，戦争の長期化に伴って，労働者・民衆の不満がCGT 指導部に向けられ始めた。1917年以降，インフレや食糧不足などへの不満からストや反戦行動が活発になり，CGT 内では革命路線の左派が伸長した。ロシア革命の影響を受けて非熟練労働者の組合員が急増し，CGT の勢力は戦前の2〜3倍となった。休戦後，インフレ激化のなかでこの新入りの革命派が暴走し，1920年，鉄道労組は「国民化」（社会化同様，経営・管理の権限を労組に移すことを重視する点で官僚管理の「国有化」と区別される）を掲げてゼネストに打って出た。政府との全面対決の結果，CGT は壊滅的な敗北を喫した。戦後膨れ上がっていた組合員は半減し，団体協約の普及など，戦時動員に協力して得た成果も失われた。

　ゼネストの敗北後，ジュオーら CGT 指導部が革命路線の放棄を明確にしたのに対して，1921年，革命路線に固執する勢力が共産党の指揮下に入って分裂した。以後，CGT の組織は1930年代半ばの人民戦線運動まで長く停滞することになった。強面の革命路線も組織力も失った戦間

期の CGT には，大戦中の方針を引き継ぐ「参加政策」を続け，インテリ・経済専門家を集めてさまざまな経済構造改革構想を出してその知的影響力で勝負するしかなかった。1918-1919年の CGT「最小限綱領」では，クレマンテルに連なる国家統制型の経済組織化構想が「国民化」と組み合わされている。ただし，クレマンテルと異なり，経営者だけでなく官僚制も経済運営に関しては無能だと主張し，代わりに労組が各産業部門の労働者，技術者，消費者の代表が参加する「労働経済評議会」を通じて経済の計画化を指揮すべきだと唱えた。これは，職能代表による「経済議会」が議会の立法や国政指導の権限を一部奪い取ることをも意味している。戦間期には議会中心主義の修正を要求する声がさまざまな立場から高まっており，CGT もこうした「国家改革」と呼ばれる潮流の一部を形成していたのである。その背景には，戦後の CGT では，戦争中棚上げされていた反政党アレルギーが復活し，議会に拠点を置く社会党と再び厳しい対抗関係に入っていたこともある。

　しかし，1920年代の高度成長の結果，前提にしてきた「雇主（経営者）無能論」が否定され，CGT も経済組織化構想を一旦引っ込めざるを得なくなった。大恐慌とともに復活してくるまでの間をつないだのは，ネオ・キャピタリストの「国家改革」論である。彼らはアメリカの資本主義をモデルに，積極的な投資による合理化，労資協調による生産性の向上と賃金水準の引上げを通じて，大量生産－大量消費社会の実現を目指した。そのためには，当時のほとんどの経営者と反対に，フランス経済の「近代化」には国家介入が不可欠と認めていた。その一方で，経済管理能力を持たず，不安定を極める現在の議会中心体制ではその任に堪えず，強力かつ安定した執行権中心の制度に代えるとともに，職能代表制度によって経済専門家や技術者が経済運営に力を発揮できるようにすべきと主張した。電力産業のテクノクラート型経営者（理工科大学校出身）

だった E. メルシエはネオ・キャピタリストの典型で，1925年に立ち上げた『フランス復興』運動は，「近代化」派のエリートを結集し，1930年代にかけて1〜2万人の会員を擁した。

議会政治の混乱と「国家改革」

こうした運動が一定の力を持ち得たのは，大戦前から権力を独占していた議会の政党政治が，戦間期には周期的に危機に陥ったからである。その最大の原因は社会党にあった。第一次世界大戦前に左翼ブロックを率いた急進党は，戦後の議会では「支配政党」の地位を占め，右の中道右派，左の社会党のどちらとも連合を組んで政権に居座り続けた。問題は，1924年や1932年のように，社会党と左の連合（左翼カルテル）を組んで総選挙を勝っても，社会党が「ブルジョワ政党」首班の内閣には参加しない方針を貫いたため，中道左派政権が決して安定しなかったことである。選挙公約の実現が滞っただけでなく，社会党から堅い支持が得られない分，急進党政権は右側に多数派を広げざるを得ず，結局，選挙後，内閣の組み換えを繰り返すうちに，選挙結果とは裏腹に，中道右派寄りの多数派に基づく政権に切り替わっていくことになる。この現象は「引き潮の多数派」（デルクロ）と呼ばれ，「政治階級」が議会内の合従連衡により総選挙で示された民意を裏切っているという非難を招いた。

ただし「引き潮」の原因は急進党の側にもあった。急進党は典型的な「幹部政党」（109頁参照）であり，地元に地盤を持つ議員や候補者への統制が効かないため，小選挙区二回投票制のもと，第二回投票で左右どちらの勢力と連合するかは選挙区ごとにマチマチとなる。その結果，議員団のなかに左右両派ができるため，分裂を避けるには，結局，議会の中央で左右の均衡を取りながら多数派を作るしかない。しかるに社会党は党規律が強固なため，党の右派の議員だけを内閣や多数派に取り込む

ことはできない。このように，議会の左端に位置する社会党が戦間期に
比重を増したことで，19世紀型の規律なき議会の流動的な多数派形成と，
党執行部間の協議と党規律に基づく組織政党型の多数派形成とがぶつか
り合って，どちらも十分に作動しなくなっていた。

　これに輪を掛けたのが社会党の政権不参加方針だったが，それには党
内事情があった。1905年に2つの社会主義政党が合併して社会党が結成
される際，左派のゲード派を説得するため「ブルジョワ政権」への入閣
拒否に加えて，党組織優位のゲード派の組織構造が新党にも採用された。
1920年末の共産党の分裂後，議員団を率いたブルムは，党組織を再建し
たフォールと共同で党を統率していたため，政権参加に反対する党組織
の意向を体して，議員団の政権参加要求を抑え込まざるを得なかった。

　社会党にとって急進党政権への不参加は党の統一と党組織の活力を維
持するために不可欠だった。しかし，その代償として「組織されない民
主制」のもとの議会共和制は効率，そして何より透明性を失い，周期的
に世論に議会不信が高まることになる。社会と国家（議会）の間に深ま
った溝を利用して，極右リーグの街頭活動が勢いを増し「国家改革」の
要求が浸透していく。1924年総選挙で勝利した「左翼カルテル」を基盤
とするエリオ政権が財政政策に失敗し，いくつもの短命な内閣が迷走を
繰り返すと，世論の失望と苛立ちを原動力に，テッタンジェらのナショ
ナリスト団体や，イタリア・ファシズムを模したヴァロワのフェソー運
動（1925年），復員兵を基盤とする「火の十字団」（1927年）などのリー
グが叢生した。先にみたメルシエの『フランス復興』が創設され勢力を
伸ばしたのもまさにこの時期だった。

　ただし，1924年のエリオ政権以後の中道左派政権の迷走は，戦時イン
フレの後始末という重い課題に直面したためでもあった。フランスは戦
後一貫して，ドイツの賠償をアテにして増税を避けてきたが，23年のル

ール占領でも賠償取立ての効果は上がらず，為替レートの低下とインフレが進行した。資産価値に打撃を受けた中産層の圧力を受けて，議会と政府は「安定化」，つまり戦争の経費を国民の間でどう分担するかの問題に決着をつけねばならなくなった。労使の職能団体が弱いフランスではドイツ型のハイパーインフレは選択肢から外されていた。そこで，急進党と「左翼カルテル」を組んだ社会党は，資産課税，つまり富裕層の負担増による解決を主張した。エリオ政権はこれを退けたが，それでも資本の海外逃避が起こって，インフレを激化させた。これは，左翼政権が資本市場の意向に逆らった政策で資本所有者の信認・協力を得られず，倒壊に追い込まれる「金権の壁」と呼ばれる現象の最初の例とされる。

結局，1926年，急進党が社会党を見限って連合相手を右側に組み替えた。この「引き潮」によって，ポワンカレのもとで中道右派の多数派が成立し，比較的安定した政権基盤が確保された。懸案だった戦費分担の問題も，間接税増税と公務員給与など歳出削減によって国債返済を賄うことで決着を図った。戻った為替水準で金本位制に復帰した（ポワンカレ・フラン）のと合わせて，中産層の資産を守る道が選択されたといえる。

4. イタリア：戦後危機とファシズムの役割

イタリアでは，第一次世界大戦直後，都市部では「工場占拠」運動が発生したが，ドイツ同様，労使の間を政府が仲介する形で社会危機の克服に成功した。しかし農村で激化した労使紛争に対しては，政権を占め続けたジョリッティらリベラーリが職能代表制について構想も理解も持ち合わせていなかったため，議会内に回収して解決することができず，ファシズムの暴力が農村現場から議会政治に割り込んで民主制を破壊するのを許した。

戦後危機と職能代表構想の欠如

　遅れて参戦したイタリアでも独仏に似た戦時経済体制が構築されたが，若干の独自性があり，いずれも戦後に労働運動が高揚する要因となった。第一に，イタリア社会党は西欧参戦国で唯一戦争を支持しない党となり，改良派の戦争協力も非公式なものに留まった。労組も当局のスト禁止に必ずしも協力せず，参戦以降も争議は続いた。第二に，戦時動員を管理し強制仲裁の権限も持つ産業動員委員会には，労働組合も参加していたものの，実質的な発言権はなかった。過酷な労働条件に反発した労働者が1917年8月トリノで暴動を起こし，軍の鎮圧で死者50名を出す事態になって初めて譲歩がなされた。第三に，一部の企業では戦前から工場内部委員会という職場代表組織が存在しており，戦時中に成長し，休戦後はドイツの社会化運動に似た工場評議会運動へと発展していく。農村でも地主らで作る農業家連合は，戦争中はフェデルテッラと和睦するよう政府に強いられ，労働側の影響力が強化されることになった。

　休戦後は折半小作などを組織したカトリック系の農民組合も急激に組織基盤を拡大し，カトリックのサブカルチュア構造の強い地域では「白色ボルシェヴィズム」とすら呼ばれた。キリスト教民主主義の指導者ストゥルツオはこの農民組合を基盤に，教皇庁や司教などの教会組織から自律的で，左派路線を採るカトリック政党として，1919年1月人民党を設立した。リベラーリの退潮が明らかななか，都市と農村で広がる革命状況に対する防波堤として，教皇庁も同党を容認せざるを得なかった。

　1919年夏，リベラーリ左派の政権が8時間労働，工場内部委員会の公認，団体交渉など，労働側の年来の要求を認めるとともに，社会党，人民党の要求に応えて比例代表制を導入した。名望家型の議員を支えていた小選挙区ごとの利益誘導型のネットワークが効かなくなり，組織も統一も欠くリベラーリは，1919年11月の総選挙で大幅に後退した。しかし

社会党も人民党も彼らに代わって統治の責任を負う準備はなかった。

　リベラーリ政権の一連の譲歩も，戦時下に犠牲を払った民衆の要求を抑えるには十分ではなく，1919年春以降，都市と農村の双方で激しい運動が吹き荒れた。ドイツ同様，政府は戦後も放漫な財政支出を続けたため，インフレが継続して実質賃金を押し下げ，「赤い2年間」と呼ばれる激しいストライキの嵐が北部の工業地帯を吹き荒れた。工場評議会運動は経営参加や労働者統制まで要求し始める。1920年夏には「工場占拠運動」が盛り上がり，全土で50万といわれる労働者が職場に立てこもったといわれる。しかしドイツ同様，インフレのお陰で労使間に妥協点を見出すのは難しくなかった。アンサルド，イルヴァ[2]など，戦時中の軍需で急成長した大企業も膨張を続け，雇用を維持できた。ストや工場占拠運動も，もともとは労働側がインフレによる実質賃金の目減り分を補う賃上げのための団体交渉を求めたのを経営側が拒否したのが発端だった。労働側は一部で急進化したが，工場評議会や占拠運動を革命につなげようとしたのはグラムシら，後に共産党を結成した一握りの活動家だけだった。1920年6月に政権復帰したジョリッティは，9月，政労使三者のトップ間の協議を開催して占拠を終息させることに成功した。強硬な態度を続ける経営側（工業総連盟）を押し切って，労働側の経営参加の制度化などを含む労使間の妥協を成立させたのである。かくして，都市については，ドイツのシュティンネス・レギーン協定（155頁）と違って政府主導ではあったものの，労使の職能団体間の妥協によって休戦直後の社会的危機は一応収拾された。

　問題は，ジョリッティらリベラーリの指導者が，この解決をその場限りの即興と考え，職能団体の取り込みによる紛争解決の手法を制度化したり，ほかの分野に拡張する意志を持たなかったことである。そもそも政党としての骨格も組織も持たないリベラーリにはその能力がなかった。

2　産業化の遅れを反映して，金属・機械部門には，大戦前，独仏のような寡占的な大企業は存在しなかった。両社は，戦時産業動員に伴う価格保証や優遇税制などを利用して急激に膨張した。

　実際，イタリアでは最大の危機は，都市の紛争が一段落した後，農村からやってくることになる。第一次世界大戦後はこれまでほぼ平穏だった南部の農村を小作農による土地占拠運動が襲った。しかし，より深刻だったのは，北部のフェデルテッラやカトリック系の「白色組合」による地主・農業経営者との階級闘争である。戦後のフェデルテッラは，ブラッチャンティ（日雇農業労働者）の労働力配分をほぼ完全に掌握した。地主や農業経営者を労働者の引き上げで脅すことができるようになり，経営面積に応じた「雇用義務制」や常雇労働者の排除など，さまざまな規制を課し始めた。提携する協同組合は，社会党系の自治体の支援を受けながら，農産物価格や販売網にも統制を強めた。

　1920年冬以降，北部の労働運動の主役は農村へ移ったが，地主・農業経営者には工業総連盟のような統一された団体は存在せず，ジョリッティ政権も農村の労使紛争の仲介に取り組もうとはしなかった。組織労働者によって工場占拠よりも露骨な経営権の侵害が公然と行われ，フェデルテッラに逆らえば耕作や収穫の放棄から廃業にすら追い込まれかねないという現実を前に，地主・農業経営者は街頭での暴力による解決を切実に求め始めた。この需要を充たしたのが，ムッソリーニが復員兵や学生を集めた「戦闘ファッシ」だった。リベラーリが農村に十分な組織を持っていなかったため，労使の職能団体を抑え込んで議会内で妥協を形成するという相対的安定期ドイツのような解決はとれずに終わった。

ファシズムの権力掌握

　1920年秋の地方選挙で社会党が全コムーネ（市町村）の四分の一，全ての県の三分の一以上を支配下に置いたことが引き金となり，選挙での挽回の望みを失った北部の地主・農業経営者は，戦闘ファッシや行動隊に資金を提供し，社会党やフェデルテッラの拠点に対する「懲罰遠征」

「武力行動」を大々的に利用し始めた。11月，市議会選挙後のボローニ
ャ（「赤い」ポー平野の中心都市）の市庁舎で社会党の市長や議員が襲
撃された事件を皮切りに，ファシズムによる暴力の嵐が1922年まで吹き
荒れた。戦闘ファッシは短期間に爆発的に数を増し，軍と警察の加担な
いし黙認のもとに，社会党や人民党系の労組などを襲って回った。

　重要なのは，単にフェデルテッラや白色農民組合が破壊されただけで
なく，ファシズム系の活動家が組織を乗っ取っていったことである。特
にフェデルテッラの場合，これまで小作農などの耕地への渇望を無視し
ていたため，ファシストが「働く者に土地を」のスローガンを掲げると，
一部の地域では組織ごとファシストに流れる雪崩現象が起こった。都市
部の労組でも似た現象がみられた。ファシズム系の労組活動家の多くは，
参戦運動を通じて転向した戦前の革命的サンディカリストであり，依拠
するイデオロギーを階級からネイションに切り替えても，資本と労働の
支配関係を転覆し「社会の労組化」を図る野望を追い続けていた。

　政権を握るジョリッティらリベラーリは，この期に及んでなおファシ
ストの暴力を治安上の問題に過ぎないと捉えていた。建国以来のカトリ
ックに対する不信感を引きずり，ストゥルツォら人民党指導部には，リ
ベラーリ政権への受動的な支持という，戦前の教権＝穏健主義の時代と
同じ役割しか与えようとしなかった。社会党では共産党の分裂後も革命
派（最大限綱領派）が指導部を握り，協力を拒んでいた。残された選択
肢のうち，人民党よりはムッソリーニらファシストを引き込み，暴力的
要素を除去して「議会化」したうえでリベラーリに大衆的支持を取り戻
すための道具として活用すればよい。1921年5月の総選挙でジョリッテ
ィがファシストと連合を組んだのはそのような思惑に基づいていた。

　しかしファシストの街頭の暴力が議会政治の均衡をも大きく崩すこと
をジョリッティらは理解していなかった。1922年春，ファシストの武装

行動隊はボローニャなど北部の目ぼしい都市を制圧した。まがりなりに
も議会第一党を率いていたヒトラーと異なり，わずか35議席のファシス
トが，「ローマ進軍」（1922年10月）の比較的小規模な街頭行動だけで政
権掌握を実現できたのは，こうした暴力の行使で反対勢力の抵抗を無力
化しつつ，リベラーリや国王周辺，軍などが抱く「議会化」「正常化」
の幻想を最大限に利用した結果だった。社会党内では左派が原則論に固
執して，人民党などと反ファシズムで連携することに反対し，人民党の
背後では教皇庁がイタリア国家との和解実現を優先してファシストに接
近していた。結局，カトリックも社会党も，民主制の統治に責任を負う
意思や能力を十分には備えておらず，唯一それを持つリベラーリが，19
世紀自由主義の国家の観念に束縛され，職能団体や政党の大衆組織を適
切に取り込んだ統治の構想やその実践に必要な組織力をついに持ち得な
かったことが，イタリア民主制の崩壊を招いたのである。

　実は，こうした大衆組織を取り込んだ統治体制を構想し実現しようと
努めたのは，この時期のイタリアではファシズム運動だけだった。農村
でも都市でも労働運動はファシスト側になだれ込んで来ており，フェデ
ルテッラや労働総同盟が掲げていた失業の解消や労働者の経営参加とい
った課題を，ファシスト系の労組がファシズム運動を通じて実現しよう
とし始めた。その書記長ロッソーニらは，「統合サンディカリズム」構
想を掲げ，経営者や技術者も労働者と同じ「共同体」に組織してファシ
ズム運動に包摂し服属させようとした。当然，工業総連盟など経営側は
激しく反発した。ローマ進軍に先立って，経済自由主義路線を約束して
産業界の支持を買い取っていたムッソリーニらファシスト幹部にとって
も，ファシスト系労組の動きは障害でしかなかった。しかし，ファシズ
ムによる権力掌握にも，その後の体制の権威主義化にも，こうした下か
らの大衆運動の圧力は不可欠であり，農村の武装行動隊を率いるファシ

172

スト党の幹部や労組指導部と性急に正面から衝突すれば，ムッソリーニの地位自体が脅かされかねない。結局，ムッソリーニはファシスト系労組と産業界との間で二度にわたり妥協（1923年キージ館協定，25年ヴィドーニ館協定）を結ばせることで段階的に労組の力を封じ込め，1926年に体制の権威主義化が完成するとほぼ同時に，労働運動を骨抜きにし，党に従属させることに成功した。経営権に挑戦する労働運動を沈静化し，資本主義秩序に回収し統合するという，ドイツでは社民党以下の諸政党や労組幹部の協力でようやく実現された課題をイタリアで達成したのはムッソリーニとファシストであり，その結果が民主制の廃棄だった。

参考文献

Charles S. Maier, *In Search of Stability: Explorations in Historical Political Economy*, Cambridge University Press, 1987.

Charles S. Maier, *Recasting Bourgeois Europe: Stabilization in France, Germany, and Italy in the Decade after World War I*, Princeton University Press, 1975.

ジャン＝ジャック・ベッケール，ゲルト・クルマイヒ『仏独共同通史　第一次世界大戦』岩波書店，2012年

小野清美『テクノクラートの世界とナチズム：「近代超克」のユートピア』ミネルヴァ書房，1996年

桜井哲夫『知識人の運命：主体の再生に向けて』三一書房，1983年

廣田功『現代フランスの史的形成』（東京大学出版会，1994年）

Richard Kuisel, *Capitalism and the State in Modern France*, Cambridge University Press, 1981.

ファシズム研究会編『戦士の革命・生産者の国家：イタリア・ファシズム』太陽出版，1985年

村上信一郎『権威と服従―カトリック政党とファシズム』名古屋大学出版会，1989年

馬場康雄「イタリア議会政治の危機とファシズム」東京大学社会科学研究所編『ファシズム期の国家と社会　第7巻』東京大学出版会，1979年

桐生尚武『イタリア・ファシズムの生成と危機，1919-1925年』御茶の水書房，2002年

9 | 大恐慌と民主制の明暗

中山洋平

《**目標＆ポイント**》　大恐慌は経済のパイを縮小させて職能団体間にゼロサム的な対立を引き起こし，大量失業が左右両極の反体制派を強化した。どの国でも民主制に大きな負荷がかかったが，その帰結は国ごとに異なった。ドイツやオーストリアのように民主制が崩壊した例もあれば，イギリスやオランダのようにこれまでの政治のあり方にほぼ何の変化もないまま乗り切った国もある。なぜこのような差異が生じたのかを国ごとの比較を通じて説明する。
《**キーワード**》　緊急令統治，2月6日事件，プラニスム，人民戦線，赤緑連合，宗派労組，マクドナルド，ロイド・ジョージ

1. 大恐慌と2つの民主制

　1929年に始まった大恐慌は，企業や農家の破産やとりわけ大量の失業者の発生を通じて全ての西ヨーロッパ諸国に甚大な政治的衝撃を与えた。しかしその帰結は国ごとに大きく異なった。ドイツやオーストリアでは民主制が崩壊した。北欧では，社会民主主義政党が危機打開のために農民政党との連合に踏み切ることで，戦後の一党優位の基礎を築いた。フランスや低地諸国（オランダ・ベルギー）では「プラニスム」の名のもとに職能代表制構想が息を吹き返し，恐慌克服を唱えて，部分的にせよ議会制に取って代わろうとした。しかしそのうち，大きな政治的変動を経験したのはフランスだけで，低地諸国，特にオランダでは，イギリス同様，経済危機打開のために特別なことは何もなされなかった。ひたすら労働者など民衆に悲惨な状況を耐えさせることで，民主制はもとの

姿のまま生き延びたのである。産業構造（農業や大企業の比重など）や通貨・為替政策（金本位制からの離脱や為替管理の導入）などの違いによって，大恐慌の衝撃自体にも国ごとに若干の差異はみられたが，これほど対照的な結末は，各国のもともとの政治構造の違いに由来している。

　まず「組織された民主制」と「組織されない民主制」（121頁）とでは，大恐慌による危機の様相がまったく異なる。「組織された民主制」で政治危機を引き起こすのは，巨大な大衆組織政党，その背後にあるサブカルチュア構造の間の対立である。大恐慌で経済のパイが縮小すると，主要政党のサブカルチュア構造を支える職能団体の間でゼロサム・ゲームが始まる。これに政党が巻き込まれると，議会での連合形成は困難になり，ついには政党間の対立が高まって調停不能となる。危機は，職能利益や陣営の間の水平的協調が破綻に瀕することによって生じたのだ。

　他方「組織されない民主制」の場合は，政党や議会エリートのほとんどは，職能団体によってきつく縛られてはいないため，大恐慌に直面しても，議会連合政治の困難が大きく増すことはない。しかし政党が大衆組織を持たないが故の世論や職能利益の声に対する議会の鈍感さは民衆の経済的窮状の最中にこそ際立つ。閉鎖的な「政治階級」が支配する議会政治に対して，世論は不信や疎外感を一段と高める。これを利用して権威主義的な勢力が街頭行動などを通じて議会と政府に圧力をかける。1880年代のフランスでブーランジェ事件が大不況の最中に起きたのも同じメカニズムによるものだった。つまり，危機は，国家・議会（法定の国 pays légal）と社会・世論（現実の国 pays réel）の間に穿たれた垂直的な溝ないし乖離によって発生してくるのである。

ドイツ：ブルジョワ政党の解体から緊急令統治へ

　ドイツは「組織された民主制」の典型である。ワイマール共和制崩壊

の最大の理由も，相対的安定期に諸政党の仲介によってかろうじて取り結ばれていた労使の職能団体間の妥協が，大恐慌によって破綻したことにある。それぞれ産業界と労組の利益に縛られたブルジョワ政党と社民党がもはや連合を組めなくなり，統治可能な多数派を見出せなくなったのだ。しかし，議会連合政治が麻痺して既成政党が政権を担えなくなった途端，体制が権威主義へと漂流し始めたのは，それ以前からナチ党以外にも権威主義的な政治勢力が議会の内外で影響力を増していたからだった。破局の芽はワイマール議会体制のなかにすでに潜んでいたといえる。

　その芽は，大恐慌以前に行われた1928年の総選挙ですでに姿を現していた。選挙結果は30％弱に得票を伸ばした社民党の一人勝ちだったが，すぐに目に見える変化を生んだのは国家人民党の大敗だった。帝制派を中心に右翼を結集した同党は，ワイマール共和制とヴェルサイユ講和条約を否認する半ば反体制の政党だったが，1924年8月，賠償に関するドーズ案の議会承認投票以後，事実上，体制内化した。これにより「ブルジョワ連合」（158頁）で政権を形成できるようになり，（潜在的）大連合が成立しない場合の，いわば予備の多数派が確保された。しかし1928年総選挙の大敗の結果，党内でクーデターが起こり，極右を代表する新聞王フーゲンベルクが穏健派の議員団指導部を追い落とした。党は反体制の側に戻って行き，議会連合政治が作動しうる幅は再び狭くなった。

　しかし，より不吉な前兆は，むしろ共和制を担ってきた政党のなかにみられた。ワイマール連合の要である中央党では，1928年総選挙の敗北後，12月の党大会で労組派の指導者を退け，保守派の聖職者カースが党首に選出された。連合形成をめぐる政党間の取引を通じて，中央党内は，傘下の職能団体の利益によって引き裂かれる傾向が強まっており，失われた結束を取り戻すため，教会の宗教的権威が呼び出されたのである。カースが党議員団長に抜擢したのが保守派のブリューニングであり，数

年後, ドイツを権威主義へと導く水先案内人となる。

　さらに, 1928年総選挙では, 民主党と人民党も票を減らし, 代わりに複数の新党を含む農民政党が議席を伸ばした。既成のブルジョワ政党を支持してきた農民や家主など旧中産層が叛乱を起こし, 個別の職能利益を代表する小政党に流れる傾向がこの選挙で明確になった。彼らはインフレと通貨安定化で大きな損害を 蒙^{こうむ}っただけでなく, 労使の巨大な職能団体が議会政治を牛耳って自分たちの経済的利益と社会的威信をないがしろにしていると憤りを深めていた。地域の農民団体などを支えていた名望家が権威を失ったことも若い世代を中心に既成政党離れを加速したといわれ, 1930年代にはこれらの票が一斉にナチ党に流れ込んでいく。

　権威主義化の最後の鍵となったのが, 1925年に大統領に当選したヒンデンブルクである。大戦中の参謀総長は自らもユンカーの出身であり, 議会政治が麻痺するや, ユンカーや産業界, 官僚制, 軍など, 帝制下の旧エリートの反動派の旗頭となって自ら議会政治の破壊に手を染めた。

　大恐慌による大量失業の発生で, 1927年に創設したばかりの失業保険 (159頁) は財政破綻に直面した。給付額の引き下げを求める人民党や経営側と, 掛け金の引き上げを要求する社民党・労組の交渉は決裂し, 1930年3月, 社民党首班の最後の大連合政権が倒壊した。好機とみたヒンデンブルクは, 憲法に定められた大統領緊急令の発動を視野に入れつつ, ブリューニングを首班に, 議会多数派に基づかない政権を成立させた。この政権が (一説には賠償支払いを免れることだけを考えて) 苛烈なデフレ政策をとった結果, 失業の急増と民衆の貧困化を招き, 1932年総選挙でのナチ党の大躍進を呼び込んだ。以後, シュライヒャー将軍やパーペン男爵など, 大統領周辺の旧エリート指導者は, ヒトラーとナチ党を「飼い馴らし」て大衆基盤として利用しようと策謀を繰り返したが, 結局, ヒトラー政権に道を開いただけだった。

フランス：「国家改革」からプラニスムへ

　フランスでは，大恐慌は，戦間期連合政治の癌である社会党の入閣問題と複合することで，「組織されない民主制」特有の垂直方向の危機を深めた。前章（164-166頁）でみたように，1920年代半ばに生じた垂直方向の危機は，比較的短期間のうちに解決された。これに対して，大恐慌が周辺諸国より数年遅れてフランスに波及し始めて間もなく実施された1932年総選挙は，より深刻な不安定の始まりとなった。「左翼カルテル」が再度勝利したにもかかわらず，社会党は再び入閣を拒否し，しかも前回と違って，急進党は簡単に連合を組み替えて「引き潮」現象（164頁）を起こすことができなくなっていた。急進党内で議員団に対する党規律が強化されたうえに，左傾化が進み，第二回投票で社会党と提携する議員が優位を占めるようになっていたからである。エリオら急進党は大恐慌に対してデフレ政策で対応しようとしたが社会党が反対し，議会連合政治は出口のないまま不安定の度を深めた。

　数年経っても効果を上げないデフレ政策に対して，世論も倦み始めた1934年，スタヴィスキー事件という一地方都市の起債話を舞台にした詐欺事件が出来し，急進党を中心に政界を巻き込んだ疑獄事件に発展した。ブーランジェ事件同様，経済苦境のなか，「政治階級」の腐敗がメディアで喧伝されたのを，アクシオン・フランセーズなどの極右リーグが利用して，議会・政党に対する世論の不信を煽り，議会・政府に圧力をかけ始めた。圧力が頂点に達したのが，パリ中心部における大規模な暴動「2月6日事件」である。リーグや退役軍人団体の抗議デモが警備側と衝突し，多数の死傷者を出しただけでなく，議会や大統領などから圧力を受けて，時の首相ダラディエ（急進党左派）が辞任に追い込まれた。

　リーグの街頭行動によって合法政府が倒れるという事態によって，議会体制の危機の深刻化が明らかになり，以後，2つの方向で解決策を目

指す動きが走り始める。第一は，「国家改革」運動である。当初は知識
人・専門家の議論だったものが，事件を契機に，リーグや退役軍人団体
の，大衆紙と提携した宣伝活動を通じて，民衆からも支持を獲得した。
２月６日事件後に成立した中道右派のドゥーメルグ政権だけでなく，下
院自体も「国家改革」委員会を設置するなどして本腰を入れた。しかし
議論が長引く間に，結局，制度改革では喫緊の経済財政危機に直接の解
決をもたらさないとの見方が広がり，改革熱は冷めていった。

　他方，「国家改革」に対抗し，「民主主義の防衛」「反ファシズム」の
スローガンのもと，議会制民主主義擁護のために広汎な大衆の動員に成
功したのが，第二の選択肢である人民戦線運動だった。２月６日事件に
参加した団体に，客観的にみてファシズムといえるような勢力は含まれ
ていなかったし，その後登場したファシズム類似の運動も隣国に比べれ
ばごく小さなものに留まった。しかし，左翼にとって事件は，独伊と同
様のファシズム運動が，街頭でも官僚制のなかでも，議会においてすら
影響力を増し，民主制の危機が迫っていると警告するものだった。事件
後の「国家改革」運動も，実際には民主制の枠内で議会中心主義の修正
を試みたに過ぎないが，議会中心主義＝共和制＝民主制という三位一体
を信じて疑わない左翼にとっては，民主制に対する深刻な脅威と映った。

　もちろん，「国家改革」同様，人民戦線運動もそれだけでは深刻化す
る恐慌を打開する方策にはならない。しかし，人民戦線運動の主たる担
い手は社共両党と系列の労組だったため，特に社会党や労組CGTには
恐慌脱出のための処方箋が準備されていた。それが「プラニスム」であ
る。プラニスムは経済の組織化と，労働者を含む職能団体と国家の協議
による経済運営・計画化を目指す運動である。ベルギー労働党のデ・マ
ンが唱え，1933年末の同党大会で採択された「労働プラン」が原型とな
って，1930年代前半，オランダ，フランスなど全ヨーロッパで大流行を

　みた。フランスの社会主義陣営でプラニスムを主導したのはCGTである。1935年大会で採択された「経済・社会革新プラン」はデ・マンの影響下に，1920年代以来のCGTの経済組織化構想と国有化構想を恐慌脱出の経済戦略として仕立て直したものだった。1920年代の高度成長の立役者だった経営者が，大恐慌に直面すると，ひたすら生産縮小とカルテルで危機を乗り切ろうとする「マルサス主義」的な対応に逆戻りした。議会・政府もデフレ政策に固執した結果，クレマンテル以来のディリジスムが労組の手のなかで息を吹き返したのである。

　大事なことは，CGTプランは，職能代表制の導入を通じたディリジスム構想という基本的性格を保ちつつも，平行して進められていた人民戦線運動に接合されていたため，中産階級との連合によるファシズムの打倒という人民戦線の戦略が埋め込まれていたことである。プランは，大恐慌脱出のための景気対策としての「購買力政策」と，それによって増える需要に見合う生産増を実現するための産業政策である「構造改革」を結合したものである。このうち，「購買力政策」には，賃上げや公共事業による失業吸収など，労働者向けの政策に加えて，農産物市場の組織化などによる農産物価格の引き上げが含まれていた。フランスで中産階級の中核を占める農民を救済して，彼らがファシズムに走るのを阻止しようとしていたのである。他方，「構造改革」は，基幹産業部門の経営権を握る伝統的な「国民化」（162頁）に，デ・マンに倣った信用の国有化を組み合わせたものだが，こうした経済の「操縦桿」を握るのは，やはり労組を中心とする職能代表機関であった。

　しかしプラニスムは1934年5月の社会党大会で否決された。その後，一旦は党内で巻き返したものの，1936年の総選挙に向けて人民戦線の共同綱領を作る際に，プランの核となる構造改革は全て切り捨てられた。社会党内にも，構造改革は改良主義だという原則論がなお強力だったう

えに，共産党がコミンテルンの指令に忠実に，中産階級やその代表者た
る急進党を怯（おび）えさせるような社会主義的な政策は一切認めない方針を採
っていたことが決定的だった[1]。

　しかしより注目すべきなのは，経済の操縦桿を職能代表制度に移す点
で，プランは明らかに議会中心主義を修正する「国家改革」の流れに属
しており，議会体制の擁護を叫ぶ人民戦線運動の大前提と正面衝突する
関係になっていたことである。人民戦線運動が勝利すれば，CGT と社
会党のプラニストが準備した経済組織化とディリジスムの構想はその犠
牲とならざるを得なかった。1936年総選挙の人民戦線派の勝利を受けて
成立したブルム政権の経済政策が完全に破綻したのはその帰結だった。
プラニストが想定したとおり，「構造改革」（信用などの国有化）なき「分
配改革」（購買力政策）は，企業経営者の抵抗や資本逃避（「金力の壁」）
によってインフレとストの悪循環に陥ったのである。

　他方，人民戦線運動の大衆動員は，議会中心体制擁護の政治文化を改
めて強化し，民衆の間に根付かせることになった。「国家改革」だけで
なく，プラニスムのような職能代表制度も含めて，議会の地位を下げる
改革構想一切を全て「ファシズム」として排撃し，一掃した。逆説的だ
が，人民戦線運動の勝利のお陰で，フランスは，経済の組織化＝職能団
体を取り込んで統治を効率化し，世論・社会と議会・国家の間の乖離を
克服するチャンスを逸したことになる。

2. 比較考察

　以上，ドイツとフランスという「組織された民主制」と「組織されな
い民主制」の典型的な事例をみてきた，次に，同じ「組織された民主制」
の類型に属する国でも，大恐慌に直面してまったく異なる帰結をたどっ

1　人民戦線運動の成功の鍵は，これまで激しく攻撃しあってきた社共両党が「反ファシズム」で
　共同戦線を張ったことである。社共の連携が実現したのは，1934年春から35年夏にかけてコミン
　テルンがソ連の安全保障上の理由からフランスなど西側に接近し，その指令を受けて，フランス
　共産党がまず社共統一戦線，さらに中産階級を含めた人民戦線へと戦略を切り替えたためだった。

たのはなぜかを考察していこう。

北欧と赤緑連合

　スウェーデンに代表される北欧諸国は，宗派サブカルチュアを欠き，社会民主主義のサブカルチュア構造も分断度の低い「民衆運動」型ではあるが，保守政党も含め，主要政党は強固な党組織と職能団体に支えられ，「組織された民主制」に属することは疑いがない。1920年代の段階でどの国でもほぼ似たような五党制（保守，自由，農民，社民，共産／左派社会主義）が成立し，スウェーデンでは早くも社民党が4割前後の得票を得ていたが，戦後のような安定した支配には程遠かった。戦間期の北欧は，1930年代半ばまで恒常的な少数政権の時代であり，争点ごとに議会で取引・妥協を繰り返し何とか政権を維持していたのが実態だった。

　その背景には，1921年以降の第一次世界大戦後の深刻な不況から抜け出せない状況があった。常に10～20％の失業に苦しみ，農民の破産も高い水準に貼り付いていた。国ごとに若干の相違はあるものの，1920年代の北欧にはドイツのような短い「相対的安定期」すらなく，ゼロサムの経済状況のなかで，高度に組織された経営者，労働者，農民の職能団体が互いに利益を守るべく激突していた。特に労使間ではストとロックアウトの応酬が繰り返され，さらには学生や官僚らを動員したスト破りとの衝突など，街頭での暴力を伴う階級闘争が深刻化した。1930年代に入ると大恐慌の到来で状況は一層悪化し，特に農民の苦境が深まったため，農村を中心に，ファシズム的勢力を含む急進右翼が台頭した。

　ドイツ，イタリアと同じパターンで民主制の破局は必至と思われたが，実際には，1930年代半ばにいわゆる「赤緑連合」によって，職能団体間でも，議会連合政治においても，一挙に安定的な連合が形成された。北欧諸国の社民党と農民政党は，戦間期には対立関係にある場合が多かっ

たが，デンマークの「カンスラーゲーゼ妥協」（1933年 1 月）を皮切りに，いずれも農業補助金と失業対策の積極財政を取引する協定を結んで，以後，連立政権を形成することとなった。単年度での財政赤字を容認するケインズ主義に準ずる経済理論（ミュルダールら「スウェーデン学派」）の助けを借りて，古典的デフレ政策に固執する自由主義，保守主義政党を尻目に，財政支出拡大による大恐慌からの脱出の道筋が見出された。

　赤緑連合が生み出した社民党のヘゲモニーや経済危機の緩和を利用して，1935年以降，各国で労使間にも妥協が成立した（スウェーデンでは1938年のサルトシェーバーデン協定）。戦後の社民党の一党優位と福祉国家の建設はいずれもその延長線上にある。大衆組織政党の背後の職能団体の間で経済のパイの拡大をもたらす包括的な妥協が成立することで一挙に議会制民主主義が安定化した幸福な事例であり，ミュンヘン協定で分割される前のチェコスロヴァキアでも同じような展開がみられた。

　ではなぜドイツは同じ道を歩めなかったのか。アメリカの政治学者リュッバートは，サブカルチュアの形成された「非自由主義的社会」（「組織された民主制」に相当）の場合，農民政党の有無にかかわりなく，社会主義政党（都市労働者）と自作農との連合が可能かどうかで，民主制の維持か，ファシズムに至るかが分かれると述べる。社会主義政党が農業労働者を組織化したイタリアやドイツでは，社会主義政党は農村の階級闘争の当事者となったため，自作農との連合が不可能になり，都市中産層と自作農が連合してファシズムに向かった。これに対し，社会主義政党が農業労働者を組織化しなかった北欧やチェコでは，社会主義政党は農村の階級闘争と無関係で，自作農との連合が容易だったと論じた。

宗派サブカルチュアの階級統合機能

　しかしリュッバートの議論だけではオランダやベルギーがファシズム

化しなかったことは説明できない。オランダでは大恐慌の影響は深刻だったにもかかわらず，赤緑連合も，プラニスムによる経済再編も起こらなかったのに，議会制民主主義はさしたる危機もなくこの難局を乗り切ってしまった。宗派連合は，戦時色の濃くなる1939年まで社会民主労働者党を政権から排除し続け，しかも政権は1936年に万策尽きて切り下げに踏み切るまでデフレ政策に固執し，労働者，農民に多大な犠牲を強いた。これに対して，社会民主労働者党も「労働プラン」を採択したが，ベルギーと異なって政策的影響力を持つには至らなかった。しかもこの「プラン」には，フランスやベルギーのように，議会の権限を削減する「国家改革」の色彩が欠けていた。プランに代わって，大恐慌下にデフレ政策を続けて民衆の悲惨を放置した議会・政党への不満を吸収したのは，オランダ国民社会主義運動（NSB）だった。執行権の強化や職能代表制の導入を唱え，30年代半ばに急速に得票を伸ばした（1935年総選挙で 8 ％）が，ナチ党を模倣するという誤りを犯し急速に凋落した。

　このオランダ議会政治の驚くべき安定性をリュッバートは，宗派連合の政治的ヘゲモニーによって説明しようとしている。カルヴァン派とカトリックが連合すれば1922年以降，常に過半数を押さえていた。また，水島治郎は，オランダでは，宗派系のサブカルチュア構造が階級間統合の機能を発揮したことを指摘している。カルヴァン派もカトリックも，党内に系列の労働組合を代表するグループを抱えていた。戦間期はサブカルチュア構造の形成（柱状化）の最盛期で，教会の宗教的権威を背景にした「柱」内部の統合力がこの宗派労組に労使協調を強い，デフレを甘受させたのだという。社民系労組も，多数を占める宗派系労組に引きずられて，1920年代から高等労働委員会（132頁参照）などに参加し，経営側との協調も維持するなど，穏健な路線を維持した。

　オランダが恵まれていたことは，同じく「陣営」によって分断された

オーストリアと比較すると鮮明になる。この国では，社民系とカトリック系，各々サブカルチュア構造を抱えた二大政党がほぼ均衡した力関係にあった。1920年に大連合を解消して以後，1930年代初めまではキリスト教社会党がドイツ・ナショナリスト政党と連合を組んでほぼ常に政権を握っていたが，大恐慌の最中の1932年，後述するように，外国借款の受け入れをめぐってこの連合も崩壊した。しかもキリスト教社会党には階級統合機能はほとんど期待できなかった。傘下にカトリック系の労組を持っていたものの，1920年代前半の勢力は労組全体の一割に満たなかった。この時代のキリスト教社会党は中産階級以上の党だったのであり，オランダとは反対に，階級対立が政党対立に一致してしまっていた。20年代後半には政府が実力行使で社民党系をつぶしにかかったため，カトリック系労組が勢力を伸ばしたが，これでは階級対立は激化するばかりだった。

　その結果，大恐慌が波及すると，階級対立は調停不能となり，オーストリアは急速に権威主義化していった。1931年6月に発生した金融恐慌を収拾するため，1932年7月，ローザンヌ議定書によって国際連盟から借款を取り付けた。議定書ではオーストリア政府に財政統制を課すことになっており，ナショナリスト政党がこれに反発して連合を離脱した。賃金や失業保険など社会給付の切り下げ，公務員削減といった，労働者の負担を増やす一連の措置を実現するには，社民党の議会での抵抗を突破しなければならない。しかるに，1930年11月の総選挙では社民党が第一党の座を奪い，ナチ党も1932年以降の地方選挙で躍進していた。両党に挟まれ，選挙で多数を制する展望を失ったキリスト教社会党は，1932年5月に首相に就任したドルフスのもと，総選挙を無期延期しつつ授権法の施行や議会の閉鎖に踏み切り，社民党とナチ党の抑圧を経て，1934年，職能身分制を基盤とする権威主義体制に移行した。

　ただし，戦間期のオーストリアには，崩壊したハプスブルク君主国の
ドイツ系住民がドイツ国家の外に取り残されただけ，という意識が先行
して独自のネイション意識が極めて薄く，社民党ですら現体制への忠誠心
が弱かった，大戦直後から各党系の私的武装組織が大きな影響力を持ち，
衝突が絶えなかった，敗戦以後，経済・財政が常に大国の監督下に置かれ
ていた，など，特殊な要因が多かったことも指摘しておかねばならない。

例外としてのイギリス：上からの組織化の帰結

　イギリスが特段の政治的革新や動乱なしで大恐慌を乗り切ったのは，
この島国が，フランスとはまた違った意味で，大陸の西ヨーロッパ諸国
に対して例外をなしていたからである。

　イギリスでは1867年の第二次選挙法改正を契機に，二大政党による民
衆の組織化が本格化した。自由党のチェンバレンが地元のバーミンガム
を拠点に築いた「コーカス」と呼ばれる組織がその走りとなり，保守党
も対抗して「保守党全国連盟」が組織された。しかしそこには世紀末以
降の大陸諸国における大衆組織化とは決定的な相違がみられた。大陸の
サブカルチュア構造においては労組や農民組合などの職能団体が軸にな
っており，民衆の経済的利益を表出するための，いわば下からの組織化
であった。これに対して，イギリスの二大政党の組織化は，国会議員ら
政治エリートが有権者を投票に動員するためだけに進められた，いわば
上からの組織化であった。節目となる選挙に勝ってエリートの危機感が
緩むと組織は衰退し，次に野党に転落するまで放置されるのが常であっ
た。党の大衆組織に永続性がないのは，ブルジョワや貴族など富裕な党
の後援者からの献金などで組織化の費用が賄われているからで，民衆が
自らの職業的利益の擁護のために払う加入費を基盤とする労組などの職
能団体が比較的安定した組織基盤を保つのとは対照的である。

　この違いを反映して，イギリスの保守・自由両党の大衆組織は，党内で決して大きな発言権を与えられることはなかった。チェンバレンのコーカスが試みた議員に対する統制は長続きしなかった。1880年代にチャーチルがソールズベリら党の指導部に挑戦した際，保守党全国同盟を足場としたため，同盟に下院議員候補の指名権などを与えるよう要求したが，チャーチルが指導部に取り込まれると，この要求は忘れ去られた。

　世紀転換期に百万を越える会員を抱えて保守党の選挙・宣伝を支えた「プリムローズ・リーグ」もこうした特徴を全て併せ持っていた。貴族ら後援者が資金を提供し，民衆的娯楽（音楽やダンス，スライド上映）と貴族的価値や威信（屋敷での会食，位階と勲章）を組み合わせて幅広い動員力を発揮したが，第一次世界大戦前に労働組合運動が盛り上がると，富裕な支援者の引退なども相まって急激に衰退した。大陸の宗派系のサブカルチュア構造の中では，大戦後になると労組や農民組合が主役の座に就き，議員団に多数の代表を送り込んだのと対照的である。

　しかし，労働党が台頭し，第一次世界大戦後に自由党を追い落として二大政党の一角を占めるとこの構図は一変した。労働党は1900年創設の労働代表委員会以来，労組の政治部として発展してきており，党の執行部である全国執行委員会や党大会では，主要産業を代表する六大労組の指導者が実権を掌握していた。戦間期のイギリスは，党組織構造からみる限り，まったく非対称的な二党制に移行したのである。実際，第一次世界大戦前には党加盟労組から党議員団（議会労働党）に対する統制を強化せよとの要求が強まっていた。しかし1922年，分裂した自由党に代わって労働党が第二党になったころには，こうした動きは影を潜めた。

　その理由の一つは，議員団と，党組織や労組の間の離齬（そご）が表に出てこないよう，幹部間の密接な協議で予（あらかじ）め調整されるようになったためであり，これはドイツなど，大陸の社会主義政党にも共通している。議会

労働党の執行部と党の全国執行委員会はメンバーも重複しており，TUC（労働組合会議）傘下の六大労組と合わせても，協議すべき幹部の数は限られていた。しかし，より重要だったのは，戦間期の議会労働党では，とりわけ政権に就いている間は，労組や院外の党組織から指図を受けない，という独立性・自律性が強調されたことだ。大戦中の挙国一致内閣への参加をめぐる混乱が契機になり，1918年の新規約で強化されたとされる。以後，労働党執行部は，大陸の社会主義政党のように労組など職能利益の代弁者として振舞うのではなく，議会エリートの優位，議会への権力の集中（議会主権）という，イギリス政治の伝統的な枠組みを学習・受容していくことになる。

　戦間期の党首マクドナルドはこうした「国制」による労働党の馴致<ruby>馴<rt>じゅん</rt></ruby><ruby>致<rt>ち</rt></ruby>を象徴する指導者だった。大戦の影響を受け，1918年の新規約以降，労働党は，リブラブ連合や左派自由主義の流れをくむ穏健な立場から，標準的な社会主義イデオロギーに移行し，党組織の面でも労組とは別の地方組織を備え，これを中央機関が集権的に統制する構造を整えた。1919年から26年にかけては炭鉱など主要労組が戦闘的になり，ゼネストなどで政府と全面的に対決して敗れた。しかし，まさにその時期に，マクドナルドら議会労働党は，二大政党の一角として政権を担う資格を世論に認めてもらうべく，イギリス議会の統治様式を習得しようとしていた。

　その延長として，1924年総選挙前後，保守党ボールドウィンとマクドナルドの間に統治のスタイルに関する合意が成立したとされる。第一に，政治における「品位」を重視すること。政権の授受は議会政党のエリート間でルールに基づいて行われるべきで，大衆動員は抑制しなくてはならない。第二に，二大政党は議会討論と選挙結果を通じて政権を授受すべきで，密室での連合政治や，その原因となる第三党の介在は許されない。ボールドウィンとマクドナルドの合意は，実は自由党のロイド・ジ

ョージを排除するためであった。彼はこの2つのルールに真っ向から反する行動様式を取って、第一次世界大戦中に連合ゲームでアスキスから政権を奪い、自由党を分裂させてからは「デマゴギー」を用いて第三党である自由党の割り込みの機会を窺っていたからだ、という。

　大恐慌中の労働党の一見不可思議な2つの選択も、この合意によって説明できる。第一に、1929年に成立した第二次労働党政権は、大恐慌のなかで財政・通貨危機を迎えた。1931年7月末に王立委員会が出した失業給付金の2割削減の勧告をめぐって、8月に内閣は分裂・総辞職した。首相マクドナルドと蔵相スノウドンらは、勧告に反対する労組の圧力に抗して保守党が主体の「挙国一致内閣」に加わった。この政権が大緊縮予算（失業給付の10％削減、増税、公務員給与削減など）を実施した結果、失業率は20％を越え、1930年代を通じて高い水準に留まり、民衆は「飢えた1930年代」と呼ばれる困窮に陥った。1929年選挙でロイド・ジョージの自由党はケインズを擁し、政府借入れを用いた公共投資計画による需要創出で恐慌を克服する構想を提起していた。しかるに労働党政権がこれを却下して1931年夏の破局に突き進んだのはなぜか。

　まず指摘されるのは、政権全体が大蔵省官僚制の影響下にあり、財政通貨正統主義に拘束されていたことである。しかしより重要なのは、労働党や保守党の指導者の目にはケインズの経済政策は、ロイド・ジョージやモズレー[2]ら推進派の異端的な政治手法、つまりデマゴギーと大衆動員、選挙制度改革（小選挙区制から優先順位付連記投票 Alternative vote へ）や議会改革（職能代表制の導入）と不可分と映っていたことだ。

　第二に、労働党と労組 TUC は1930年代に入っても、大衆動員を煽って権力闘争に用いるのを忌避し、失業に伴う民衆の不満や議会外の運動を抑え込む姿勢を貫いた。これはいずれも、保守党との合意に従って、政権党としての信頼性を構築するための選択だった。

2　1920年に保守党から労働党へ移籍、29年の労働党政権で入閣し失業問題を担当した。失業吸収の公共事業実施などを訴えたが却下されて辞任、離党し、後にファシズム政党を立ち上げた。

　にもかかわらず，労働党の地盤では党への支持は下がらず，大恐慌脱出まで持ちこたえた。大陸ではファシストや共産党が失業者を吸収して膨れ上がっている時期に，イギリスでは両者の党員はピーク時でも数万と取るに足らない水準に留まった。なぜか。フランスやスウェーデンなどに比べて，失業保険や公的扶助が整備されていたのは事実だ。削減された失業保険給付金は1934年には元の水準に戻り，ドイツより恵まれていた。構造不況に沈んだ地域以外では景気回復が早かったのも知られている。しかしより根本的には，19世紀以来，構築されてきた議会エリートと大衆の間のトップダウンの関係性に着目せねばならないだろう。

参考文献

ジュリアン・ジャクスン『大恐慌期のフランス経済政策：1932-1936年』大阪経済法科大学出版部，2001年

渡辺和行『フランス人民戦線：反ファシズム・反恐慌・文化革命』人文書院，2013年

小川有美「『計画の政治』と北欧社会民主主義体制の形成」『千葉大学法学論集』10-1（1995年）

平島健司「ヘルマン・ミュラー大連合内閣の形成―ワイマール共和国における政治指導の可能性」『国家学会雑誌』96巻11号（1984年）

D. ポイカート『ワイマール共和国―古典的な近代の危機』名古屋大学出版会，1993年

E. コルプ『ワイマール共和国史』刀水書房，1987年

福澤直樹『ドイツ社会保険史：社会国家の形成と展開』名古屋大学出版会，2012年

細井保『オーストリア政治危機の構造：第一共和国国民議会の経験と理論』法政大学出版局，2001年

小関隆『プリムローズ・リーグの時代　世紀転換期イギリスの保守主義』岩波書店，2006年

高橋直樹「1931年のイギリス挙国一致内閣：危機論から均衡論へ」『国家学会雑誌』91巻3号（1978年）

Martin Pugh, *The Making of Modern British Politics, 1867-1945*, Blackwell, 2002.

10 | 戦後体制の出発

水島治郎

《目標＆ポイント》　第二次世界大戦で荒廃したヨーロッパ諸国の政治がどのように再出発を果たし，新たな秩序を創りあげたのか。その際，各国は「過去の克服」の問題に直面したが，同時に「過去の忘却」という課題も浮上したことに注目する。穏健政治勢力の主導のもと，各国が脱植民地化，ヨーロッパ統合という新しい時代を迎えたことを学ぶ。
《キーワード》　過去の克服，過去の忘却，３つのデモクラシー，脱植民地化，ヨーロッパ統合

1. 過去の「克服」と「忘却」

過去の「克服」

　第二次世界大戦後のヨーロッパは，未曽有の人的損失に加え，経済的・社会的に多大な痛手を受けた状態で出発した。またナチズム，ファシズムの支配から解放されたとはいえ，各国の政治は大きく変化を蒙り，特に国土が戦場となった大陸ヨーロッパでは，国内の政治配置が戦前のままに復活した国は少なかった。

　終戦前後から，各国でナチズム・ファシズムの責任を問い，対独協力者やファシストらの処罰・追放を求める動き（「浄化」）が広がる。また連合国は，「非ナチ化」を積極的に推進し，ナチズム体制の担い手たちの責任を厳しく追及した。ドイツでは，東京裁判の先駆けとなったニュルンベルク裁判がその重要な舞台となった。そして西ドイツやイタリア

などの敗戦国はもちろんのこと，ナチ・ドイツの支配下に置かれたフランスやオランダ，ベルギー，東欧諸国，北欧諸国などでも，親ナチ体制を支えた政治家や軍人，残虐行為の首謀者らはしばしばその責任を問われ，裁判で有罪とされて収監されたり，公職追放，市民的・政治的権利の剥奪などの処分を受けた。特にフランスはその厳しさで知られ，すでに1944年8月のパリ解放までに8,000人以上が略式の即決裁判で処刑され，44年に出された布告に基づいて設置された裁判所による裁判の結果，1,500～1,600人が死刑に処せられたという。「過去の克服」のための措置が，大規模に実施されたのである。

過去の「忘却」

　しかしこのヨーロッパにおける「浄化」や「過去の克服」については，その限界も指摘されねばならない。ヨーロッパ政治史研究者の飯田芳弘の詳細な研究（『忘却のヨーロッパ』）が示すように，終戦から数年たつと，「過去の克服」とは逆の「過去の忘却」の動きが本格化する。追放された公務員や軍人に復帰の道が開かれ，有罪判決を受けた者への恩赦が相次いで実施される。西ドイツでは二度にわたる刑免除法（1949年，54年），フランスでは包括的恩赦法（1953年）に至る度重なる恩赦措置により，罪に問われた人々の圧倒的多数は放免され，社会に事実上復帰した。イタリアではすでに1946年に大規模な恩赦法が成立している。旧体制と決別し，過去を断罪した当初の動きは大きく方向を変え，「国民的和解」の名のもと，過去の犯罪的行為はもはや責を問われることがなかったのである。

　なぜ「過去の忘却」が「克服」にまさったのか。飯田が指摘するように，新たな国家や体制の発足にあたり，過去との断絶を強行することは，社会の亀裂をさらに深め，新秩序の不安定要因となる恐れがあったこと

が大きい。終戦前後に内戦状態に陥っていた国では，「復讐の連鎖」が続くことへの警戒も強かった。各国で保守勢力が復活し，また東西冷戦の開始といった国際情勢の変化のなかで，左派が主力となったレジスタンス勢力による旧体制の断罪への反発も生じていた。また，そもそも旧体制に協力して追放された人々は，行政や経済など各方面で中核的な役割を担っていた場合も多く，戦後再建を円滑に進めるためにも，彼らの復帰は必要とされた。

この「忘却」がしかし，過去の罪を不問にするという，一種の「不正義」を含むものであったことは確かである。そこで各国で「忘却」を正当化するために用いたのが，「国民的和解」の必要性であり，また「レジスタンス神話」「ナチズムの絶対悪」という見方であった。国民が一丸となってナチ・ドイツにレジスタンスを展開したとする理解が公的に採用され，対独協力の過去を封印した。たとえばイタリアでは，ナチズムを絶対悪として全面的に否定する一方，自国のファシズムの暴力性は相対化され，むしろイタリア人はユダヤ人迫害に積極的に加担しなかったとする見方も広がった。

このようにヨーロッパの戦後秩序は，過去との決別よりも「忘却」を優先するかたちで形成された。またこれと併せ，レジスタンスで勢いを得た左派勢力の求めていた，社会主義色の濃い国有化や計画経済の導入，政治経済秩序の徹底した民主化などの改革プランも，部分的に実現するにとどまった。基本的には資本主義経済が堅持され，そこに再分配機能を含む福祉国家機能が加わっていく。戦後ドイツを特徴づけた「社会的市場経済」は，その代表例といえるだろう。そして政党政治のレベルでその役回りを担ったのは，各国で台頭した穏健保守勢力，特にキリスト教民主主義系の政党であった。

2. 戦後政治の諸潮流

3つのデモクラシー

　ヨーロッパ戦後政治を主力として支えた民主的な政治潮流としては，以下の3つが挙げられる。自由主義，社会民主主義，キリスト教民主主義である。

　この3つの潮流は，それぞれイデオロギー・政策体系・支持基盤において独自の特徴を持ちつつも，いずれも戦後デモクラシーに積極的にコミットし，国民統合を支えるとともに，経済発展や福祉国家建設を後押しした。この「3つのデモクラシー」が主役となった典型的な国が西ドイツであり，三潮流をそれぞれ代表する政党（自由民主党（FDP），社会民主党（SPD），キリスト教民主同盟・社会同盟（CDU／CSU））が連邦議会で100％の議席を占めていた時期もあった。

　しかし「3つのデモクラシー」といっても，現実に二大勢力として戦後政治を主導したのは，キリスト教民主主義と社会民主主義の二大勢力だった。その傾向はドイツのほか，オランダ，ベルギー，オーストリア等で特に顕著であり，これらの国では21世紀初頭に至るまで，この二大勢力以外から首相が出たことがほとんどない。また北欧では社会民主主義政党が長期にわたって優位に立っており，イタリアではキリスト教民主党（DC）が90年代まで万年与党であった。各国で左右の急進勢力が戦前より衰えるなか，中道右派・中道左派を代表するこの2つの穏健派は，戦後政治の主役として戦後復興と発展の時期を担ったといえる。なおEC（EU）で設置されたヨーロッパ議会においても，国を超えて連携するこの二大勢力が，ほかの諸勢力を圧倒してきた。

　興味深いのは，戦後の西欧諸国で実現した自由民主主義体制（リベラル・デモクラシー）を支えた主役たちが，実は自由主義ならざる政治潮

194

流，すなわちこのキリスト教民主主義と社会民主主義だったということだろう。キリスト教民主主義と社会民主主義は，いずれも19世紀末の大衆動員の時期に起源を持ち（第6章参照），個人主義・市場重視の自由主義への対抗運動という出自を持っていた。その社会観には自由主義とは異質の集団志向，階級志向の要素があり，それゆえに両派はいずれも自由主義とは一線を画し，独自の流れとして政党政治に参入する。そして分厚い系列組織に恵まれた両派は，選挙で広く支持を獲得し，大衆的基盤の弱い自由主義を押しのけて戦後政治の中核を占めることができた。こうして非自由主義的な潮流が戦後政治を担い，福祉国家発展を支えていった結果，西ヨーロッパ諸国で発達した福祉国家や政治的意思決定の仕組み（特にコーポラティズム）は，自由主義が想定していたものとは異なる，独特の刻印を帯びることとなった（第11章参照）。

キリスト教民主主義の優位

　次に以下では，二大勢力のなかでも各国で与党として長期に政権を担当し，戦後政治に大きな影響を与えてきた，キリスト教民主主義勢力についてみていく（社会民主主義については第13章を参照）。

　第二次世界大戦後，大陸欧州諸国の大半で与党の中核を占めたのは，キリスト教民主主義政党であった。すなわち西ドイツ・フランス第四共和制・イタリア・オランダ・ベルギー・スイス・オーストリア・ルクセンブルクなどで，いわば「当然の統治政党」としてキリスト教民主主義系の政党が政権に継続的に参加し，その多くで首相を輩出してきた。労働組合，農民団体，経営者団体，青年団体など多様な系列団体を持つキリスト教民主主義政党は，議員や活動家のリクルート，選挙における集票，資金調達など党活動のあらゆる局面でこれらの団体を積極的に活用してきた。

　ただ戦後初期の時点では，このようなキリスト教民主主義勢力の優位が明確にみえていたわけではない。むしろ当初，キリスト教系の政治勢力を劣勢とみる向きもあった。大戦中，レジスタンス運動の主力を担ったのは社会主義，共産主義系の左派勢力であり，彼らは強い正統性を持って戦後政治に参入することができた。これに対しキリスト教系勢力の場合には，特に保守的カトリシズムにおけるナチズム・ファシズムとの妥協・協力の過去があり，戦後には批判の対象となったからである。

　しかし，戦後秩序の形成をめぐる左派の優越的状況は，長く続かなかった。左派に対抗可能な保守勢力の拠り所として，キリスト教民主主義が浮上したからである。旧来の有力保守勢力がナチズムやファシズムとの関連を問われて各国で没落するなか，その一部がレジスタンス運動に参加するなどして正統性を保ったキリスト教民主主義勢力は，「傷の少ない」ほぼ唯一の非左派政党として穏健保守勢力を糾合することに成功し，最大の保守政党としてキリスト教民主主義政党を結成して，戦後初期から政権参加に成功する。

　このような左派に対抗する穏健保守勢力の結集と政権維持を側面から支えたのが，マーシャル・プランの受け入れだった。東西冷戦が姿を現しつつあった1947年，アメリカのマーシャル国務長官は大規模なヨーロッパの復興支援計画（欧州復興計画）を発表し，以後アメリカはヨーロッパ各国に総額100億ドルにのぼる巨額の資金援助を実施することになるが，アメリカは資金援助受け入れの条件に，各国の政権から共産党系勢力を排除することを要求した。その結果西ヨーロッパ各国では，アメリカと協調してマーシャル・プランの受け入れを進めつつ，左派勢力と対決姿勢で臨む穏健保守勢力として，キリスト教民主主義政党の優位が固まることとなった（ただフランスはやや例外的であり，キリスト教民主主義系の共和人民運動（MRP）が戦後しばらく主要与党として存在

感を発揮したものの，以後凋落した）。

　さてこのキリスト教民主主義政党の継続的な優位は，戦後の西ヨーロッパ各国の政治発展に大きな影響を与えてきた。政治イデオロギーとしてキリスト教民主主義をみた場合，その特徴的な概念として「人格主義personalism」と「補助性原理subsidiarity」の２つを挙げることができる。まず人格主義は，人間を「社会的存在」としての「人格」と捉える考え方であり，諸個人はコミュニティのなかでその「人格」が十全に開花する，とされる。また「補助性原理」は社会集団の問題解決能力を信頼し，当該集団によって解決困難な場合にのみ国家などの上位権力が介入できるとする考え方である。いずれも国家と個人の間に存在する中間集団の役割を重視する立場であり，それは大陸ヨーロッパ諸国における独自の福祉国家建設（分権的，家族主義的で政府の権限強化に消極的）に反映された（詳細は第11章）。また人民主権的な権力集中に批判的であり，権力分立に親和的で多元的な政治制度を擁護し，協調的意思決定に基づくコーポラティズム的な政治経済体制を志向した。反共産主義でありつつ，改革志向の労働組合も抱えた階級協調志向のキリスト教民主主義勢力は，多様な流れを含みこんだ穏健保守政党として大陸ヨーロッパ諸国の安定的な戦後政治の担い手となった。西ドイツのアデナウアー，イタリアのデ・ガスペリの二人はその代表的政治家である。

　ただ，長期にわたるキリスト教民主主義政党の政権参加，「団体重視」の名のもとで系列団体を優遇する利益配分システムの形成は，さまざまな問題を引き起こすこととなった。特にイタリアやベルギーでは，キリスト教民主主義政党をはじめとする政党が財政資源の分配，公務員の雇用や公共機関ポストの割振りに関与し，その見返りに支持を獲得するクライエンテリズムが形成された。政党が政治社会に深く浸透して影響力を及ぼすこの「政党支配体制」のもとで，汚職・腐敗も広がった。特に

イタリアでは，国内の南北格差を背景に大規模な財政資源を投入した南部開発において，キリスト教民主党による利益誘導とマフィアのつながりが指摘されたが，これは後に汚職摘発をきっかけとしてキリスト教民主党の崩壊を招く一因となった（第14章も参照）。

　さらに各国のキリスト教民主主義政党は，いずれもヨーロッパ統合志向という点も共通していた。ヨーロッパ経済共同体（EEC）設立を定め，ヨーロッパ統合の記念碑的な第一歩を踏み出したローマ条約締結の時（1957年）をみると，これに参加した6か国（西ドイツ，フランス，イタリア，オランダ，ベルギー，ルクセンブルク）ではいずれも外相をキリスト教民主主義系の政治家が占めていた。実際，戦後初期から各国のキリスト教民主主義勢力は，独自の国際的なネットワーク形成を進めてヨーロッパ統合を側面から支えており，それがローマ条約に至る統合の進展に貢献した面もある（第4節参照）。

3. 植民地帝国の終焉

脱植民地化の衝撃

　ところで大戦後のヨーロッパ諸国を襲った最も大きな衝撃の一つとして，植民地の相次ぐ独立，すなわち脱植民地化について触れねばなるまい。特に世界的な植民地帝国を築いていたイギリスやフランスは，その植民地のほとんどを手放した。イギリスから独立した代表的な国として，インドやパキスタン，ナイジェリア，マラヤ連邦などがある。フランスからは，ベトナムやアルジェリアなどが独立した。またオランダからはインドネシア，ベルギーからはコンゴが独立している。かつて世界に君臨したヨーロッパの植民地帝国は，いずれも終焉を迎えることとなった。

　これらの植民地独立は，本国にさまざまな動揺を引き起こした。まず経済面では，本国製品の輸出先であり，また安価な一次産品の供給元と

して重要な位置を占めていた植民地が消滅したことは，本国経済に重大
な影響を及ぼした。前節で述べたような，戦後のヨーロッパ市場統合に
向けた積極的な姿勢の背景には，もはや植民地市場には頼ることのでき
ない，各国経済のやむにやまれぬ事情もあったのである。

　次に社会面をみると，旧植民地から，現地で生まれ育った人々を含む
白人支配層が「本国」に多数帰還したことの影響は大きかった。戦後の
深刻な住宅不足のなか，時として数十万人にのぼるこの帰還者たちの処
遇は容易ではなく，本国における好意的とはいえない対応に孤立感を深
める人々もいた。なかには特定の団体に結集し，植民地主義を引きずる
右翼的勢力として政治的圧力を行使する例もあり，その流れは衰えつつ
も21世紀まで続いてきた。なお旧植民地からの帰還とは異なるが，東ド
イツや旧ドイツ領，東ヨーロッパ諸国のドイツ語地域などからも，戦後
多数のドイツ系住民が西ドイツに流入し，政治的・社会的な存在感を持
ってきた。

　さらに政治面でも，脱植民地化の与えた影響は多岐にわたった。特に
脱植民地化が本国の体制変動にまで結びついた点で，フランスの植民地
だったアルジェリアの独立問題は際立っている。1950年代半ば以降，ア
ルジェリア独立運動の高まりにフランス第四共和制下の議会や内閣が有
効な対応を示すことができず，しかも独立に反対する現地白人層や現地
部隊が武装蜂起して動揺が広がるなか，混乱を収拾したのは第二次世界
大戦におけるフランス解放の英雄であり，当時政党政治の枠外に身を置
いていたドゴールだった。彼は混乱のなかで首相に就任し，国民投票で
第五共和制への転換を断行するとともに自ら大統領に当選し，最終的に
1962年，アルジェリア独立を承認したのである。

ポストコロニアル（植民地以後）という問題

　しかしより永続的で重大な影響を受けたのは，いうまでもなく旧植民地の側だった。植民地独立をめぐって泥沼の戦争に突入した場合には，現地社会に大きな傷跡を残すこととなった。たとえばオランダは，一次産品を豊かに産出し，本国経済の命綱だったインドネシア（オランダ領東インド）の独立を認めない立場から，1949年に至るまで度重なる軍事介入を実施し，現地住民に10万人を超える多数の犠牲者を生んだ。最終的にアメリカの圧力，国連の仲介を経て，オランダは植民地放棄に渋々同意した。またフランスもインドシナ植民地の維持を図り，1945年から54年まで現地のさまざまな独立勢力と軍事衝突を繰り返した（インドシナ戦争）。そして1954年，ベトナム北部のディエンビエンフーの戦いでフランス軍が敗北を喫し，ようやくベトナム独立が確定したのである。

　また，宗主国が植民地独立を抑え込もうとするのとは逆に，独立後の体制が定まらないまま植民地から宗主国が一方的に手を引いた場合も，しばしば現地社会は混乱と暴力に見舞われた。たとえば東ティモールは，ポルトガルが1970年代まで支配を続けた植民地だったが，1974年のポルトガル本国の民主化を受け，事実上植民地支配が終焉する。しかし解放後の行方が決まらないまま，独立国家を目指す多数派勢力と，隣国インドネシアへの併合を求める少数派が内戦に突入した。その機を捉えたインドネシアのスハルト政権が軍を派遣し，1976年，東ティモールを武力併合する。以後，弾圧されつつ抵抗運動の続いた東ティモールが独立を果たしたのは，インドネシアのスハルト独裁政権の崩壊，そして独立を問う東ティモール住民投票における独立賛成派の圧倒的勝利を経た2002年のことであった。

　このような独立戦争や武力紛争を免れた場合も，新たに独立した諸国は植民地支配の影響を色濃く受けた。そもそも各国の国境線は，植民地

時代に引かれた恣意的な境界線がそのまま移行したことから，民族や部族，言語などのまとまりに対応せず，独立後の国民統合に障害となることが多かった。また植民地時代に強制された旧宗主国の言語を共通語・公用語として継続的に利用する国も多く，旧宗主国の文化的・社会的な影響力は独立後も少なからず残存した。そして水準の高い教育を受け，英語・フランス語などを操れる人々がエリート層として政治・行政の要職を占める一方，現地語のみで生活する多数の一般人との間に断絶や社会的格差が生じることもあった。また経済面をみれば，植民地時代に形成された世界市場向けの一次産品輸出中心の構造が残り，しかも生産から販売まで欧米の多国籍企業に実質的な支配を受ける国もある。

　21世紀の今もなお，ヨーロッパ諸国における植民地支配の影響は世界各地にその痕跡を残している。旧植民地から旧宗主国への移民の流れは今も続く場合が多く，一方で移民送り出し国における人材の流出，他方でホスト国たる旧宗主国における反移民運動の先鋭化を引き起こしており，その状況はむしろ21世紀に顕在化している面もある。ポストコロニアル（植民地以後）の状況は現在も，形を変えつつ執拗低音のように継続しているのである。

4．ヨーロッパ統合の開始

統合の背景

　この脱植民地化と並び，戦後のヨーロッパ世界で生じた顕著な変化として，ヨーロッパ統合の開始と発展を挙げることができる。先に述べたように1957年，フランス・西ドイツ・イタリア・ベネルクス3国によってローマ条約が調印され，翌1958年にEEC（ヨーロッパ経済共同体）が発足し，統合が本格化した。

　しかしナショナリズムの制約を超え，国民国家を凌ぐ上位権力を認め

るヨーロッパ統合の動きが戦後わずか10年余りで結実したことは，自明なことではなかった。ヨーロッパ各国が統合の方向を受け入れ，主体的に進めるに至った背景として，以下の諸点が指摘できる。

　第一は，ヨーロッパ再生の必要性である。戦間期に恐慌で痛手を負い，しかもブロック経済化で危機と対立を深刻化させた経験が残るヨーロッパでは，大戦で甚大な被害を蒙って迎えた戦後の出発点にあたり，復興を迅速に進めるうえで，各国間で自由貿易などの協調的枠組みを作る必要性が大まかに共有されていた。しかも植民地を失い，国際的存在感を大幅に低下させたヨーロッパの没落を防ぎ，アメリカに対抗できるヨーロッパを復活させるためには，この各国間の協調を通したヨーロッパ経済の再生が不可欠と見なされたのである。

　第二は，アメリカによる積極的な関与である。1947年，マーシャル国務長官が発表したマーシャル・プラン（本章第2節参照）は，資金不足で復興に困難をきたしているヨーロッパ諸国に大規模援助を行うとともに，ヨーロッパ諸国に各国間協調に基づく長期的な復興計画の策定を求め，ヨーロッパ経済の早期の自立を促すものだった。その背景には，ヨーロッパ各国の狭小な市場を超えるヨーロッパ大の市場を共同で実現することが，順調な復興と経済成長のために不可欠とするアメリカ側の意図があった。そしてヨーロッパ側では，援助の受け入れと配分を行う受け皿として OEEC（ヨーロッパ経済協力機構）が1948年に設置され，この OEEC のもとでヨーロッパの貿易自由化と決済システムの構築が進められることになる。ただ OEEC がヨーロッパ統合の直接の起源となったとはいえず，これは後に OECD（経済協力開発機構）に発展し，ヨーロッパを超える国際的な経済協力の枠組みとなったことには注意する必要がある。

　第三は，ドイツ問題と東西対立の進展である。第二次世界大戦を引き

起こし，ヨーロッパ全土に惨禍をもたらしたドイツが再び強国として復活することへの警戒感は各国で共有されており，特に二度の大戦で国土を蹂躙されたフランスでその意識は強かった。英仏軍事同盟であるダンケルク条約（1947年）における仮想敵は，ドイツだったのである。そして当初，ドイツの工業生産や軍事力に厳しい制約が課され，その大国化は阻まれていた。

しかし1948年のチェコスロヴァキアにおける政変，それに続くドイツにおける米英仏占領地区の通貨改革とベルリン危機といった一連の事件は，東西ドイツの分断を決定的にし，しかもヨーロッパにおける東西対立の進展を明確に示すものとなった。冷戦の開始である。こうして西ヨーロッパが「共産主義の脅威」にさらされるなか，その最前線に位置するドイツが経済的，軍事的に十分な力を備えることが重要という認識が強まっていく。とはいえ周辺国におけるドイツ復活への懸念は消えるものではなく，何らかの制約を維持することが不可欠だった。すなわち西ヨーロッパ諸国は，1940年代末，アメリカの軍事力に頼ってソ連・東欧諸国に対抗しながら，同時にドイツを封じ込めるという厄介な課題の前に立たされたのである。そしてこの困難なパズルへの一つの明快な解を提示し，以後のヨーロッパ統合への道を開いたのが，1950年に発表されたシューマン・プランだった。

シューマン・プランからローマ条約へ

フランス外相のロベール・シューマンが1950年5月に発表したシューマン・プランは，「フランスとドイツの石炭および鉄鋼の生産を全て共通の高等機関の管理下に置く」ことを提案する野心的なプランである。

ここで念頭におかれていたのが，ルール地方におけるヨーロッパ最大規模の石炭・鉄鋼業だった。石炭・鉄鋼業をフランスも加わる共同管理

のもとに置くことで，ドイツ単独での強国化に歯止めをかけ，しかも同時にフランスも含むヨーロッパの経済発展に貢献することが意図されていた。このプランの考案者は，ヨーロッパの連邦化を理想として1950年代における統合の推進役となり，後に「ヨーロッパ統合の父」と呼ばれたフランス人のジャン・モネである。モネはフランスの計画庁の長官としてフランス経済の近代化を主導しつつ，同時に，国家主権の枠を超えた統合を通してフランスとドイツ，そしてヨーロッパ全体の経済を再建し，フランス・ドイツ間の平和を恒久的に維持することを志向したのである。このプランには，ドイツの国際的地位の回復を望むアデナウアー首相も賛意を示し，1951年，パリでECSC（ヨーロッパ石炭鉄鋼共同体）条約が締結された。イタリア，ベネルクス３国もこれに加わった。翌52年には超国家機構として「高等機関」が設立され，初代委員長にモネが就任した。

　なお同様の統合の動きは1950年代，経済面のみならず，政治・軍事面でも試みられた。ドイツ再軍備に批判的なフランスからは，1950年，やはり連邦主義的な形で「欧州軍」設立を目指すプレヴァン・プランが提案され（プレヴァンはフランス首相），その流れは修正を受けつつ52年のヨーロッパ防衛共同体（EDC）条約に結実する。53年には政治統合を目指すヨーロッパ政治共同体（EPC）条約も調印されたが，いずれもその背後にはモネの尽力があった。しかし1954年夏，フランス議会はEDC条約の批准を拒否し，EDC，EPCの動きは挫折に終わった。他方1954年秋，NATO諸国はパリ協定を結び，西ドイツの再軍備とNATO加盟を承認した。結局ヨーロッパは軍事面においては，アメリカやトルコなども含む，NATO体制の枠の中で歩むことを選択したのである。

　政治・軍事面のヨーロッパ統合が行き詰まるなか，1950年代半ば，経済的な統合が新たな段階を迎える。このヨーロッパ統合の「再出発」の

画期となったのが，ECSC 6 か国の外相が集い，共同市場の設立で合意したメッシーナ会議だった。この合意をもとに1957年 3 月にローマ条約が締結され，58年 1 月，EEC が発足する。それまでの石炭・鉄鋼業という部門別の統合から，共同市場の設立という全般的統合へと一気に歩を進めたローマ条約は，今もなおヨーロッパ統合の最も重要な出発点として記憶されている。

　この経済統合に重点を置く統合プロセスで欠かせない役割を担ったのが，ベネルクス諸国である。もともとオランダやベルギーは，輸出入への依存度の高い小国として，自由貿易志向が強かった国であるが，戦間期にはイギリス・フランスのブロック経済化で国際市場から締め出されるという手痛い経験を持ち，戦後秩序の再建にあたっては，自由貿易の保障されたヨーロッパ市場を確保することが必須と考えていた。すでに戦時中，ロンドンに亡命した 3 国の政権はベネルクス通貨協定（1943年），ベネルクス関税協定（1944年）を締結して戦後に備えており，いずれも1948年 1 月に発効したことで， 3 国間の共同市場がすでに実現していた。この経済統合は 3 国間の貿易額の増加を促して戦後再建を円滑ならしめ，特にオランダの域内輸出を大幅に増加させるなど，その効果は実証されていたのである。

　このベネルクスの成功をもとにオランダのベイエン外相は，ヨーロッパ共同市場の設立を唱えるベイエン・プランを ECSC 加盟国に提示する。またベルギーのスパーク外相は，ECSC 方式の部門別統合をエネルギー，運輸部門に拡大するプランを提示した。1955年，この共同市場の設立と部門別統合の双方を含むベネルクス提案が 3 国によってまとめられ，メッシーナ会議における深夜に及ぶ討議の末，合意に至ったのである。最終的にローマ条約で設立の決まったヨーロッパ経済共同体とヨーロッパ原子力共同体（EURATOM）は，前者が共同市場の設立を，後

者が原子力エネルギー部門の統合を実現することとなったが，淵源をた
どれば，それぞれベイエン・プランとスパーク提案が具現化されたもの
といえるだろう。

　いずれにせよヨーロッパ諸国は，戦災で甚大な被害を蒙_{こうむ}りつつも，
ヨーロッパ再生のための新たな挑戦の必要性，東西冷戦の進展，ドイツ
問題といった新たな問題群の前に，経済統合を切り口として，国家主権
を超えた統合へと不可逆的な歩みを始めたのである。

参考文献

飯田芳弘『忘却する戦後ヨーロッパ　―内戦と独裁の過去を前に』東京大学出版会，
　2018年

池内大輔・板橋拓己・川嶋周一・佐藤俊輔著『EU政治論　－国境を越えた統治の
　ゆくえ』有斐閣，2020年

板橋拓己『黒いヨーロッパ　―ドイツにおけるキリスト教保守派の「西洋」主義，
　1925～1965年』吉田書店，2016年

板橋拓己『アデナウアー　―現代ドイツを創った政治家』中公新書，2014年

遠藤乾編『ヨーロッパ統合史』名古屋大学出版会，2008年，特に第三章・第四章

田口晃・土倉莞爾編『キリスト教民主主義と西ヨーロッパ政治』木鐸社，2008年

中山洋平『戦後フランス政治の実験―第四共和制と「組織政党」1944-1952年』東
　京大学出版会，2002年。

日本政治学会編『年報政治学2001　三つのデモクラシー　―自由民主主義・社会民
　主主義・キリスト教民主主義』岩波書店，2002年

野田昌吾『ドイツ戦後政治経済秩序の形成』有斐閣，1998年

水島治郎『戦後オランダの政治構造　―ネオ・コーポラティズムと所得政策』東京
　大学出版会，2001年

Wolfram Kaiser, *Christian Democracy and the Origins of European Union*,
　Cambridge University Press, 2007.

11 | 福祉国家とコーポラティズム —その形成と変容

水島治郎

《**目標＆ポイント**》　戦後の西ヨーロッパ諸国における顕著な展開として，福祉国家とコーポラティズムの発達が挙げられる。いくつかのパターンはあるが，政労使の協調体制のもと，福祉国家やコーポラティズムの形成を背景に，各国で概して安定的で平等志向の制度構築と政策展開がなされていったことを学ぶ。ただ近年，グローバル化や少子高齢化といった環境変化を受け，福祉国家とコーポラティズムのいずれもが，再編の圧力にさらされていることにも注意する。
《**キーワード**》　福祉国家，コーポラティズム，福祉レジーム，政労使協調，グローバル化

1. 福祉国家の展開と分類

西ヨーロッパにおける福祉国家の発展

　戦後再建が順調に進んだ西ヨーロッパ各国は，高い経済成長率を背景に，福祉国家の形成を進めていく。その背景にあったのが労使協調であり，いくつかの国ではコーポラティズムという形で政労使の協調体制が制度化された。本章では，福祉国家とコーポラティズムという2つの角度から，戦後体制の特徴を明らかにしてみたい。

　第二次世界大戦後のヨーロッパを特徴づけるのは，福祉国家の発展である。年金・失業保険・医療保険・児童手当・公的扶助などの社会保障制度が一般化したことで，人々は失業したり，病気にかかったり，経済

的に困難な状況に陥ったとしても，それぞれに対応する給付を受け，人
間らしい生活を維持することが保障されるようになった。

　そもそも福祉国家とは何だろうか。ここでは，所得保障や社会サービ
ス，雇用保障などを通じて国民の福祉を維持・増進しようとする国家の
ことを福祉国家と呼びたい。まず所得保障とは，上に挙げたような年
金・保険など，各種の社会保障給付の仕組みを指す。次に社会サービス
は，医療・教育・介護・保育など，国民の生活上のニーズに応じて提供
されるサービスを指す。近年は高齢化の進展，保育ニーズの高まりなど
を受け，この社会サービスに次第に重点が置かれている。最後は雇用保
障であり，完全雇用政策や公的雇用の充実などを通じて十分な雇用を確
保し，安心して人々が職業生活を営めることを保障することを指す。こ
の雇用保障による国民の生活の安定を図る立場は，イギリスの経済学者，
ケインズの経済学によって根拠づけられた。

　このように所得・サービス・雇用が国家によって保障されることで，
人々が貧困に陥ることなく安心して働く生活が可能となる。そしてさま
ざまな限界を持ちつつも，国家を通じた所得・サービス・雇用の保障さ
れた福祉国家が世界で最初に実現したのは，西欧諸国だった。

　ヨーロッパでは19世紀末以降，特に産業革命の結果として生じた劣悪
な労働条件や生活環境や貧困などの社会問題について，国家が責任をも
って対応すべき問題と認識されるようになり，さまざまな制度が作られ
ていく。公的な保障の対象となったのは最初は労働者に限定されており，
労働者向けの労災保険，失業保険，医療保険，年金などが導入された。
そして第二次世界大戦後には，全国民を対象とした年金や医療保険，児
童手当，公的扶助制度などが整備されていく。さらには保育，職業訓練，
介護といった社会サービスの提供も始まる。また戦後の各国では，財政
政策や金融政策の重要な政策目標の一つとして，雇用の確保（完全雇用

の維持）も掲げられるようになる。所得・サービス・雇用を国家が保障するようになったのである。

　ただ西欧諸国が福祉国家化に積極的に取り組んだ背景には，戦後ヨーロッパにおける東西冷戦という現実があったことも，忘れてはならない。民主主義の進展や人道的な価値とは別に，国際政治上の戦略的な配慮もまた，福祉国家の発展を支えた重要な動機だった。そもそも1960年代ごろまで，西側世界の東側に対する「優位」は自明とはいえなかった。ソ連・東欧諸国においては生産手段の公有化と国家主導の工業化が進められ，社会保障制度の整備がある程度実現し，女性の就労を通じて男女平等が進められた面があった。また科学技術についてみれば，ソ連は1961年，ガガーリンによる史上初の有人宇宙飛行を実現した。東西対立とは，西側諸国と東側諸国が単に軍事的に対峙したにとどまらず，社会経済的な面も含む，両体制間の優劣を競う対抗でもあった。

　そのような国際環境のもと，「西側資本主義国における貧困の存在」が，東側に格好の宣伝材料を提供するものとなったことは，想像に難くない。特に東欧と直接対峙する西欧諸国において，その危機感は強かった。戦後の西欧各国では，自国の「貧困の除去」は焦眉の課題であり，保守系の政治家であっても，福祉国家建設の支持に回る例が多かったのは，そのような国際政治上の事情もあったのである。

福祉国家の3つの世界

　さてこのように形成された福祉国家であるが，その理念や構造，政策内容をみると，同じヨーロッパ諸国のなかでもかなりの違いがあることに気づく。日本ではしばしばスウェーデンをはじめとする北欧諸国が「先進的な福祉国家」として紹介され，目指すべきモデルと見なされることもあるが，福祉国家の展開は単純に「先進的」「後進的」と直線上

に位置づけられるわけではない。

ここでは，デンマークの政治学者，エスピン・アンデルセンが提示した福祉レジーム（体制）の類型論を軸に，戦後の西ヨーロッパ諸国の福祉国家の特徴をみてみたい。彼は各国の公的な制度や社会のあり方を踏まえて整理すると，戦後に成立した先進諸国の福祉国家は大まかに３つに分類できるとして，以後の福祉国家研究に多大な影響を与えた。彼の議論の射程はヨーロッパ外のアメリカなども含むが，西欧福祉国家内の分類としても十分な有効性を持っている。

第一の類型は，北欧諸国を主たる舞台とする社会民主主義レジームである。北欧では高負担・高福祉の福祉国家が成立し，国際的にも福祉国家の理念型として知られている。穏健で強力な労働運動が発達した北欧諸国では，労働運動に支えられた社会民主主義政党が最大の政治勢力として長きにわたって与党の座を占めてきたが，この社会民主主義の優位が，福祉国家形成に強い影響を及ぼしてきた。

すなわち社会民主主義レジームにおいては，失業などの諸事情によって労働者が労働市場を離れたとしても，充実した生活保障を受けることができる，「普遍主義的な社会保障」が成立した。労働者は，自分の労働力を「商品」として労働市場で売る必要性から解放されるため，労働力の「脱商品化」が達成される。また充実した公的な育児ケアも提供されることで，女性はケア労働負担から解放され，労働市場に参入して自立を実現することで，男女平等の実現にもつながるとされる。

しかもこの充実した福祉国家を支える仕組みが，積極的労働市場政策を柱とする「雇用重視」の政策である。積極的労働市場政策とは，失職して労働市場を一旦離れた人を主たる対象として，職業訓練などの公的な就労支援を進め，労働市場への復帰を促す仕組みであり，特にスウェーデンで発達したことが知られている。その結果北欧諸国では，生産性

の高い成長産業への労働力移動が円滑に進むとともに，長期失業者の占める比率も低い。こうして北欧諸国は，男女ともに高い就業率を実現し，人的資源を最大限する福祉国家を形成してきたのである。

　第二の類型は，自由主義レジームである。ここにはイギリスのほか，旧イギリス植民地だったアメリカ，オーストラリアやニュージーランドなどが含まれており，アングロ・サクソン型のレジームともいわれるが，ここではイギリスに限定して説明する。

　この自由主義レジームでは，アングロ・サクソン的な自立自助の個人主義的文化が発達したことから，国家を通じた所得の再配分に消極的であり，相対的に低福祉・低負担の福祉国家が発達した。

　ただイギリスは，有名な「ベヴァリッジ報告書」を生んだ国であり，むしろ西ヨーロッパ福祉国家の先導者とのイメージも強い。この報告書は，第二次世界大戦中，経済学者のウィリアム・ベヴァリッジを中心として作成されたものであり，戦後の社会保障のデザインを描き出した画期的な文書だった。全国民に最低生活水準の所得を権利として保障することを謳ったこの報告書は，イギリスのみならず世界に強い影響を与え，20世紀の福祉国家の発展を支える理論的根拠を提供した。

　しかし他方，ベヴァリッジ報告書は，最低水準の保障の提供を訴えてインパクトを与えたものの，貧困層も負担できる低額の拠出を前提に，「均一拠出・均一給付」を基本としたことで，以後の福祉国家の拡大局面で，むしろ抑制的に働いたとの指摘もある。給付額が最低限の水準に留められたことで，充実した給付への展開に足かせとなったというわけである。その結果イギリスでは，社会保障支出の対 GDP 比も大陸ヨーロッパ諸国や北欧諸国より低い水準が続くこととなった。

　第三の類型は，保守主義レジームである。ドイツやフランスをはじめとする大陸ヨーロッパ諸国の多くがここに含まれ，「やや高福祉・高負

担」の福祉国家が成立した。これらの国ではキリスト教民主主義政党が戦後政権の中核を占めたり，カトリック的社会観が支配的であるなどして，先の2つの類型とは異なる，独自の福祉国家が形成された（第10章も参照）。

　保守主義レジームの特徴は，家族や所属集団など中間団体の役割を重視し，それを制度的に基礎づけたことにある。各種社会保険は産業・職域・地域ごとに編成され，医療サービスや福祉サービスの提供も民間非営利団体が担った。また家族は社会の基礎単位とされたが，それは男女の役割分担，特に男性稼ぎ手モデルを前提としたものであり，女性の給付は制限された。育児サービスも乏しく，女性の就労が抑制された状況が長く継続した。

1980年代以降の変容

　このように発展を遂げた戦後西ヨーロッパの福祉国家であったが，1980年代以降，ヨーロッパの経済社会は，複合的な変動に見舞われ，福祉国家はいずれの類型においても，改革の強い圧力にさらされており，その持続可能性を問われている。

　その変化とは，以下にまとめられる。①経済成長の鈍化。1970年代の石油危機以降，各国はそれまで享受してきた持続的な経済成長と税収の増加を前提にできなくなり，福祉国家の拡大に限界があることが明らかとなった。②少子高齢化。平均寿命が延びて高齢者の数が増加し，年金・医療・介護にかかる費用が膨らむ一方，出生数が減少し，福祉国家の担い手である現役世代が先細っている。③家族のあり方やライフスタイルの変化。女性の就労が進む一方，離婚やシングルマザー家庭，単身家庭の増加など，それまで福祉国家が前提としてきた家族のあり方が大きく変わっている。④産業構造の変化とグローバル化の進展。脱工業化，

経済のサービス化が進むなかで，かつて安定的雇用で守られていた工業労働者層が雇用の不安に脅かされ，雇用の非正規化も進んでいる。

　特にグローバル化の影響は大きい。経済活動のグローバル化，企業の多国籍化は，「一国単位の再分配システム」として発展した福祉国家の基盤そのものを掘り崩す可能性がある。企業が生産拠点を賃金の低い国に移転させることは，国内経済の空洞化を招く。また高い税金を避け，企業活動全体が高福祉・高負担の国から低福祉・低負担の国に移転する可能性もある。ただこの点については，発達した福祉国家は教育水準が高く，産業構造の複雑化・IT化に対応できる高度人材が育成されており，多国籍企業にとっても本社機能や研究開発部門を置くメリットはあり，企業活動が全面的に国外に移転するわけではない，という見方もある。

　このような新展開のなかで，1990年代以降，福祉国家においてもさまざまな改革が進められている。まず，①「ワークフェア」とも呼ばれる就労促進政策が一般化した。失業者や福祉給付受給者，高齢者，女性など，労働市場を離れた人を積極的に再統合し，福祉国家の支え手に転換していく試みが，西ヨーロッパ各国で一般的となった。次に，②「社会的包摂」という新理念が登場し，受容された。1970年代以降の長期失業の出現，貧困の連鎖，エスニックマイノリティの就職難など，従来の再配分重視の福祉国家では対応が困難な問題群に対し，「貧困」の背後にある「社会的排除」を見出し，「排除された」人々の「包摂」が重要だとするアプローチが，21世紀に入ってEUレベルで広く共有されている。さらに③「給付からサービスへ」という流れも顕著である。特に育児・介護をはじめとするサービス提供の比重が高まっており，サービス提供型の福祉国家への変容が進んでいる。

　20世紀後半に成立した西ヨーロッパの福祉国家体制は，21世紀の現在，

新たなモデルを提示すべく模索の途中にあるといえよう。

2. コーポラティズムの成立と展開

コーポラティズムとは何か

　以上の福祉国家形成を支え，ある意味で表裏一体のものとして発展してきたのが，ヨーロッパ独特のコーポラティズムと呼ばれる政治経済体制である。日本では聞き慣れない言葉であるが，戦後のヨーロッパ政治を理解するうえで重要な概念として，政治学でしばしば用いられることから，以下でやや詳しく説明したい。

　コーポラティズムとは，労使の頂上団体による二者協議，あるいは政労使・公労使による三者協議などを通じて，賃金・雇用・社会保障などをはじめとする公共政策の形成に労使が関与するあり方を指す。「団体統合主義」と訳されることもある。特に北欧，オーストリア，オランダ・ベルギーなどの中小国において，このコーポラティズムの顕著な発達をみることができる。

　このコーポラティズムに注目が集まったのは，1970年代以降，特に石油危機後の先進諸国において，労使，あるいは政労使の中央交渉を軸に経済運営を進める国々において，失業率やインフレ率の抑制に成功している例があることが「発見」されたことによる。特に北欧諸国など，組織率が高く，集権的な労働組合・経営者団体が存在している国で，労使の協調的・抑制的な姿勢と積極的な政策形成への関与が，良好な経済パフォーマンスの維持を可能としているとして評価された。初期の代表的な論者としては，シュミッター，レームブルッフらがいる。

　このコーポラティズムという概念がインパクトを持ったのは，それまでの政治学が当然の前提としてきた「多元主義」概念に対し，それと大きく異なる政治経済体制を提示し，その「有効性」を示すものだったこ

とによる。そもそも多元主義とは、アメリカ政治を一種のモデルとし、自由に形成された多様な団体が政府に競争的に影響力を行使することで、政治過程の均衡と安定がもたらされるとするあり方を指す。そこでは政府と団体は相互に独立しており、団体は政府の外から圧力をかけ、影響力を行使する（その典型的な姿がロビー活動である）。各分野で複数の団体が存在し、自由に競争する一方、特権的・独占的地位を持つ団体は存在しない。多様なアクターに開かれた自由なシステムが多元主義の前提であり、それは身分制秩序を引きずり、旧来型の社団が残るヨーロッパ型社会からの進歩と捉えられたのである。

しかしコーポラティズムにおいて注目されたのは、労使を典型とし、少数の団体が政策過程に包摂され、国家の内側から影響力を排他的に行使するあり方である。石油危機後の経済的な混乱、労使対立の激化といった困難な状況のもとにあっても、労使がそれぞれ包括的で集権的な組織を持ち、かつ政策形成に組み込まれている場合には、いたずらに労使紛争に訴えるのではなく、国民経済全体を考慮した抑制的な行動を双方がとることで危機を克服し、かつ双方に長期的利益をもたらすことが可能となる、と考えられた。

もともとコーポラティズムという概念は、イタリアのファシズム、スペインのフランコ体制、ポルトガルのサラザール体制など、非民主的な体制下における権威主義的な団体統制のあり方を指す際に用いられた言葉であり、戦後においても、ラテンアメリカ諸国で展開された、上からの団体統制について適用された歴史がある。これらの国はいずれもカトリック色が濃く、カトリックにおけるギルド的な中世の社団秩序観を背景として生み出されたものだった。そしてアメリカモデルの自由民主主義体制とは相いれない、非民主的な社会秩序観と結びついた「コーポラティズム」の概念を、現代ヨーロッパのデモクラシーの特徴を叙述する

際に蘇らせたことに，学問的な新しさがあったといえる。それゆえ当初は，現代の民主主義国におけるコーポラティズムについて，前近代的なコーポラティズムと区別するため「ネオ・コーポラティズム」と呼ぶこともあったが，今ではコーポラティズムといえば現代のそれを指すことが普通である。

コーポラティズム発達の背景

　それでは，西ヨーロッパ諸国のいくつかの国で，高度なコーポラティズムの発達が可能となった理由は何か。

　まず，コーポラティズムを支えた政治勢力に注目する説明がある。コーポラティズムに親和的な政治イデオロギーを持つ，社会民主主義ないしキリスト教民主主義の政治的優位がコーポラティズムを発達させたという見方である。具体的にみると，コーポラティズムが発展した北欧諸国，オランダ・ベルギー，オーストリアのうち，北欧諸国は社会民主主義政党が一貫して優位に立ち，オランダ・ベルギーはキリスト教民主主義政党が長期にわたって与党を占め，オーストリアはキリスト教民主主義政党と社会民主主義政党の二大政党が政治を独占してきた。キリスト教民主主義と社会民主主義の2つの政治潮流が，コーポラティズムを支えた主要な政治勢力だったことは確かだろう。

　そもそもキリスト教民主主義と社会民主主義は，西ヨーロッパ諸国における自由民主主義体制の枠内にありながら，個人主義的自由主義とは一線を画し，何らかの形での「集団性」に基礎をおいていた。キリスト教民主主義においては家族やコミュニティ，社会民主主義においては労働者階級が，その依拠すべき「集団性」だった。「家族」の維持，「階級的利益」は重要な社会的価値とされ，個々人の自由がその「集団性」によって一定の制約を受けることは容認されていた。そのように集団の役

割を重視する両勢力にとって，人々を幅広く組織する団体が特権的に政策形成に包摂され，ほかの団体と協調しつつ政策に影響を与え，人々の利益を継続的に保障していくコーポラティズムのありかたは，むしろ望ましいものだったといえるだろう。

　もう一つの説明は，国のサイズに注目し，小国であることがコーポラティズムの決定的な要因となったとする見方である。代表的な論者はドイツ出身の政治学者，カッツェンシュタインである。彼は石油危機後の先進諸国において，北欧やベネルクスなどの小国が経済危機に積極的に対応したこと，しかもそれが政労使協調を通じた調整的解決という手法をとったことに注目する。そもそも石油危機を受けた先進諸国においては，英米型の市場重視型の対応，日仏型の産業保護などを通じた国家介入型の対応がみられたが，小国の場合はそれら大国と異なり，政労使の協力を通じたコーポラティズム型の対応がとられ，一定の効果を上げていたのである。

　ではなぜ小国でコーポラティズムが発達するのか。カッツェンシュタインが注目したのが，世界経済のなかにおける小国の輸出志向型開放経済という独自のありかたである。市場規模の小さい小国の場合，国内市場が狭いことから，自国産業を保護するのではなく，積極的に世界市場で通用する輸出産業を育成し，発展させることが重要となる。輸出競争力のある産業を育てることが，国内経済にとって死活的重要性を持つのである。そして輸出競争力を維持するためには，輸出品の価格を抑えることが不可欠であり，そのために労使紛争などのリスクを可能な限り抑制することが重要な意味を持つ。この世界市場に依存した小国の経済構造についての認識が国内の諸勢力に広く浸透した結果として，政労使三者がいずれも労使間の協調を目標として共有し，労使協調の制度的枠組みとしてのコーポラティズムの発達が促される。

　賃金交渉などの局面でゼロサム的な対立に陥ることも多い大国の労使関係と異なり，小国では「労使紛争を防いでコストを抑えること」の必要性が各アクターに共有されている。その結果，協調の枠組みを通じて円滑に賃金交渉を妥結し，政労使の協力のもとで自国産品の輸出競争力の維持を図ることが可能となるというわけである。

3.　コーポラティズムの展開の実際

オランダにおけるコーポラティズムの形成

　以上のコーポラティズムを生み出した政治的・経済的文脈をふまえつつ，オランダについて，具体的な実例をみていきたい。オランダは，労使による二者協議，政労使・公労使による三者協議が高度の制度化をみた典型的な国であり，そのコーポラティズムの「成功」が20世紀末以降，国際的な知名度を誇っているからである。

　まずオランダでは，キリスト教民主主義系政党が長期（1918〜1994）にわたって政権の中核を占め，労使をはじめとする各社会組織の政策決定過程への進出を積極的に促進してきた。それは中間団体を重視するキリスト教民主主義のイデオロギーに添うものであり，同時に労使を含む自党の系列団体の影響力の確保にも大きく寄与した。その結果，労使にとどまらず，各種の利益団体が分野ごとの審議会にそれぞれ包摂され，政策形成過程に積極的に参加することとなった。

　またオランダにおける「小国性」の認識も，労使協調を促進した。第二次世界大戦直後の1945年，労使頂上団体の常設の二者協議機関として労働協会が設立されたが，そこでは安定的な労使関係を全国的に維持し，それによって戦後再建の順調な展開を支えることが労使双方の共通の目的とされていた。労使紛争が多発したり，無規律な賃上げが進むことは，戦後再建を妨げ，輸出依存型のオランダ経済に打撃を与えるという認識

で両者は一致していたのである。そこで労働協会に結集した労使頂上団体は労使二者協議，そして重要な局面では政府を交えた政労使三者協議を定期的に実施し，賃金をはじめとする労働条件，関連するさまざまな社会労働政策について議論を重ね，合意を築いていった。

政治的交換の存在

　労使，および政労使間協議の焦点は，やはり賃金をめぐる交渉だった。そもそも労働組合の側は，労使協調に前向きな穏健派労組が多かったとはいえ，一方的に使用者団体や政府の賃上げ抑制の要求に応じたわけではない。もし労組指導部が妥協を最優先し，組合員の要求に応えることができないならば，むしろそれは指導部に対する各組合や一般組合員の信認を喪失させ，頂上交渉の信頼性を損ない，長期的に安定的な労使関係を脅かす。労組の指導者たちは，労使協調と引き換えに，明確な見返りを使用者団体・政府から引き出すことが，絶えず求められているのである。

　賃金抑制の見返りとして労組が得たものは，次の3つの便益に分類できる。この三種の便益の分類については，かつてイタリアの社会学者，ピッツォルノがヨーロッパのコーポラティズムを念頭に提示した「政治的交換」の議論に基づく。第一は政治的便益。賃金抑制で足並みをそろえた労組は，各種の審議会をはじめとする政策形成へのアクセスを与えられ，その政策的影響力が保障された。第二は組織的便益。コーポラティズムに参加した労組は，社会民主主義系，カトリック系，カルヴァン派系の三系統であり，彼らはライバルの共産党系労働運動との対抗上，さまざまな便宜を得ることができた。第三は経済的便益。賃金抑制に応じて政府は物価水準の抑制に努めたり，また使用者団体は労働者の解雇を控え，その雇用保障に努めるなど，政府や使用者団体は，さまざまな

手段を講じて労組の要求に応えようとした。

　またここで重要なのは，この「経済的便益」のなかから，所得の格差是正や社会保障給付の導入・拡充など，福祉国家形成につながる展開が始まったことである。すなわち政府・経営者団体は，労組に賃金抑制を呑ませる代わりに，老齢年金など社会保障制度の導入を確約したり，児童手当の増額を認めるなど，しばしば福祉の拡充で対応した。その結果，賃金抑制を通じて国際競争力の維持と輸出拡大を図りつつ，その果実を福祉国家による再配分にまわして労働者に均霑（きんてん）するという仕組みが，政労使の合意のうえに成立していったのである。コーポラティズムと福祉国家が，特にヨーロッパの小国において，車の両輪のように展開していったことがわかるだろう。

「オランダの奇跡」

　さらにオランダでは，「公労使」の協議機関として，1950年に設立された社会経済協議会（SER）があり，重要な役割を果たしている。社会経済協議会は，労使代表および政府任命の専門委員から構成される三者協議機関である（ただ専門委員は政府代表ではなく，専門的見地から審議に参加するため，「政労使」協議機関とはいえず，「公労使」協議機関ということになる）。かつて，社会経済関連の重要法案は，内閣が議会に提出する前にここに諮問することが義務づけられていた。しかも社会経済協議会のなかには多数の専門部会が置かれ，一定のスタッフも配置されていることから，法案に対する専門的なコメントや修正を行うことも可能だった。その結果，社会経済協議会が法案の内容にしばしば重要な影響を及ぼしたことが指摘されている。

　このオランダのコーポラティズムが国際的な注目を浴びたのは，1982年の政労使合意が経済危機の克服に大きく寄与したとして，「オランダ

の奇跡」と呼ばれ，世界的に知られたことによる。日本でも20世紀末から「オランダモデル」としてしばしば紹介され，各界からオランダに熱い視線が注がれた。

オランダではほかのヨーロッパ諸国同様，1970年代の石油危機以降，インフレと失業増，財政赤字などの経済的困難に見舞われた。特に賃上げの是非をめぐって労使対立が激化し，労働協会や社会経済協議会などの協議機関においても，政労使間の隔たりが大きく，合意形成が困難だった。むしろコーポラティズムこそが危機を深刻化させているとの批判も出るなかで，1982年に成立したルベルス中道右派政権は労使間の妥協と合意を実現すべく，積極的に労使に働きかけた。

最終的に同年秋，政労使三者は賃金抑制と労働時間短縮を柱とする合意を結ぶ。この合意は，協議の舞台となったワセナール（オランダ政治の中心地であるハーグの近郊都市）の地名をとってワセナール合意と呼ばれることが多い。賃金抑制を労組が受け入れる代わりに，使用者団体は労働時間の短縮を進め，労使の合意を政府が側面から支援することが約された。この合意に基づき，労使紛争はおおむね鎮静化し，オランダ経済も回復に向かい，政労使協調の枠組みに基づく政策形成への道筋が復活することとなった。なおここで打ち出された労働時間の短縮，それによる労働者の自由時間の増加は，ライフスタイルの多様化など労働者の現代的な生活意識の変化に即した対応でもあり，さまざまな政策的保障が加わった21世紀初頭以降は，ワークライフバランスをめぐるオランダモデルとしても，国際的に知られることとなった。

コーポラティズムへの批判と再評価

ただ，このように小国を中心に戦後の政治的安定を支え，福祉国家建設の重要な背景ともなったコーポラティズムについては，批判も根強く

存在する。特に個人的自由を重視する自由主義の立場からは，コーポラティズムは集団的利益を優先し，個人や自発的な団体活動を不当に抑圧する制度的装置ではないか，という見方も強かった。

　このコーポラティズム批判は，1990年代にいっそう広まりをみせる。グローバル化やヨーロッパ統合の進展，規制緩和などの圧力が各国経済に改革を迫るようになると，労使の同意を前提とするコーポラティズム的な意思決定手法は，むしろ機動的な政策対応を困難とし，グローバル時代に必要な改革を阻害する元凶と見なされる。さらに労組をはじめとする各種団体の組織率低下，活動の沈滞が顕著になると，それぞれの団体の「代表性」に疑問が向けられ，各団体はコーポラティズムを隠れ蓑に不当に特権的地位を享受する「既得権益」として批判を受けるようになる。これらの批判を背景とし，1990年代以降，各国でコーポラティズム的な制度は改革の対象となった。オランダでは社会経済協議会の委員数が削減され，内閣が社会経済関連の法案を社会経済協議会に諮問する義務は廃止された。

　他方，21世紀に入るころから，コーポラティズムを再評価する見方も出てきている。オランダ人研究者のフィセルとヘメレイクは，ワセナール合意を検討した『オランダの奇跡』において，危機を突破し，改革を積極的に進めるための有効な枠組みとしてコーポラティズムを描き，大きな反響を呼んだ。なおそのなかでフィセルとヘメレイクは，労使が各々の利害に固執して協調を拒む「がんじがらめの」コーポラティズムと，労使がいずれも党派的利害を超えて共通の政策目標を目指す「応答的」コーポラティズムを分けて論じている。コーポラティズムがいずれの姿をとるのかは，各国の政治的文脈，国際環境，労使関係のあり方などさまざまな要因が絡み合って決まるのであり，コーポラティズムについての評価を一義的に定めることは難しい。いずれにせよ戦後ヨーロッ

パ政治の展開を考える際，コーポラティズムのもたらした成果とその限界を無視して語ることはできないだろう。

参考文献

網谷龍介『計画なき調整 － 戦後西ドイツ政治経済体制と経済民主化構想』東京大学出版会，2021年

イエスタ・エスピン - アンデルセン『福祉資本主義の三つの世界 —比較福祉国家の理論と動態』ミネルヴァ書房，2001年

イエスタ・エスピン＝アンデルセン『平等と効率の福祉革命 － 新しい女性の役割』岩波書店，2022年

フィリップ・Ｃシュミッター，レームブルッフ，ゲルハルト編著『現代コーポラティズム』（Ⅰ・Ⅱ）木鐸社，1997年。

田中拓道『福祉政治史 —格差に抗するデモクラシー』勁草書房，2017年

永井史男・水島治郎・品田裕編著『政治学入門』ミネルヴァ書房，2019年

水島治郎『反転する福祉国家 —オランダモデルの光と影』岩波現代文庫，2019年

Katzenstein, Peter J. *Small States in World Markets: Industrial Policy in Europe*, Ithaca: Cornell University Press, 1985.

Alessandro, Pizzorno, "Political Exchange and Collective Identity in Industrial Conflict", in Colin Crouch and Alessandro Pizzorno eds. *The Resurgence of Class Conflict in Western Europe since 1968*, Vol. 2, New York: Holmes & Meier, 1978, pp. 277-98.

Jelle Visser and Anton Hemerijck, *"A Dutch Miracle": Job Growth, Welfare Reform and Corporatism in the Netherlands*, Amsterdam: Amsterdam University Press, 1997.

12 | 変容する戦後政治

水島治郎

《目標&ポイント》　1960年代末以降のヨーロッパにおける学生反乱や諸社会運動の活性化の背景として，環境やエスニシティ，平和といった非物質的争点を重視する脱物質主義的価値観の広がりについて紹介するとともに，この新しい価値観が政党政治に与えたインパクトについて検討する。またヨーロッパ統合も新たな段階を迎え，統合の深化が進行したことを示す。
《キーワード》　学生反乱，脱物質主義的価値観，緑の党，言語対立，ヨーロッパ統合の深化

1. 戦後政治の動揺

学生反乱と活発化する社会運動

　戦後再建がほぼ完了した1950年代後半以降のヨーロッパは，共同市場の成立にも支えられ，各国が経済成長を競いあう安定的発展の季節に入った。キリスト教民主主義・社会民主主義・自由主義の3極からなる穏健派政党が政治的優位を占めるなか，労使の協調と合意に基づく経済運営が円滑に実施され，福祉国家の建設と拡大が順調に進んでいった。1960年代のヨーロッパは「繁栄と安定」を謳歌した時代でもあった。

　しかし60年代末以降，ヨーロッパの政治社会は大きな変容を蒙った。経済成長と物質的豊かさの実現，それに伴うライフスタイルの変化と個人主義の浸透といった社会的な変化は，依然として権威主義的な政治社会構造と衝突し，さまざまな軋轢を招くとともに，新たな政治的対立軸

の出現，政党レベルの刷新を生んでいった。その意味で60年代末から70
年代は，「繁栄と安定」の共生関係が崩れ，「繁栄」が「安定」を掘り崩
した変容の時期だったといえる。そしてそれは，体制転覆などの変動は
生じなくとも，人々の価値観や政治態度に大きな変化が生じ，それが既
存の体制や政党のあり方に徐々に変化をもたらす，「静かなる革命」（イ
ングルハート）の時代でもあった。

　この変化を示した最も象徴的な出来事が，60年代末の各地における学
生反乱，そしてそれに連なる抗議運動の広がりだった。なかでも1968年
５月のパリに始まる学生反乱は，「五月革命」の名で国際的にもよく知
られている。フランスでも大学の大衆化が進むなか，それを受け止める
大学の施設や組織は貧弱で旧態依然としており，経済的繁栄を謳歌して
きた戦後生まれの若者たちの不満を招いていた。折しもベトナム反戦運
動が広がり，アメリカ帝国主義がやり玉にあがるなか，ドゴール政権の
教育政策への反対を発火点として，政府批判，そして権威主義的な政治
社会制度への批判が重なり，大学占拠等の実力行使が一気に広がった。
ここに市民や労働者層も連帯し，パリや各都市でストライキやデモンス
トレーションが多発するなど，フランスは戦後最大の騒乱の時，「五月
革命」を迎えた。翌69年，国民投票に敗れたドゴール大統領が辞任した
のも五月革命の余波といってよい。この1968年，西ドイツやイタリア，
オランダなど西ヨーロッパ各国でも同様の動きが広がり，学生たちは大
学の民主化，学生自治の実現を訴えるとともに，政治的な課題を掲げて
既存の体制に挑戦した。この時代に運動に参加したり，主体的に問題意
識をもってかかわった若者たちは，「68年世代」とも呼ばれている。

　この学生反乱に始まる抗議運動は，1970年代以降活発化する，さまざ
まな社会運動の呼び水ともなった。平和運動，環境保護運動，女性運動，
住民運動などの多様な運動が各国で展開され，しばしば68年世代がそれ

らの運動を牽引した。彼らの多くは高学歴の新中間層出身であり，従来のような，工業労働者主体で政治的・経済的要求を重視した労働運動とは異なり，参加や自治の拡大，社会のなかに遍在する権威主義的秩序の打破といった社会的な要求に力点を置いた。マルクスの著作を読み直して「搾取」よりも「疎外」の問題を提起した新たなる左派は，古い左翼と区別して「新左翼」と呼ばれることもあった。

「静かなる革命」

　これらの社会的な変動を的確に分析した『静かなる革命』（1977年）を著したのが，イングルハートである。彼は，先進諸国が工業社会から脱工業社会に移行するなかで，人々の間に「脱物質主義的価値観」が広がっていることを指摘したことで，以後の議論に強い影響を与えた。すなわち第二次世界大戦後の先進諸国では，戦争の不在，経済成長の達成などを背景に，物質的な充足がある程度実現される一方，人々の関心は物質的な要求から非物質的な要求へとシフトしている。高い教育水準を身につけた新しい世代の人々においては，「脱物質主義的価値観」が有力となっており，「経済成長」よりも「生活の質」の向上を重視する傾向が強い。戦後に生まれた若く高学歴の新中間階級が，新しい社会運動への参加を通じて，従来と異なる要求を政治的に表明しているともいえる。経済の拡大よりも環境保全を重視する環境保護運動などはその典型例であり，男女平等，マイノリティをめぐる運動もまた，脱物質主義的価値観によって後押しされた運動である。

　しかもこの脱物質主義的価値観の果たした役割は，単に新しいイシューを政治課題に載せるに留まらない。重要なのは，政治スタイルそのものの変化である。すなわち新しい世代の人々は，個人が直接参加し，発言する政治スタイルを志向する一方，政党や利益集団，労働組合といっ

た旧来の組織に縛られることを拒む傾向が強い。イングルハートは彼らのあり方を，「エリート挑戦型の政治的技能」と呼び，旧来の「エリート指導型の政治的技能」と対置させた。第三次産業の就業人口が第二次産業を凌ぎ，ホワイトカラー労働者層が雇用者の中核を占める脱工業社会においては，物質的な利得以上に，個々人のあり方を抑圧する，旧来の権威との対抗そのものが重要な意味を帯びたともいえる。

　それではこの社会変容は，各国の政党レベルでどのような変化を引き起こしたのだろうか。以下では，環境・平和とエスニシティという代表的な脱物質主義的イシューに注目し，前者については各国で誕生した緑の党，後者については言語対立を取り上げ，検討することとしたい。

2. 緑の党と「脱物質主義的」対立軸

緑の党の出現と伸長

　脱物質主義的価値観を体現した政党として知られるのが，各国で1980年代以降に議会進出を果たした緑の党である。その代表格がドイツの緑の党であり，長らく3大政党による独占状態にあったドイツ連邦議会に1983年，初めて進出を果たして風穴を開け，一気に国際的な知名度を獲得した。ドイツ以外にも，オランダ，ベルギー，スウェーデン，オーストリア，フランス，スイスなどの各国で，緑の党ないし類似の政党が有権者の一定の支持を獲得し，存在感を示してきた。

　なお緑の党については，日本では環境保護を訴えるシングルイシュー（単一争点）政党というイメージが強いが，実際には反原発などの環境問題のほか，平和主義，市民参加，マイノリティ擁護，男女平等などのさまざまな進歩的主張が展開されており，単純に「環境政党」と一括りにできないことに注意する必要がある。特に1970年代後半，NATOの中距離核戦力の配備計画について，各国で市民の集まる反対運動が広が

りをみせたが，この動きも緑の党などにとって追い風となった。

　政党レベルで脱物質主義的価値観の表出をみた主たる舞台が，既存の政党ではなく，緑の党という新党だったことには理由がある。1970年代以降活発化した，環境保護や平和，男女平等などを訴える社会運動に対し，既成政党の側は概して冷淡だった。確かに社会民主主義系の政党の場合は，もともと社会運動に対して開放性の高い構造を持ち，党内に環境問題に関心のあるメンバーも一定程度存在していたが，西ドイツをはじめ1970年代の社会民主主義政党は政権の座を占めることが多く，原子力発電所増設や中距離核戦力配備をめぐる反対運動などの社会運動と真っ向から対立した。そのため新しい社会運動は既成政党に受け皿を見出すことができず，独自の政党を結成することとなったのである。

政治的対立軸の変化

　この社会変容は，どのような政治的対立軸の変化をもたらしたのか。以下，比較政治研究者のキッチェルトの議論などを手がかりに考えてみたい。従来ヨーロッパ政治で主要な政治的対立軸となってきたのは，左右の経済的な対立軸，すなわち市場経済を重視する右派と国家介入を重視する左派という対立軸だった。しかし脱工業社会の到来，そして脱物質主義的価値観の広がりにより，新たな対立軸が生成しているとみることができる。それが「脱物質主義的」対立軸であり，経済よりも社会文化的な対抗を示す対立軸である。

　経済的な対立軸が物質的な「分配」の是非をめぐって争われるのに対し，この「脱物質主義的」対立軸においては，「個人の自律」の是非が争点となる。すなわち個人の自律性を尊重するリバタリアン志向と，権威主義志向とが対極に立つのであり，環境保護，ジェンダーやエスニシティ，平和運動，市民の直接参加など「新しい政治」を求めるリバタリ

アン志向の政治と，権威主義志向の政治とが対抗する。1980年代以降顕在化した，緑の党などの社会運動系の新しい政党や，新しい右翼と呼ばれる保守ナショナリスト系政党の出現などは，この脱物質主義的対立軸から説明することができる。

　旧来の左右軸と，新しい対立軸は，一見するといずれも「保守と革新」「右と左」で括れそうであり，結果的に一致するように思える。福祉国家拡大に反対する保守的な人は，同時に環境問題やジェンダーについても保守的な態度をとるのが自然と思える。しかし，ことはそう単純ではない。たとえば「個人の自律」を志向するリバタリアン的態度は，福祉国家の拡大による国家管理の浸透への拒否として現れることがあり，福祉国家に賛成とは限らない。実際，福祉国家の順調に拡大していた1960年代末に生じた学生反乱や社会運動は，しばしば福祉国家化と同時進行で展開する管理国家化に抵抗し，「自律」を取り戻そうという動きでもあった。また，エスニシティを重視し，マイノリティの自決を訴える立場が，中央政府による再分配に批判的であることも十分ある（ベルギーについては次節を参照）。そして他方，福祉の充実，社会的弱者への再分配を支持する態度が，リバタリアン志向とは一致せず，むしろ「自国民の福祉を守る」ことを重視して外国人排除，マイノリティ批判の動きと接合することもありうる（第14章で言及する「福祉排外主義」も参照）。経済的対立軸と社会文化的対立軸は，基本的には独立した対立軸なのである。

　そしてこの脱物質主義志向の顕在化は，既成政党の方向性にも重大な影響を与えざるを得ない。特に影響を受けたのが社会民主主義政党である。社会民主主義政党の伝統的支持層だった工業労働者層が先細りし，中間層化したホワイトカラー労働者の存在感が増すなかで，「財の分配」を重視する福祉国家拡大路線には限界があることが明らかとなる。そこ

で1980年代後半以降，各国の社会民主主義政党は，中道路線にシフトしたり，あるいは積極的に環境問題やジェンダー，マイノリティなどのテーマを扱うことで支持の拡大を図る戦略へと移行する（後者の戦略をキッチェルトは「左翼リバタリアン政治」と名づけている）。1980年代末，西ドイツの社会民主党の新しい指導者として台頭し，一時は期待を一身に背負ったラフォンテーヌは，そのような社会民主主義政党の変化を象徴する人物であった。

　ただ，この新たな対立軸の出現をもって，ロッカンの学説（第7章参照）以来の社会的亀裂に新たな亀裂が加わったといえるだろうか。そう主張する議論はある。確かに，20世紀の各国政治を規定してきた最も重要な亀裂，すなわち階級と宗教の亀裂が政党システムにおいて果たす役割は，明らかに減少している。キリスト教民主主義政党と社会民主主義政党の二大政党の合計得票率は，1970年代以降各国で減少が続いている。そして一方で緑の党，他方で新右翼政党などが各国議会に次々参入している近年の展開は，「新しい亀裂」（ニュー・クリーヴィッジ）論を正当化するようにみえる。

　この議論によれば，国民革命，産業革命に次ぐ第三の革命である「脱工業革命」により，「工業－脱工業」，「公的セクター－私的セクター」といった，新たな亀裂が生まれつつあるという。ダルトンは，このような新たな亀裂の出現により，政党システムが「脱編成 dealignment」を経て「再編成 realignment」していくと主張している。しかし「脱物質主義」的な価値観は，社会全体に影響する面もあり（たとえば男女平等をめぐる人々の意識が全般的に「平等」志向へと変化しているとすれば，男女平等の是非が先鋭的な対立を生み出すとは限らない），亀裂として継続的に政党システムに影響を及ぼすのか，必ずしも定かではない。

緑の党の「現実路線化」

　さて各国で続々と結成され，議会にも進出を果たした緑の党であるが，既成政党との間に政策的な対立が続き，また直接民主主義を重視する党内文化がエリート主導型の既成政党に強い違和感を抱かせたものの，次第に両者の間の距離は縮んでいく。地球温暖化問題をはじめとする，1990年代以降の環境問題に関する国際的な意識の高まり，そしてEUレベルにおける環境政策の進展は，既成政党においても環境に関する取り組みと政策の修正を促した。さらに先述したように，既成政党，特に社会民主主義政党においては，脱物質主義的価値観による新しいイシューを積極的に取り込む動きが進む。また冷戦の終結は，核兵器配備の是非をめぐる「平和」の争点を塗り替え，緑の党と既成政党との対立を緩和させた。

　他方緑の党の側でも，現実の政策に影響力を与えることを重視し，既成政党との妥協を厭わない現実派が存在感を高めていく。ドイツの緑の党が1998年に初めての国政で政権参加を果たしたのはその現れであり，州レベルでは保守系のキリスト教民主同盟／社会同盟（CDU／CSU）と連立政権を組む「黒緑連合」が成立する例さえ出てきた。もともと高学歴で公共セクター出身者の多い緑の党には，政策立案や法案作成などの政策技術に通じたメンバーもおり，その意味で政権参加という選択は不自然ではなかった。さらに2010年代後半には，オーストリアで緑の党出身の候補者が大統領選挙で当選し，初の緑派の国家元首となった。68年世代の登場から50年を経て，「緑」はもはやヨーロッパ政治において主流化しつつあるといえるだろう。

3. エスニシティと政党政治の変動

　次はエスニシティの活性化のもたらした政治的影響について，ベルギ

ーを取り上げて検討する。

　1970年代以降の政党政治の変容を考えるとき，最も早期に政党レベルで大きな変動を 蒙 った国として挙げるべきは，実はベルギーだろう。ベルギーではすでに1970年代の時点で，主要政党が全てエスニックな亀裂に基づいて分裂したため，全国規模の政党が事実上消滅してしまったからである。ほかの西ヨーロッパ諸国の場合，主要政党は得票率の低下，新党の挑戦に悩まされつつも，21世紀に至るまで基本的に党の一体性は維持してきた。しかしそれに対しベルギーでは，主要政党が残らず分裂の憂き目を見，それ以後政党間のエスニックな分断は強まる一方である。エスニックな亀裂が，政党政治の最も重要な分断線となっているのである。そこで以下，ベルギーの主要政党の分裂に至る展開を簡単にみてみよう。

　ベルギーは1830年にオランダによる支配を脱して初めて成立した，ヨーロッパでは歴史の浅い国である。しかし国内に複数の対立を抱え，人々の「ベルギー国民」としてのアイデンティティは弱いままだった。たとえば，独立を主導した勢力は自由主義ブルジョワジーであり，彼らは自由主義の諸原理を盛り込んだ進歩的な憲法を制定して社会の近代化を志向し，それと併せて教育の近代化を目指し，学校教育におけるキリスト教の関与の排除（＝教育の世俗化）に取り組んだが，これは学校への宗教的影響力の温存を図るカトリック勢力から強い反発を受け，以後，宗教・世俗の対立はベルギー政治を規定する重要な亀裂の一つとなった。またベルギーの場合，早期に大規模な形で産業化が進展した結果，労働運動が急進化し，西ヨーロッパ諸国のなかでも対立的な労使関係が形成され，やはり資本－労働が重要な亀裂の一つとなった。しかしベルギー政治で最も継続的なインパクトを与えてきた亀裂は，やはり言語をめぐるエスニックな対立だった。

　ベルギーでは，北部のフランデレン（英語名フランダース）がオランダ語地域であるのに対し，南部のワロニー（英語名ワロン）はフランス語地域であり，さらに首都ブリュッセルはフランス語とオランダ語が用いられる両語圏となっている（なお東部に小規模なドイツ語地域もある）。

　人口規模ではフランデレンがワロニーを凌ぐものの，かつてワロニーは石炭・鉄鋼業が発達し，経済発展の中心地だったこと，建国の立役者だったブルジョワジーもフランス語話者で占められていたことなどから，当初ベルギーではフランス語がオランダ語に対し圧倒的優位に立っていた。政治経済エリートはフランス語話者が独占し，ブリュッセルもフランス語が優位であり，フランデレンでも社会的上層ではフランス語が使用された。

　19世紀後半以降，オランダ語復権の動きが高まり，行政や教育分野におけるオランダ語使用が認められていく。そして20世紀に入るとフランス語とオランダ語の対等が定められるが，20世紀前半までは，実質的なフランス語の優位は継続していた。

　第二次世界大戦後になると，重厚長大産業を抱えたワロニーが地盤沈下し，失業率も高水準が続いた一方，人口規模の大きいフランデレンが政治経済的に存在感を増した。むしろフランデレンは，観光産業や先端的産業を軸に地域経済の活性化に成功し，経済的にワロニーを凌ぐことができた。ただ，フランデレンの大学などにおけるフランス語使用はしばらく続いていた。また，フランデレン内に位置する首都ブリュッセルにおけるフランス語の優位が継続したため，近隣のオランダ語地域にブリュッセルに通勤するフランス語話者やその家族が居住し，フランス語使用が周辺地域を「浸食」する現象も起きた。これらが火種となり，言語紛争がしばしば激化する。その過程でフランデレンやワロニーの双方

図12-1　ベルギーの首都ブリッセルにおけるフランス語・オランダ語の二言語表示

　に地域政党が出現し，地域的・言語的利益を第一に掲げて対立を急進化
させた。

　これに対し全国政党である主要政党は，当初は言語対立を抑制しよう
と試みたものの，党内の突き上げもあって1970年代にはそれも困難とな
り，キリスト教民主主義政党，社会民主主義政党，自由主義政党のいず
れもが，言語に沿って党が分裂した。言語を軸とするアイデンティティ
の政治が，財の分配を軸とする旧来の政治を凌いだのである。

　なお数次にわたる憲法改正を経て，ベルギーは1990年代，地域・言語
に基づく連邦国家化を完成させた。しかし1990年代以降，特にフランデ
レンでオランダ語圏の独立・自立を主張する右派ポピュリズム政党が伸
長したこと，また，言語問題については主要政党もしばしば非妥協的な
姿勢をとったことなどから，21世紀に入り，選挙後の組閣はしばしば困
難となっている（ポピュリズムについては第14章を参照）。

　ロッカンの学説で示されたように，ヨーロッパ政治の基本的な対立軸

は，主として階級と宗教の二つからなっており，キリスト教民主主義政党・社会民主主義政党・自由主義政党の三極からなる政党システムは，その階級と宗教の亀裂を反映したものだった。しかし言語をはじめとするエスニシティの政治的表出が進むにつれ，これら主流派政党においてもエスニックな線が鋭く走り，その分断を招く結果となった。

4. ヨーロッパ統合の展開

統合の「停滞」？

　さて1950年代後半に順調な滑り出しをみせたヨーロッパ統合であるが，60年代から70年代にかけての時期は，外見的には顕著な展開があったとはいえず，「停滞」が語られることもあった。確かに1967年7月には，ECSC，EURATOM，EEC の三共同体の中核組織（閣僚理事会と委員会・高等機関）が合併し，ヨーロッパ共同体（EC: European Communities）が成立したなどの展開があった。しかしこの EC の設立自体は，質的に新しい組織を設立したというよりは，オランダの当初からの主張を受け入れつつ，行政事務の効率化を目的とした組織の再編という面が強かった。

　そして1960年代，統合の動きに重大な挑戦を突きつけたのが，フランスのドゴール大統領である。超国家主義より政府間協調を重視し，またアメリカから軍事面の自立を追求したドゴールは，ほかの五か国とたびたび衝突し，統合の進展にブレーキをかけた。そしてイギリスの EEC 加盟交渉は，2度にわたるドゴールの拒否によって失敗に終わった。

　1965年，EEC のハルシュタイン委員長のもとでまとめられた諸改革提案は，EEC 委員会の権限強化，理事会における特定多数決制の拡大，固有財源の確立などを含む超国家的統合に向けた重要な一歩だったが，ドゴール下のフランス政府はこれを拒否し，EEC 委員会などの基幹組

織からフランス代表を引き上げる強硬手段で対応した。いわゆる「空席
危機」である。最終的にこの問題は，翌66年のルクセンブルクにおける
特別の閣僚理事会において，理事会における全会一致制の維持が確認さ
れるなどして決着したものの，以後の統合の進展にブレーキをかける結
果となった。

統合の前進に向けて

　他方，1973年にはイギリス，アイルランド，デンマークがEC加盟を
果たす。また1971年のブレトンウッズ体制の崩壊という国際通貨危機の
発生を受け，当初は加盟諸国の通貨を一定の変動幅に抑える「スネーク」
と呼ばれる方式が採用され，これは発展して1979年，EMS（欧州通貨
制度）の制度化に至る。欧州通貨単位（ECU）が創設され，参加国の
通貨の変動幅は原則的に平価の上下2.25％以内に設定されるなど，通貨
統合に向けての歩みが本格的に始まる。このEMSの一定の成功を踏ま
え，20世紀末の単一通貨ユーロの導入が可能となっていったのである。
　また同じ1979年には，欧州司法裁判所の判決により，商品規制を加盟
国間で相互に承認することを求める「相互承認原則」が確認されたが，
これは後の市場統合の完成に向けた重要なステップとなった。ECの民
主的正統性を高めることを目指し，ヨーロッパ議会において，加盟国国
民の直接選挙による議員選出を行うことを定めたのも1979年だった。こ
のように1970年代は，目を引く改革は多くなかったものの，ヨーロッパ
統合の深化に向けた法律・政治・経済の各分野における重要な展開が進
行した。1980年代半ば，ドロール委員長のもとで域内市場白書と単一欧
州議定書が採択され，域内市場の完成にむけた期限設定や欧州議会の権
限強化，閣僚理事会における特定多数決制の採用など，統合を大きく前
進させる諸改革が実現したことは，それに先立つこれらの展開を抜きに

しては考えられない。

　その意味でこの1970年代は，いわばヨーロッパ統合の「静かなる革命」の時代だったのであり，本章で扱った各国社会における「静かなる革命」と併せて，ヨーロッパレベルの巨大な社会変動が徐々に，しかし確実に進行していたといえよう。

参考文献

岩崎正洋編著『政党システムの理論と実際』おうふう，2011年

イングルハート，R.『静かなる革命　―政治意識と行動様式の変化』東洋経済新報社，1978年

犬童一男・馬場康雄・山口定・高橋進編『戦後デモクラシーの安定』岩波書店，1989年

犬童一男・馬場康雄・山口定・高橋進編『戦後デモクラシーの変容』岩波書店，1991年

遠藤乾編『ヨーロッパ統合史』名古屋大学出版会，2008年，特に第五章・第六章

篠原一『市民の政治学』岩波新書，2004年

西田慎『ドイツ・エコロジー政党の誕生　―「六八年運動」から緑の党へ』昭和堂，2010年

松尾秀哉『ベルギー分裂危機』明石書店，2010年

吉田徹『居場所なき革命　―フランス1968年とドゴール主義』みすず書房，2022年

H. Kitschelt, *Transformation of European Social Democracy*, Cambridge: Cambridge University Press, 1994

13 政権交代の夢と現実

水島治郎

《目標＆ポイント》 ヨーロッパ諸国をモデルとする「政権交代可能な二大政党制」は，日本でも望ましい政治の姿とされてきたが，実際はどうだったのか。ここでは西ドイツ・フランス・イギリスで生じた戦後政治を画す重要な政権交代について順に検討し，政権交代を可能にした条件や政権交代によって実現した政策転換について学ぶ。特に社会民主主義に注目し，世紀転換期に各国を席巻した「第三の道」についても検討する。
《キーワード》 政権交代，ドイツ社会民主党，フランス社会党，イギリス労働党，第三の道

1．政権交代：その必要性と可能性

「政権交代可能な二大政党制」

第10章で示したように，戦後しばらくの間，西ヨーロッパ各国の政治を主導した勢力は保守系の政党だった。大陸ヨーロッパにあってはキリスト教民主主義政党，イギリスにあっては保守党が，長く与党として政権の座を占めたのである。これに対し第二勢力としての社会民主主義勢力は，概して野党暮らしを強いられた。しかし各国の社会民主主義政党は，戦後政治の展開のなかで，保守系政党に対抗する政治理念，政党組織，そして指導者を生み出すことにより，政権交代を実現させていく。

なお政権交代をめぐる議論は，実は日本において，特別な意味を帯びてきた。なぜなら日本では，戦後長期にわたり自民党による一党優位体

制が存続し，政権交代そのものの可能性が低い状態が続いており，「政権交代の不在」こそが日本における民主主義の未成熟，未発達を示すものとみなされてきたからである。

　その結果，とりわけイギリスを念頭に，「政権交代可能な二大政党制」を創出することが必要とされた。1990年代，二大政党制を念頭に衆議院に小選挙区制度が導入されたのは，その表れである。この選挙制度改革により，衆議院選挙では全国を300の小選挙区に分割する小選挙区制度が導入され，全国11ブロックの比例代表部分と併せ，小選挙区比例代表並立制度が始まったのである。一つの選挙区で（原則として）3〜5人が当選するかつての中選挙区制度は，同じ選挙区の中で複数の与党候補者が争うことで派閥対抗の場となり，しかも野党候補者の乱立を促すことで，二大政党制や政権交代を妨げるものとされた。これに対し小選挙区制度は，二大政党が有権者に見える形で政策の対抗軸を示して選挙戦を戦う制度であり，有権者の判断いかんで与党が容易に政権の座から滑り落ち，野党が政権を獲得して政権交代が実現する，民主主義にとって望ましい仕組みだと考えられたのである。

　ただ，選挙制度改革を経た日本政治で，実際に「政権交代可能な二大政党制」が実現したとはいいがたい。21世紀に入っても，自民党の優位が継続するなか，2009年に久々の政権交代を実現した民主党政権は，2012年に早くも総選挙で大敗し，政権から退場した。民主党政権は，掲げていた改革案の多くを実現することができず，むしろ政治的混乱を与えたとの印象も強かったことから，2010年代の日本では，政権交代への幻滅が広がったのである。

　本章では，ドイツ，フランス，イギリスにおける政権交代の実例を扱う。3国のいずれにおいても，長期にわたる保守支配を崩して社会民主主義政権を樹立し，しかも政権獲得後に一定の改革に成功して以後の各

国政治に持続的な影響を与えた，歴史的重要性を持つ政権交代を取り上げる。この３国における政権交代の展開と意義を考えることは，日本における政権交代のあり方を考えるうえで，重要な示唆を与えてくれるだろう。

政権交代の条件

　さてそれでは，そもそも政権交代が可能となる条件は何だろうか。政治学者の高橋進の議論などを参考にまとめると，以下の３点が指摘できる。

　第一は，政権交代を目指す野党における，政党としての自己革新である。保守政権が続き，万年野党化しつつある野党勢力にとって，政権奪取を実現するためのハードルは高い。しかしその困難を乗り越えて実現した政権交代の事例をみると，いずれも野党において，党自体の改革に成功し，そのうえで政権交代を達成したことがみてとれる。

　党改革として具体的に挙げられるのは，以下の３点である。一つめは党の理念・基本政策にかかる改革。長期の野党暮らしを強いられている政党が政権を獲得するのであれば，時代に合わせ，党の掲げる理念や基本政策を改革することが必須である。二つめは，党組織の改革。党の看板を取り換えるだけでなく，党内部における意思決定のあり方，情報の流れにもメスを入れることで，政権交代に向けて党を挙げた組織的な活動が可能になる。三つめは，新しい党リーダーの選出。政権交代を実現できなかった旧来のリーダーに代え，党の刷新を体現する新たなリーダーを選び出し，選挙を戦うことが必要である。イギリス労働党におけるブレアの選出は，その典型だった。このように，理念・組織・リーダーの３つのレベルにわたって党改革を実行することで，政権交代を実現するにふさわしい野党の陣容が整うのである。

　第二は，政党間競合における革新である。選挙で競合する政党は，与党であっても野党であっても，対抗相手との関係において位置取りを行い，自らに有利な陣地を確保しようとする。しかし，選挙で負け続けている野党が同じ位置取りを続けても，展望が開けないのは明白である。必要なことは，政権政党との関係において対立軸を明確に打ち出し，「新しさ」を演出することである。野党の側からアジェンダを積極的に提示し，新たな競合軸を自ら創出するならば，政党間競合のあり方そのものに根本的な変化を起こし，優位を保ってきた与党に揺さぶりをかけることができるだろう。1990年代後半にヨーロッパ各国を席巻した「第三の道」は，そのような新たな競合軸を提示した革新ということができる。

　第三は，与野党を取り巻く環境の変化として，「政治気候変動」とよばれる現象が生じることである。従来の政権政党による統治に対する否定感が共有されるとともに，新たな政権に対する期待感が高まる状況を指す。

　長期政権は「安定感」をもたらすこともあれば，「飽き」をもたらすこともあり，どちらに振れるかはマクロな政治的・社会的状況に依存する。「政治気候変動」は，野党側の努力だけで招来できるものではない。しかし長期政権への有権者の意識が「飽き」の方向に振れ，政治気候変動が生じているときに，野党の側で党改革や新リーダーの選出が進まず，受け皿の準備が整っていない場合には，野党への期待はやがて「失望」へと転化し，有権者の思いは安定した長期政権への「信頼」へと回帰するであろう。

　以下，各国における歴史的政権交代について，時代順に西ドイツ，フランス，イギリスについて取り上げる。

2. 西ドイツにおける政権交代

SPD（ドイツ社会民主党）の困難

　まずは戦後西ドイツにおける初めての政権交代となる，SPD（ドイツ社会民主党）による政権獲得をみてみよう。

　戦後の西ドイツでは，非左派勢力を結集した中道右派政党のキリスト教民主同盟／社会同盟（CDU／CSU）が，自由民主党（FDP）などと連立し，政権を維持してきた。CDUは，戦前のカトリック政党の中央党の流れを受け継ぎながら，戦後，カトリックとプロテスタント双方に開かれた政党として結成され，多様な社会層の結集する政党を目指していた。地域ごとに独立性が強く，思惑も異なるさまざまな背景を持ったCDUをまとめ上げたのが，アデナウアーである。彼のもとでCDU／CSU（CSUはバイエルン州を基盤するCDUの姉妹政党）は，西ドイツ発足（1949年）以後20年にわたり一貫して政権の中核を占め，首相の座を独占することに成功する。

　西ドイツの基本政策もまた，アデナウアー率いるCDU／CSUが中核として敷いたものだった。すなわち西ドイツは，外交面では，1940年代末以降深まる東西対立において西側世界への所属を明確化し，軍事的・経済的に西側へのコミットメントを選択する。また経済面では，経済自由化をはじめとする自由主義的な資本主義経済を基調としつつも，「社会的公正」を加味した「社会的市場経済」を歩むこととなった。これらの外交・経済をめぐる路線選択は，いずれもCDU／CSUの理念と政策に添うものだった。戦後の「奇跡的」とされる経済復興の成功と併せ，CDU／CSUはまさに西ドイツ国家の成立と発展を支えた立役者であり，「CDU国家（CDU-Staat）」という言葉すら語られたのである。

　この構造的優位に立つCDU／CSUに対し，万年野党化しつつあった

SPD が挑戦することは容易ではなかった。当初 SPD は，外交面・経済面のいずれにおいても，CDU／CSU と対照的な政策を掲げていた。すなわち外交面では「西側選択」を批判し，東西ドイツの分断を克服するための「ドイツ再統一」を掲げ，また経済面では「生産手段の公有化」「経済の計画化」という社会主義色の強い政策を打ち出していた。

　しかし東西対立が本格化し，西側資本主義陣営に与する形でドイツの国際社会への復帰が進むなか，SPD の主張は次第に説得力を失っていく。CDU／CSU の主導する戦後復興と経済成長が一定の成功と評価を受ける一方，SPD の立場は現実味のない理想論とみなされ，選挙ではCDU／CSU に引き離される一方だった。1957年の連邦議会選挙では，CDU／CSU は得票率が50％を越え，初めて単独過半数を獲得したのに対し，SPD は20ポイント近く差をつけられ，後塵を拝す結果となった。このままでは，SPD が万年野党と化すことは確実だった。

政権交代の実現へ

　この状況を背景に，政権奪取を目指す SPD の改革が開始された。1959年，SPD はバート・ゴーデスベルク綱領を採択し，市場経済や国防を肯定する新路線を提示する。そして1960年には，CDU／CSU と「共通の外交政策」を打ち出し，西側軍事同盟への参加を認める方向を明示した。経済・外交の基本政策について，CDU／CSU の敷いた路線を承認したのである。ドイツ政治研究者の安井宏樹はこれを，「共通の土俵にひとまず乗ったうえで，そこから SPD の新しい独自性を打ち出していこうとする戦略だった」と評している。

　また SPD の顔となるリーダーには，ヴィリー・ブラントが就任した。彼は亡命者出身という異色の経歴を持ち，SPD の屋台骨だった労働運動との関係も薄く，一種のアウトサイダーだったが，西ベルリン市長を

経て1960年の党大会で首相候補に指名され，CDU／CSU と対峙するリーダーとして，路線転換後の SPD を率いることになる。

　政権交代に向けた重要な転機となったのが，1966年の大連合政権（〜1969年）への参画である。CDU／CSU と連立政権を組んでいた FDP（自由民主党）が，財政政策をめぐる対立から連立を離脱したことから，SPD は期せずして政権に加わることとなった。すなわち CDU のキージンガーを首班とし，CDU／CSU と SPD からなる大連合政権が成立したのである。そして20の閣僚ポストのうち，9ポストを SPD が占め，外相，経済相，法相などの主要ポストを握った。ブラントは副首相兼外相に就任した。そしてこの大連合政権下で，SPD は経済政策などで一定の成果を出し，有権者の信認を得ることに成功する。

　そして1969年の連邦議会選挙は，それまで大連合政権を組んできた CDU／CSU と SPD による，政権獲得をめぐる正面対決となった。安井宏樹が示すように，特に注目されたのが外交政策と通貨政策であり，とりわけソ連・東欧諸国との関係の行き詰まりをどう打開するかが焦点となった。第二次世界大戦以前の国境維持にこだわり，東ドイツを国家として認めることを拒否する CDU／CSU と，現状をひとまず承認することで東側諸国との関係改善，緊張緩和を実現すべきとするブラントの SPD との間には明確な相違があり，その選択が有権者の手に委ねられたのである。

　総選挙の結果，SPD の得票率は前回を3.4％上回る過去最高の42.7％に達し，CDU／CSU に次ぐ第二党ながら，存在感を示すことに成功する。そしてブラントは FDP との連立交渉に直ちに着手し，外相ポストを FDP に提供するなどの巧みな交渉戦術で，ブラントを首班とする SPD・FDP からなる連立政権の樹立に成功したのである。

　こうして CDU／CSU の長期支配に終止符を打ち，1969年に成立した

ブラント政権は，各分野における改革を実現した政権としても知られている。なかでもブラントの主導した東方外交の展開は，国際政治上も重要な意味を持った。ブラントは，東側諸国との和解を通じた緊張緩和を重視し，それまでの CDU／CSU の外国政策を大きく転換した。新政権はまず，国境に関してオーデル－ナイセ線の尊重を明示し，ソ連・ポーランドとの国交正常化に成功する。そして西ドイツと東ドイツの間で基本条約を締結したうえで，1973年，両国の国連同時加盟が実現した。1970年代のヨーロッパにおけるデタント（緊張緩和）の展開を考える時に，西ドイツのブラント政権の果たした役割は大きい。

　また内政面でも，ブラント政権は教育制度・家族制度の改革や，労使共同決定制度の拡充といった成果を挙げた。なおブラント政権の成立で初めて下野した CDU／CSU も，これ以後党改革に努め，再度の政権交代による政権奪取に至るまで，準備の時を送ることになる。このように政権交代は，西ドイツの戦後デモクラシーを大きく前進させるうえで，重要な役割を果たしたといえる。

3. フランスにおける政権交代

第五共和制と大統領制

　次はフランスである。議院内閣制のドイツと異なり，フランスでは1958年にドゴールによる「クーデタ」により成立した第五共和制は大統領制を採っており，大統領に任期7年（後に5年に改正），首相任命権，解散権など強力な権力を与えていた。この状況下で政権交代の実現は，野党による大統領選挙での勝利を通じた政権獲得の可否いかんにかかることになる。

　そもそも第五共和制が大統領中心の制度となった背景には，議院内閣制だった第四共和制で不安定な政権が続き，アルジェリア独立問題など

の重要課題に適切な対応を採れなかったことへの反省があった。そして
第五共和制創設の立役者として正統性を持つドゴール、そして彼の流れ
を汲むドゴール派が各種選挙で優位に立ったことはその自然な流れだっ
た。実際、ドゴール派を含む右派は大統領選挙や議会選挙で勝利を重ね
たのである。

　これに対し、野党を担うはずの左派勢力は、第五共和制下でも分裂を
重ねていた。社会党、統一社会党、急進社会党、共産党などの多様な左
派政党が存在し、イデオロギー対立を繰り広げていた。しかもこの左派
勢力の四分五裂状況は、フランスの選挙制度のもとで特に不利に作用し
た。大統領選挙と国民議会選挙は、いずれも第一回投票による上位者が
決選投票に進み、決選投票を制した者を当選させる仕組みを採用してい
たからである。この決選投票で当選するためには、自党支持者に限定さ
れない、幅広い支持を獲得することが不可欠である。しかし左派政党が
乱立し、しかも相互に対立する状況では、左派勢力の大同団結による選
挙での勝利は困難だったのである。

ミッテランの台頭と大統領当選

　しかし、この状況を転換させ、遂には大統領選挙に勝利して政権交代
を実現した人物が、フランソワ・ミッテランである。もともと彼は左翼
出身ではなく、第四共和制下で閣僚を複数回経験した人物であり、その
意味で左派の新しいリーダーにふさわしい存在とはいえない。しかし彼
は、この第五共和制の論理を十分に踏まえつつ、綿密な政治戦略を練り、
左派勢力のリーダーとして台頭し、政権交代を達成した。

　当初中道の小政党を率いていたミッテランは、ほかの政党や政治グル
ープと合従連衡を繰り返し、左派勢力内で勢力を増していく。すでに
1965年には、社会党、急進党などを含む左派の統一候補として大統領選

挙に出馬し，敗れたものの善戦している。

　ミッテランが名実ともに左派リーダーとして表舞台に立ったのが，（新）社会党の結成大会となった1971年のエピネー大会である。旧社会党，ミッテラン率いる CIR（共和国制度会議），キリスト教左派など多様な左派勢力が合同し，新たな社会党を結成したこの大会で，ミッテランは旧社会党内の反主流派グループと連携し，自らを新たな社会党の第一書記（党指導者）に選出させることに成功する。いわば「小が大を呑む」方式で，ミッテランは左派勢力の頂点に駆け上ったのである。以後彼は，明確な左派路線のもと大統領選挙の勝利を目指してさまざまな動きを進めていく。

　まず党のイデオロギーについてみれば，ミッテランのもと，社会党は旧社会党の中道路線とは反対に，社会主義路線を明確にした。「資本主義との訣別」を高らかに掲げた社会党は，経済の計画化や国有化，企業内民主主義の推進，地方分権，男女平等，完全雇用など改革志向を明示し，保守支配からの大胆な転換を打ち出した。

　社会党自体も変化した。吉田徹が述べるように，「政党システムの次元とは異なった次元で，社会党は党内の諸派閥の動員によって党勢を拡大させていた」。各派閥を結節点として，さまざまなテーマを軸に活動家（ミリタン）が集い，党の活性化が進んでいった。その結果，1971年時点で8万人だった党員数は，10年後の1981年に20万人を超えた。

　社会党の政治戦略は，共産党を含む左派勢力の結集に明確に舵を切った。具体的には，共産党との連合を明示し，社共連合による大統領選挙の勝利を目指して選挙を戦う方針を明確にしたのである。そもそも共産党は，50万人もの党員を抱え，フランス最大の労組である CGT（労働総同盟）と密接なつながりがあったことから，共産党の積極的な支持を獲得することは，政権交代を実現するうえで必須と思われた。そこで両

党は作業部会を設けるなどして政策のすり合わせを行い，その成果は
「左派共同政府綱領」として公表された。

　この社共連合を基盤として1974年の大統領選挙に挑んだミッテラン
は，右派候補のジスカールデスタンと決選投票に臨み，得票率49.19％
の僅差で敗北したものの，当選まであと一歩と迫った。分厚い組織を背
景とした共産党と連合を組んだ効果は明らかだった。

　そしてさらに入念に戦略を立てたミッテランは，1981年5月10日の大
統領選挙の決選投票で，51.82％の得票率でジスカールデスタンを下し，
第五共和制の第4代大統領に選出されたのである。ミッテランを支持し
た人々の最大の理由は「フランス社会に大きな変革をもたらす」からで
あり（42％），まさに変革への期待を背負ってミッテラン政権が船出し
た。なお続いて行われた国民議会選挙でも社会党が大勝し，モーロワ内
閣が発足したことにより，大統領府と内閣が歩調を合わせて改革を推進
する体制が整った。

ミッテラン政権の政策転換

　このように変革を期待されたミッテラン政権であったが，就任後の諸
分野における改革路線は，特に財政政策・金融政策をはじめとする経済
分野において，大きな挫折を余儀なくされた。国内需要創出を目指した
拡張志向の経済政策は，輸入の増加と通貨下落の圧力，インフレをもた
らし，失業率も上昇した。特に桎梏となったのは，各国通貨の変動幅を
一定以内に留めるEMS（欧州通貨制度）にフランスが加盟していたこ
とであった。フラン下落の圧力のもと，ミッテラン政権はEMS離脱か，
EMS残留のために政策転換を行うかという選択の前に立たされた。こ
の困難な状況下，1983年にミッテラン政権は政策転換を図り，インフレ
抑制と通貨安定を重視して財政支出削減・増税をはじめとする緊縮政策

へと舵を切った。グローバル化，ヨーロッパ化の流れのなかで，一国単位の国民経済を前提としたミッテランの社会主義路線は，敗退を余儀なくされた。EMSの一員として歩む方向を選択したミッテラン政権は，これ以後ヨーロッパ統合重視の路線を明確にする。吉田徹はこの政策転換について，「1983年3月をもってフランスは欧州統合に埋め込まれることを選択した。EMS残留はフランスの政治と経済の分岐点となり，90年代の単一通貨創設に直結するのである」としている。

　他方で，ミッテラン政権のもと，多様な改革が進められたことも事実である。1980年代の分権改革により，ヨーロッパで最も集権的な国家だったフランスは地方分権の方向へと大きく変容した。またメディアの自由化，60歳定年制，死刑の廃止など，フランス社会に大きな影響を与えた改革は多方面にわたった。

4. イギリスにおける政権交代

ヨーロッパ社会民主主義の危機

　前二節で扱ったドイツ・フランスの政権交代は，いずれも両国で戦後初めてとなる，本格的な左派政権への歴史的な政権交代であった。他方イギリスでは，戦後直後の労働党アトリー政権をはじめ，しばしば労働党政権が誕生しており，保守党と労働党の二大政党制のもとでの定期的な政権交代が実現していた。

　しかしイギリスにおいても，1979年から1997年の18年間は，保守党が一貫して政権を握り，労働党は低迷して万年野党化の危険さえあった。そしてこの混迷は，イギリスの労働党に限られたことではなかった。実は1980年代以降，ヨーロッパ政治社会の新たな変化のもとで，各国の社会民主主義政党はさまざまなディレンマに直面し，「危機」が語られていた。その危機の克服を経て初めて，社会民主主義政党は各国で政権を

奪還することに成功したのである。その社会民主主義の刷新の先陣を切ったのは，やはりイギリスの労働党であり，特にその新機軸となる「第三の道」路線であった。

1980年代以降表面化した，ヨーロッパ社会民主主義の危機とは何か。重要な要因は，伝統的な「社会民主主義的」政策の限界である。戦後の各国政治は，基本的に保守勢力（キリスト教民主主義を含む）と社会民主主義勢力によって二分されてきたが，市場原理を重視し，国家介入に慎重な保守勢力に対し，社会民主主義勢力はケインズ主義的経済政策に基づく完全雇用の維持，福祉国家の拡大に積極的であり，「小さな政府」対「大きな政府」という対立軸が基調をなしていた。ただ実際には，各国で経済成長が続くなか，雇用の安定や福祉国家の建設については左右両派を越えた幅広い支持があった。いわゆる「戦後合意」である。

しかし1970年代に先進諸国を襲った石油危機は，各国でインフレの発生と失業の急増を引き起こしたばかりか，福祉給付の増大による福祉国家財政の危機ももたらした。この状況下で，需要を喚起して雇用確保を図る従来の社会民主主義的な対応は，インフレの昂進と財政危機を招くばかりであり，その限界が指摘されるようになった。

ここで登場したのが，イギリスのサッチャー保守党政権に代表される新自由主義（サッチャリズム）である。1979年に首相に就任したサッチャーのもと，それまでの戦後合意に基づく労使協調，福祉国家拡大路線は大きく修正され，代わって市場原理を重視した改革が進められた。財政金融政策はインフレ抑制が基調となり，福祉給付の縮減が進められた。労働組合は既得権益として明示的な「敵」とされ，攻撃の対象となった。他方，サッチャー政権は経済の国際化に対応した規制緩和を推進し，ロンドンは世界の金融センターとして成長を遂げた。

そして1989年には，東欧革命と社会主義体制の崩壊という大変動がヨ

ーロッパを揺るがせたが，このことは資本主義の優位を示したものと理
解され，社会民主主義勢力にとってさらなる逆風となった。

　その結果，1990年代に入るころには，社会民主主義の「凋落」「歴史
的意義の終焉」との認識も広がった。しかも1990年代に進展したグロー
バリゼーションは，一国単位の国民経済を前提としたケインズ主義的福
祉国家の実現を困難とした。まさに社会民主主義は，風前の灯火となっ
たのである。

「第三の道」の登場

　しかしここで社会民主主義に転換をもたらし，21世紀初頭におけるそ
の「復活」を支えたのが，「第三の道」で知られる，社会民主主義側の
自己革新の動きだった。その中軸となったのが，イギリスのトニー・ブ
レア率いる労働党であり，またアンソニー・ギデンズなどの研究者らを
中心とする理論的・政策的な新展開だった。イギリス労働党による1997
年の政権交代を可能としたのは，まさにこの「第三の道」という社会民
主主義のイノベーションだった。そして2000年前後には，EU諸国（当
時15か国）の大半で社会民主主義政党の政権参加が実現した。特に英・
独・仏・伊の４大国全てで同時に社会民主主義政権が成立したことは，
ヨーロッパの歴史のなかでも初めてのことだった。

　風前の灯火だったヨーロッパの社会民主主義が，世紀転換期，なぜ不
死鳥のように 甦 ることができたのか。

　「第三の道」とは，一言でいえば，新自由主義の展開，グローバル化
の進行という1980年代以降の社会経済上の変容を踏まえた，社会民主主
義側の対応戦略であった。このことを以下，イギリスの展開に即してみ
てみよう。

ブレア労働党による政権交代

　サッチャリズムに対し，当初労働党では，政権との対抗を重視する左派路線が有力だった。しかし党の分裂，支持の低迷を背景に，1990年代に入ると党の理念・政策・組織を改革し，保守党に対抗できる党の刷新を進める動きが出てくる。その代表格がブレアであり，彼のもとで労働党は，さまざまな改革を遂げた。

　第一は，基本理念の転換である。ブレア労働党は，社会民主主義が従来主張してきた，完全雇用・福祉拡大・基幹産業の国有化といった国家機能の拡大路線から距離を置き，新自由主義改革の意義や，経済のグローバル化については，ひとまず承認する立場をとる。しかしサッチャリズムが貧富の差を拡大するなど，さまざまな歪みを伴ったことについては明確に批判し，市場万能主義とは距離を置く。

　そこで打ち出されたのが，従来の社会民主主義が拠り所とした国家（state）でもなく，また新自由主義の依拠する市場（market）にも頼らない，「第三の道」である。ここで念頭におかれているのは，コミュニティ（community）や市民社会の果たす能動的役割である。人々は国家に依存するのでもなく，市場原理にさらされるのでもなく，「活力ある市民社会」を構成する積極的主体となることが期待される。市民の参加を得た近隣団体，都市，ボランティア団体，市民運動，非営利団体などが，問題解決の最前線で活躍するのであり，政府の役割はこれらの活動を支援することに留まる。

　この能動的市民を念頭に置いた具体的な政策転換として，「福祉から就労へ」（"welfare to work"）をキーワードとする福祉国家改革が知られている。これは福祉給付受給の条件に求職活動・職業訓練などへの参加を求めた点で，従来の給付重視の福祉行政からの大きな転換だった。「第三の道」は，市民に権利のみならず，それにふさわしい責任をも求

める理念だったのである。人々の就労可能性（employability）の向上を重視し，職業能力の開発プログラムを設置して「福祉依存」の脱却を進めることで，多くの人が労働市場に復帰し，あるいは市民的活動に従事する社会が念頭に置かれていた。

　ブレア労働党は，政権に就いても「所得税増税は行わない」ことを明示し，従来の「増税の党」というイメージの払拭を図った。この新しい労働党，いわゆる「ニュー・レイバー」は，増税路線を懸念する経済界の懸念に応えるとともに，従来の労働党に距離感を持つ，ホワイトカラー層を再び労働党に引き戻すことによって，幅広い支持を獲得することに成功した。

　党内改革も進められた。それまで党大会などで大きな存在感を示してきた労組の影響力は削減される一方，党首権限の強化が進められた。そして新しい党リーダーとして選出された若きブレアは，新鮮な党首イメージを前面に出し，積極的なメディア戦略を展開することで，無党派層の関心を引き付けた。こうして「ニュー・レイバー」は，有権者に幅広く認知されていったのである。

　1997年5月1日，総選挙で労働党は得票率43.2％と地滑り的勝利をおさめ（保守党は30.7％にとどまった），419議席を獲得し，歴史的な圧勝を遂げた。

ブレア政権下の改革

　18年ぶりに政権を奪還したブレア政権の成果は，多岐にわたる。第一はやはり，「福祉から就労へ」を軸とする福祉国家改革である。その目玉政策となった「ニュー・ディール・プログラム」においては，数十万人規模の若者失業者の就労が達成された。そして福祉給付受給者など，多様な人々を労働市場へといざなう積極的労働市場政策の推進，職業訓

練を通じた人的資本の育成などは，従来の受動的福祉国家から能動的福祉国家へのダイナミックな転換を示すものとして，福祉国家改革に取り組むほかの先進諸国にも強い影響を与えた。

　第二は教育・医療をはじめとする公共サービスの改善である。財政的制約のもとにあっても，ブレア政権下で教育・医療に対する支出は明らかに増額されており，特に低所得者層を利する方向で作用した。児童手当も増額され，子どもの貧困率は低下した。このようなイギリスの政権交代における，制約下での政策転換の可能性について，イギリス政治研究者の今井貴子は「制約の中の裁量」という言葉で表現している。

　第三は，統治機構改革である。上院改革では，世襲貴族の占める議席数が制限された。また，スコットランド，ウェールズ，北アイルランドへの権限移譲が実施され，ロンドン大都市圏には議会と公選制の首長が置かれるなど，地方自治も大きく拡大している。

　第四は，積極的外交政策の展開である。ブレア政権は国際平和の維持を目的とした軍事的介入に積極的であり，コソヴォやアフガニスタンに介入したほか，イラク戦争ではアメリカを支持し，イラクに兵力を派遣した。ただ，イラク参戦にかかる情報操作をめぐる問題は，後にブレア政権の命取りとなっている。

　いずれにせよ，「第三の道」を掲げるブレア政権の国際的な影響は極めて大きかった。各国の社会民主主義政党は，ニュアンスは違えども，相次いで「第三の道」を意識した改革路線を提示し，変化を有権者にアピールした。しかもこの90年代末期は，共通通貨ユーロに参加するための条件としてインフレ抑制・緊縮財政が各国に課せられ，参加基準を満たすため各国で厳しい緊縮政策が進められた時期でもあり，高い失業率に苦しむ各国で相次いで保守政権離れが生じていた。この機会を捉えた社会民主主義政党は，各国で政権獲得に成功し，21世紀初頭，「第三の道」

254

路線を旗頭とする社会民主主義の春が，ヨーロッパに到来することとなったのである。

参考文献

今井貴子『政権交代の政治力学　―イギリス労働党の軌跡　1994-2010』東京大学出版会，2018年

アンソニー・ギデンズ『第三の道　―効率と公正の新たな同盟』日本経済新聞社，1999年

近藤康史『左派の挑戦―理論的刷新からニュー・レイバーへ』木鐸社，2001年

近藤康史『社会民主主義は生き残れるか』勁草書房，2016年

網谷龍介「「転換」後のドイツ社会民主党（1961〜66年）」『国家学会雑誌』107巻3・4号，1994年

高橋進・安井宏樹編『政権交代と民主主義』（「政治空間の変容と政策革新」第四巻）東京大学出版会，2008年

水島治郎編『保守の比較政治学』岩波書店，2016年

吉田徹『ミッテラン社会党の転換　―社会主義から欧州統合へ』法政大学出版局，2008年

吉田徹『アフター・リベラル　―怒りと憎悪の政治』講談社現代新書，2020年

14 | 岐路に立つ現代ヨーロッパ
―既成政治の動揺とポピュリズムの拡大

水島治郎

《目標&ポイント》　21世紀に入り，既存の政治や既成政党を批判して支持を受けるポピュリズムが各国で拡大した。反移民・反難民，反自由貿易，反EUなどを掲げるこれらのポピュリズムについて，そもそもポピュリズムとは何か，ポピュリズムへの支持が拡大した背景に何があるのかを検討し，比較検討を行う。近現代を通じ積み上げられてきたヨーロッパのデモクラシーが，ポピュリズムという「内なる敵」を前にして，曲り角に来ていることを示す。

《キーワード》　ポピュリズム，エリート批判，反既成政党，反移民・反難民，イギリスのEU離脱

1. ポピュリズム現象の展開

「20世紀型政治」の終わり？

　2010年代後半以降，ヨーロッパ政治では予想もできなかった新たな展開が生じており，その動きは2020年代にも継続している。反既成政治，反グローバル化，反EU，反移民・難民などを掲げる，ポピュリズムと総称される政治勢力が急速に台頭し，既成政党の弱体化とあいまって，既存の民主主義体制に動揺をもたらしているのである。

　2016年の英国EU離脱をめぐる国民投票では離脱派が勝利し，EUと世界に衝撃を与えた。同年秋におけるアメリカ大統領選挙におけるトランプ当選と併せ，アメリカ・イギリスという世界をリードする2国で既

成の秩序が揺らぎ，ポピュリズムの波が世界に広がりつつある，という印象が一気に広がった。イギリスのEU離脱は2020年に実現した。フランスでは2017年の大統領選挙で反移民，EU批判を訴える極右・国民戦線のマリーヌ・ルペンが決選投票に進出したが，彼女は2022年にもやはり決選投票に進み，その際の得票率は4割を超えた。また2017年のドイツ連邦議会選挙では，移民排斥の立場に立つ右派ポピュリズム政党,「ドイツのための選択肢」の初の議席獲得と第三党への躍進が生じている。2018年にはイタリアで,「同盟」と五つ星運動の連立により，短命ながらポピュリズム政権が誕生した。

　このポピュリズム拡大の動きは，イギリス，フランス，ドイツ，イタリアというヨーロッパの大国に留まるものではない。中小国をみると，オランダでは2017年総選挙で右翼ポピュリズム政党である自由党が支持を伸ばし，第二党となった。オランダでは，自由党の党首ウィルデルスが，もし選挙で勝利すればオランダのEU脱退を問う国民投票を実施すると明言していたため，イギリスに続くEU離脱の動きがオランダでも続くとの懸念が広がり，同国の選挙には世界のメディアが詰めかけた。結果として自由党は第二党になったものの，連立政権から排除され，国民投票の実施はなかった。またスウェーデンでも，2018年選挙で右翼政党が支持を広げ，既成の左右両派のいずれもが政権を樹立することが困難となった。オーストリアでは2017年総選挙の結果，極右でポピュリズム政党である自由党が政権入りし，既成保守政党である国民党との連立政権が成立した。

　なお，2010年代後半に生じたこの重大な政治変動には，予兆もあった。2014年，EU加盟各国で実施されたヨーロッパ議会選挙では，イギリス，フランス，デンマークでポピュリズム系の政党が第一党の座を占め，またそれ以外の各国でも拡大を示すなど，ポピュリズムの躍進が顕著にみ

られていたのである。ヨーロッパ議会選挙では，人口に応じて EU 各国に議席が割り振られ，各国を単位として比例代表で当選者数を決する方式が採られている。そのため，イギリス，フランスのように国政選挙で小選挙区制を採り，少数派の議席獲得が困難な国であっても，ポピュリズム政党のような新興勢力が躍進できる余地があったといえる。

　ただヨーロッパ議会は，議院内閣制下の国会のような強力な権限を保持せず，市民の関心も投票率も低い。他方，何らかの政治的な変化を敏感に，かつ早期に反映する面もある。たとえばイギリスでは，EU 離脱を訴えるイギリス独立党（UKIP）が2014年ヨーロッパ議会選挙で第一党の座を占めたが，このことは，二大政党，すなわち保守党・労働党が政治空間を支配してきた20世紀型のイギリス政治では，想像できない事態だった。そのイギリスにおいて，２年後の国民投票でイギリス独立党が EU 離脱キャンペーンを展開し，離脱票の勝利をもたらしたことは，このヨーロッパ議会選挙の結果を踏まえてみると，必ずしも予想外ではなかったかもしれない。

　そもそも1992年のマーストリヒト条約に基づき1993年に成立した EU（ヨーロッパ連合）は，世紀転換期に通貨統合，21世紀初めには中東欧諸国の加盟を実現しており，ヨーロッパ統合の深化と拡大は順調に進行するようにみえた。しかし2010年代に入ると，ユーロ危機や難民問題など，EU がさまざまな困難に直面し，解決に手間取るなかで，EU そのものが「問題の根源」とされて批判の対象となることもあった。

　いずれにせよ，2010年代の政治変動の結果，ヨーロッパ各国でポピュリズム系の政党が表舞台に登場し，主要なアクターとなった。ポピュリズム系の政党・政治家による有権者への直接のアピールが効果を発揮する一方，既成政党は弱体化の一途をたどり，政党政治は流動化している。本章はこの変容を，20世紀末以降に進展した既成政治の動揺・解体のプ

ロセスとして考える。それは一言でいえば，「20世紀型政治の終わり」
でもあった。

ポピュリズムとは

　ただその前提として，2010年代以降世界を席巻しているポピュリズム
について，定義をしておこう。

　日本のメディアでは「ポピュリズム」について，「大衆迎合主義」と
の訳語を当てることが多いが，政治学の議論で「大衆迎合主義」という
用語を用いることはほとんどない。ポピュリズムという概念に，大衆に
「迎合する」（＝おもねる）という意味合いがあるとはいえないこと，ま
た，「迎合する」というネガティブな意味を持った用語をそのまま政治
学の分析に使うことは困難である，という事情があると思われる。

　ポピュリズムについて，ここでは，「政治変革をめざす勢力が，既成
の権力構造やエリート層（および社会の支配的な価値観）を批判し，「人
民」に訴えてその主張の実現を目指す運動」としておこう。

　このように，「人民に依拠する」（と主張する）ことが，ポピュリズム
やポピュリスト政治家の共通項である。もちろんこのことは，ポピュリ
ズムの立場に立つ政党やポピュリスト政治家たちが，真に人民の立場に
立つ政治を実践している，という意味ではない。しかし彼らは，絶えず
その根拠を「人民」に求め，その「人民」の立場から既成エリートを批
判していると称することで，自らを正統化する。もともとポピュリズム
populism という言葉は，ラテン語の人民＝ポプルス populus に語源を
持つ言葉であることから，ポピュリズムを日本語に直訳すれば「人民主
義」あるいは「人民第一主義」となろうか。「大衆迎合」という日本語は，
語源からしてもポピュリズムの訳語にそぐわない，という点に留意する
必要がある。

　さてこのようにポピュリズムを定義すると，以下の特徴が明らかとなる。ポピュリズム政党やポピュリスト政治家たちは，社会をエリートと人民という，相いれない二種類の人々が存在する，二項対立的な場と考えたうえで，既存の政治はエリートや特権層が事実上独占し，人民（市民，国民）の利益はエリートによって不当に侵害されている，と主張する。そのうえで，エリートの政治支配を「打破」し，人民の意思を直接政治に反映させるべきとする。その意味でポピュリズムには，直接民主主義的な政治と一定の親和性がある。

　では「エリート」とは誰か。ポピュリズムの攻撃対象となるエリートは，基本的に既成政党や議員，官僚などが多いが，裁判所やメディア，経済界（特に多国籍企業），労働組合，利益団体，リベラルな知識人，学界などが含まれることもある。この少数のエリート層が，政治を独占し，既得権益を擁護し，人民を政治的決定から排除しているとみなされる。他方，エリートと対置される「人民」（国民，市民）は，特定の集団を指すものではないが，しばしば「普通の人々」，汗水たらして働く勤労者大衆を意味し，それは往々にしてヨーロッパでは白人を意味する。そして彼らは「本来わが国の中核を構成する」にもかかわらず，既得権益に阻まれ，没落しつつある存在として描かれるのである。

　フランスで活躍した思想家で，その著書が多く日本語にも翻訳されているツヴェタン・トドロフは，ポピュリズムを，「右」や「左」である以上に「下」に属する運動である，とする。既成政党は右も左もひっくるめて「上」の存在（すなわちエリート）であって，その「上」に対する「下」の対抗運動がポピュリズムである，とするのが彼の見立てである。

　この見方を採る場合，ポピュリズムは「下」に属する反エリート運動とされることから，「右」であることもあれば，「左」であることもある。

確かに，ヨーロッパを2010年代以降席巻しているポピュリズムは，その多くが右派に属するポピュリズムである。すでに挙げたイギリス，フランス，ドイツ，オランダ，オーストリアのポピュリズムは，いずれも反EU，反移民・難民といった急進的・排外的主張を掲げる右派ポピュリズムである。

　他方，ヨーロッパには，2010年代以降，特に地中海諸国において，左派ポピュリズムの伸長も顕著である。スペインのポデモス，ギリシャのスィリザなどは，既存の組織に支えられた左派政党と一線を画し，反既成政党の主張を展開して支持を受けた。現代のヨーロッパでは，右派と左派のポピュリズム系政党がいずれも既成政治を批判し，支持を集めてきたといえるだろう。

2. ポピュリズム拡大の背景

冷戦構造の終焉

　しかしそれでは，なぜ21世紀にポピュリズムの拡大がみられるのか。既成政党が有権者をつなぎとめることができない背景には，何があるのか。いくつかの理由を考えてみたい。

　まず挙げるべきは，戦後のヨーロッパ政治を大きく規定してきた，冷戦構造が崩壊したことによる左右対立の変容である。東欧革命による旧社会主義諸国の民主化，ソ連邦の解体に伴い，ヨーロッパにおける東西対立は一挙に消滅し，2000年代以降，旧東欧諸国の EU 加盟も進んでいく。これに伴い，各国国内における左右対立の様相も大きな変化を 蒙^{こうむ}った。

　もちろん，すでに1980年代には，ヨーロッパの左派政党は共産党も含め，ソ連に無条件で追随する勢力はほとんど存在しなかった。その意味で，ソ連・東欧の崩壊が直ちに左派政党の凋落を促すものではない。し

かし「ソ連型社会主義」と異なるとはいえ，何らかの形で社会主義・共産主義の理念を掲げてきた左派政党にとって，ソ連・東欧の社会主義国がドミノ倒しのように崩壊していったことは，強い衝撃とアイデンティティの危機をもたらした。

　しかし実は，冷戦の終焉は左派政党を危機にさらしたのみならず，ライヴァルたる保守系政党にも厄介な問題をもたらした。なぜなら，西ヨーロッパ諸国の保守政党のなかには，「反共産主義」を旗印としてきた政党も多く，共産党を含む左派への政権交代を防ぐこと，を結節点としてまとまってきた面もあったからである。しかしソ連・東欧社会主義国の崩壊により，左派政党に対する抵抗感が薄れると，元来さまざまな勢力の寄り合い所帯だった保守政党の求心力が弱まる。特にイタリアでは，「反共」という錦の御旗を失った保守政党・キリスト教民主党が汚職捜査の対象となり，国民的な批判が高まるなか，最終的に解党に追い込まれた。

　このように冷戦後のヨーロッパ各国では，既成政党は保守と左派のいずれもが求心力を失い，困難に直面する。そしてイデオロギー的な「核」を失った既成政党に対し，新興のポピュリズム政党は，反移民や反EU，反グローバル化といった新たな争点を提示し，対抗軸を作り上げることに成功する。

既成政党・団体離れ

　次に注目すべきは，各国で政党組織，そして政党を支えてきた支持基盤，系列団体が弱体化し，既成政党が有権者をつなぎとめることが困難になったことである。20世紀においては，ヨーロッパ各国の有力政党はいずれも一定の大衆的な党組織を維持し，あわせて系列団体の充実したネットワークを確保していた。政党は党員のリクルート，政治資金の調

達，選挙の際の票の取りまとめなどで系列団体に深く依存し，反対に団体の側は，政治的影響力の確保を狙って政党を支援した。保守政党を支援する団体としては，農民団体，中小企業団体，信徒団体などが挙げられる。また左派政党を支援する団体としては，労働組合が中心的な存在であり，福祉団体，女性団体，高齢者団体も一翼を担うことがあった。有権者の多くはこれらの団体に属し，団体の関係する政党や政治家を支持し，あるいは自ら党員として党活動に加わることによって，政党という傘の下に包摂されていたのである。

　しかし21世紀に入るころには，これらの政党組織，団体はいずれも組織率の低下，活動の停滞に悩まされるようになる。ライフスタイルの変化，政治的志向の多様化が進むなか，有権者の多くはもはや，特定の団体・政党に継続的にコミットすることを望まず，政党離れ，団体離れが進行した。団体に属さず，政党支持を明確に持たない無党派層が増加するなか，既成政党は有権者を包摂するどころか，既得権益を守る政治エリートの集団とみなされ，無党派層の批判的視線のターゲットとなる。そしてポピュリズム政党は，この無党派層の動向を踏まえ，既成政党を既得権益にまみれた少数者の占有物として描いたうえで，この「特権層」と一般市民を対置し，自らをその一般市民の声を代表する存在として位置づけ，無党派層から一定の支持を集めることに成功したのである。

　戦後の西ヨーロッパ諸国において，政党主導の利益配分，利益誘導が広がっていた国，たとえばイタリアやオーストリア，ベルギーでは，ポピュリズム的な既成政党批判が特に効果的だった。これらの国では，公共事業や公務員ポストの配分に既成政党が積極的に関与し，利益誘導を通じて自党への支持を固める状況が続いてきた。しかし20世紀末以降，既成政党自体が弱体化し，反対に利益配分にあずかれない無党派層の批判が高まっていくと，ポピュリズム政党はその批判に乗じ，内輪の利益

配分を優先し，汚職にまみれた存在として既成政党を批判し，支持を獲
得した。

グローバル化とヨーロッパ統合

　最後に指摘すべきは，グローバル化やヨーロッパ統合の進展，産業構
造の転換を背景として，各国で格差の拡大がみられるようになったこと
である。20世紀末以降，経済活動のグローバル化，IT化が進むなかで，
大都市には金融産業・情報産業が発展し，富裕層が集中する一方，西ヨ
ーロッパ諸国の経済をかつて支えていた工業部門は中東欧諸国や途上国
に移転し，工場の閉鎖が進む。イングランド北部や，フランス北東部な
どの旧工業地帯では，地域の衰退が顕著だった。また経済のサービス化
は「柔軟な労働力」としての派遣労働者・パートタイム労働者などの非
正規雇用への需要を強めたが，その結果として不安定雇用が増大し，所
得格差の拡大を招いた。こうしてグローバル化の「勝者」と「敗者」が
顕在化するなかで，後者の「グローバル化の敗者」，「近代化の敗者」と
呼ばれる人々において，ヨーロッパ統合やグローバル化を一方的に推進
する政治経済エリートへの反発が強まっていく。ポピュリズム政党は，
この「敗者」の声を代弁するとして支持を集め，また人々を動員した。
そして実際，2016年のEU離脱をめぐる国民投票で「離脱」を支持した
主要地域の一つはイングランド北部の旧工業地帯であったし，2017年，
2022年のフランス大統領選挙で国民戦線のマリーヌ・ルペンに強い支持
を与えたのも，北東部の旧工業地域だったのである。

3. ポピュリズムの比較政治

極右・権威主義起源型

　次に以下では，西ヨーロッパのポピュリズムの流れをおおまかに3つ

に分類し，それぞれの展開をみてみよう。

　第一のパターンは，「極右」など権威主義的な政治運動に起源を持つ，あるいは関連のあるポピュリズム政党である。

　代表格は，フランスの国民戦線（FN）（後に国民連合に改称）である。この政党は，極右系団体が1972年に創設した政党であり，当初は反共産主義，植民地主義，王党派など多様な右派の流れが混在していた。創設以来長きにわたって党首を務めたのがジャン＝マリー・ルペンである。彼はパリ大学で極右の学生活動家として活発に活動し，プジャード運動に参加して国会議員となり，頭角を現した。プジャード運動とは，1950年代にフランスに出現した，商工業者たちの反税闘争に始まる右派的・ポピュリズム的な政治運動である。

　1970年代には弱小勢力にとどまった国民戦線であるが，1980年代以降になると支持が大幅に拡大し，国政選挙で恒常的に得票率が10％を超えるようになる。その躍進の背景として，以下の３点が指摘できる。①1980年代にコアビタシオン（保革共存）政権が誕生し，既成の左右両派が政権に入って協力する新たな展開のもと，左右の違いが有権者にみえにくくなり，既成政党全体に対する不信感がひろがったこと。②国民戦線自体がそれまでの反体制的・極右的色彩を弱め，デモクラシーの枠内で政治運動を展開する政党として一定の認知を得たこと。③新たなターゲットを先述のような「グローバル化の敗者」に置いたこと。エリートの進めるグローバル化やヨーロッパ統合の進展のもとで，「ないがしろにされている」と感じる人々に訴えかけることで，グローバル化で生活・雇用が脅かされている「敗者」を代表する政党として自党を提示した。そして移民問題を先鋭的に取り上げ，失業・社会保障・治安をめぐる問題の原因を移民に求め，批判のターゲットとした。

　なお，自国民の福祉を優先して移民を批判するこの主張は，「福祉排

外主義」とも呼ばれ，選挙の際に「グローバル化の敗者」を動員するうえで有効な主張だったことから，西ヨーロッパ各国のポピュリズム政党では1990年代以降，福祉排外主義の主張を採用する例が広くみられるようになる。2002年大統領選挙の第一回投票では，ジャン＝マリー・ルペンは得票率17％で初めて決選投票に進出し，各方面に強い衝撃を与えた。

　オーストリアの自由党も，この極右起源型ポピュリズム政党として知られている。第二次世界大戦後，元ナチ党員らによって結成された「独立者連盟」に起源を持ち，ドイツ・ナショナリズムと反共産主義を出発点として成立した（1956年に自由党に党名を変更）。一時リベラルな方向を目指すこともあった自由党だが，1986年にハイダーが党首に就任すると，自由党は既成政治批判，移民・難民に対する厳しい姿勢を特徴とする右派ポピュリズム政党へと右旋回する。ハイダーは，父がかつてナチ党員であり，自身は南部のケルンテン州の州首相などを歴任して国政に進出した人物である。

　もともとオーストリアでは，左右の有力政党である国民党と社民党が，二大勢力として公的ポストを分け合う「プロポルツ（Proporz：比例制）」と呼ばれる政治運営が続いてきたが，ハイダーはこの二大政党による支配体制を既得権益として批判し，既存の利益配分と無縁な無党派層に訴えることで，自由党への支持を拡大した。テレビやタブロイド紙を積極的に活用して有権者に幅広くアピールするハイダーのもと，自由党の存在感は高まりをみせ，1999年総選挙で第二党に躍進した。その結果，第三党の既成保守政党・国民党と自由党の連立内閣が発足したが，この「極右の政権参加」には，EU各国から戸惑いと非難が寄せられた。

　以後自由党では，党内分裂と下野，離党したハイダーの事故死（2008年）などの混乱が続くが，2010年代になるとシュトラッヘのもとで立て

直しが図られる。特に2015年，シリアをはじめとする中東などから難民が多数ヨーロッパに流入した難民危機は，反難民を訴える自由党に追い風となった。2016年の大統領選挙で自由党の候補者が初めて決選投票に進出した。2017年の総選挙後，再び国民党との連立政権を成立させ，2019年まで継続した。既成の二大政党が支配するオーストリア政治のあり方は，大きく変容している。

リベラル起源型

　第二の類型としては，「リベラル」な起源をもつポピュリズム政党がある。排外的なポピュリズムと「リベラル」は，一見すると正反対の概念であり，相いれない立場に思える。しかし西ヨーロッパ諸国では，デモクラシーを受容し，「リベラル」的な立場を高らかに掲げたうえで，反移民，とりわけ反イスラムの主張を先鋭的に展開するポピュリズム政党が存在してきた。特に，2001年のイスラム過激派による同時多発テロ以降，この反イスラムという主張はポピュリズムの支持拡大に少なからず貢献している。

　興味深いのは，この「リベラル」なポピュリズム政党が，デンマーク，ノルウェー，オランダという，ヨーロッパでも特に先進的な国々で発達してきたことである。高度な福祉国家の発達，市民参加，男女平等，情報公開など，現代デモクラシーの先端的な価値を実現してきたはずのこれらの国々で，反移民を掲げるポピュリズム政党が21世紀に一貫して支持を確保し，移民・難民政策の厳格化を進めてきたことは，一見すると奇妙の感を免れない。

　この謎を解く鍵は，これらのポピュリズム政党の「リベラル」さにある。デモクラシーを前提とし，極右や反ユダヤ主義とは無関係に成立したこれらの政党は，むしろ西洋近代の「リベラル」な価値を積極的に打

ち出す。とりわけ政教分離，男女平等，個人的自由を重視する彼らは，その「リベラル」な立場から，「近代的価値を受け入れない」イスラムを批判し，イスラム系移民の排除を正当化する。すなわちイスラムは女性を不当に抑圧し，政教分離を受け入れず，個人的自由を抑圧する宗教であるとする。自らを西洋近代の啓蒙主義の伝統を受け継ぐ「リベラル」な存在と規定したうえで，その「リベラル」な価値を突き詰めることでイスラム批判につなげる，という論法を採っているのである。「不寛容なリベラル」とでもいえようか。

　北欧諸国やオランダのように，自由や民主主義といった近代的価値が根づき，しかも脱物質主義的価値観が浸透した国においては，権威主義的・非民主的傾向のある極右はほとんど支持を受けない。他方，その「リベラル」な価値に立脚し，女性差別に反対し，政教分離を訴えつつ移民排除を正当化する論法は，極右支持とは無縁の一般市民に対し，一定のアピールを持ったのである。

　リベラル起源型ポピュリズムの嚆矢といえる国は，デンマークである。1972年に弁護士のグリストロップが設立した進歩党は，翌1973年の総選挙に参加し，得票率15.9％で一挙に第二党に躍進した。重税感を背景に減税を主張し，左右の既成政党を歯切れよく批判するグリストロップは，福祉国家拡大期にあってその恩恵の及びにくい旧中間層を中心に支持を集めた。進歩党に反民主的な要素はなく，国防費の削減を訴えるグリストロップは「ソ連が侵攻したら国民は逃げ出そう」と呼び掛けたほどだった。

　ただ，福祉国家が発展を続け，国民的な合意を得ていくと，進歩党は次第に軸足を移民・難民をめぐる問題に移し，「難民受け入れは財政負担になる」と主張して移民・難民批判を前面に出すようになった。元看護士のケアスゴーがその路線の中心であり，彼女は進歩党を離党し，

1995年にデンマーク国民党を結成して「福祉排外主義」にたつポピュリズム的主張を展開する。

　以後デンマークのポピュリズムは，このデンマーク国民党を軸に展開する。2001年以降，デンマーク国民党はたびたび閣外協力という形で政権に実質参加し，同国の移民・難民政策の厳格化を進めた。彼らはイスラムと「全体主義」を同一視し，その「女性差別」を批判し，「言論の自由」を盾にしてイスラム批判を展開する。2015年前後のヨーロッパ難民危機の際には，デンマーク政府は難民への厳しい対応で国際的な注目と非難の的となった。

　次にオランダをみてみよう。オランダでは，2002年に評論家ピム・フォルタインの設立したフォルタイン党が総選挙で一挙第二党となり，連立政権に参加した。フォルタインはもともと左派の社会学研究者だったが，後に転向し，右派の論客としてメディアに頻繁に登場し，知名度の高い人物だった。彼はイスラムを「後進的宗教」と位置づけ，近代啓蒙主義の諸価値と相いれない教えとして批判し，毀誉褒貶を巻き起こした。そして彼は，移民・難民が社会保障を「濫用」し，犯罪や社会的分断の原因となっていると断じ，それを「黙認」する既成政党を厳しく非難した。ただフォルタイン自身は，2002年の総選挙の直前に射殺された。フォルタイン党自体は選挙で躍進して政権入りし，移民・難民政策の厳格化を推し進めたものの，カリスマ的リーダーの喪失は決定的な痛手であり，数年で実質的に解党した。

　しかしフォルタインの衣鉢を継ぐかのように，2006年には右派ポピュリズム系の自由党がウィルデルスによって設立され，以後自由党は長きにわたってオランダ政治で存在感を発揮する。2010年から12年まで閣外協力で政権に参加し，政策にも影響を及ぼした。ウィルデルスはもとは既成保守政党・自由民主人民党の議員だったが，反イスラムの急進的な

主張が党内で容れられなかったことから，離党して独自の政党を立ち上げた。

　ウィルデルスは自らを真正の「リベラル」と位置づけたうえで，徹底してイスラムを批判する。西洋文明の勝ち取ってきた「自由」を擁護するためにこそ，「自由」を脅かすイスラムと戦うべきだ，とするのである。具体的に彼は，移民・難民制限のほか，コーランの禁止，ヘッドスカーフへの課税，ブルカの禁止などを主張したが，このブルカ禁止については2010年代末にオランダで法制化され，実現した。他方，自由党の党内は，事実上ウィルデルスの独裁状態に置かれており，公式の党員はウィルデルス一名に過ぎない。また，ウィルデルス本人がツイッターなどインターネットを通じて有権者に直接主張を届け，支持を調達する手法も特徴的であり，組織や系列団体に頼ってきた既成政党とは対照的である。

　なお，「リベラル」な主張から反イスラムを訴えるポピュリズム政党としては，イタリアの北部同盟（のちに「同盟」に改称）も挙げられる。

反 EU 型政党

　最後に，反 EU 型政党という類型も可能であろう。極右起源や「リベラル」といった思想的「核」を必ずしも持たないものの，「反 EU」を軸に主張を展開し，最終的にヨーロッパレベルのインパクトを与えたポピュリズム政党として，イギリス独立党が挙げられる。

　イギリスでは，議会制デモクラシーが根づくなか，反民主的色彩を持つ極右勢力への支持はごく一部に限定されてきた。また，大陸諸国と異なり，宗教対世俗という対立軸が歴史的に有意な役割を果たしてこなかったため，反イスラムを訴える「リベラルな不寛容」が支持を受ける余地が少なかった。その結果，イギリスで極右起源や「リベラル」起源のポピュリズムが広がる可能性は低かった。他方イギリスでは，ヨーロッ

パ統合への違和感，独仏主導とみえる EU への反感は根強く残っており，特に保守党の一部にそれが顕著だった。サッチャー首相以来，指導者層から EC（EU）への懐疑も繰り返し表明されていた。

　イギリス独立党は反 EU を旗印に1993年に設立されたが，当初は泡沫政党として扱われていた。しかしほかの小政党と合併を進め，またナイジェル・ファラージというアピール力のある指導者を得たことで次第に勢力を拡大し，2009年ヨーロッパ議会選挙では得票率で労働党を上回り，保守党に次ぐ第二党に躍進する。農村部の保守的有権者に加え，元来労働党の地盤だったイングランドの北部・中部の旧工業地域でも支持を広げることができたことが大きい。かつてイギリス経済を牽引したこれらの地域では，炭鉱の閉鎖，基幹産業の鉄鋼業や繊維工業などの停滞により，地域の衰退が進み，住民の失業率や社会保障給付の受給率も高い。ファラージらはこの地域を積極的に回って支持を開拓し，既成政治への不満を自党への支持へと振り向けた。そして地域の衰退の原因をグローバル化やヨーロッパ統合，移民の流入に求め，EU 批判を正当化したのである。

　2016年6月に実施された EU 離脱を問う国民投票自体は，イギリス独立党の要求に基づくものではなく，保守党内の対立・混乱の結果として実施されたものである。保守党政権を率いるデイヴィッド・キャメロン首相は，EU をめぐる党内対立を克服し，自らの求心力を回復しようと国民投票に打って出た。しかし結果は投票者の52％が離脱賛成，48％が残留賛成となり，キャメロン首相は辞任する。イギリス独立党，特にファラージは国民投票に向けてのキャンペーンの先頭に立ち，開票が進んで離脱派勝利が明らかになると「イギリス独立の夜が明けた」と劇的な調子で勝利を賛美した。とはいえ国民投票で「歴史的使命」を果たした感のあるイギリス独立党は，政党としては国民投票後，存在感を一挙に

失った。

　最終的にイギリスが EU を離脱したのは2020年1月である。国民投票後，キャメロンから首相の座を引き継いだテリーザ・メイのもと，離脱の進め方をめぐり EU とイギリスの交渉は難航し，国内でも意見の集約は困難を極めた。メイ首相が辞任するとボリス・ジョンソンが首相に就任し，彼のもとで実施された2019年12月の総選挙で保守党が大勝したことで，EU 離脱の方向が確定し，翌年1月の離脱が実現した。

ポピュリズムにおける「収斂」

　以上のように，大まかに西ヨーロッパ諸国の右派ポピュリズム政党を３つに分類して説明したが，2010年代半ば以降の特徴として，これらの３つの潮流がお互いに接近し，収斂してきたことが指摘できる。

　まず権威主義起源型のポピュリズム政党においては，極右色を可能な限り薄めるとともに，「リベラル」な立場からイスラム移民を批判する「リベラル型」のポピュリズムへの接近が試みられている。フランスの国民戦線では，ジャン＝マリー・ルペンの娘のマリーヌ・ルペンが党首に就任し，その傾向が強まった。マリーヌ・ルペンのもと，フランス共和制の原理を受け入れつつ，政教分離や男女平等の立場からイスラムを批判する論法を採り入れたり，党内から反ユダヤ主義的な要素を排除するなど，反民主的・権威主義的イメージを払拭するための転換が試みられた。「国民連合」への党名変更，反ユダヤ主義を引きずる父，ジャン＝マリー・ルペンを党から追放したこともその表れといえる。

　また，「反 EU」が各国右派ポピュリズムの共通の旗印になったことも特徴的である。共通通貨ユーロの導入をはじめとするヨーロッパ統合の進展，とりわけ21世紀初頭に EU に加盟した中東欧諸国からの多数の移民労働者の流入は，先に述べた「グローバル化の敗者」をはじめとす

る各層の人々が，EU への批判的姿勢を取る重要な契機となった。そして てこれを受け，各国のポピュリズム政党は EU やユーロへの批判を声高 に訴え，支持を確保する戦略を共通に採用していったのである。

このように「反 EU」を掲げ，「リベラル」な立場からイスラム移民 批判を訴える主張で一定の収斂のみられるポピュリズム政党が，2010年 代後半以降，各国政治と EU を大きく揺さぶるようになった。20世紀後 半に一定の成熟に達したかにみえるヨーロッパのデモクラシーは，21世 紀において，新たな挑戦を受けているといえよう。

参考文献

板橋拓己『分断の克服 1989-1990 ―統一をめぐる西ドイツ外交の挑戦』中公選書，
　2022年
遠藤乾『欧州複合危機』中公新書，2016年
国末憲人『ポピュリズムと欧州動乱』講談社＋α新書，2017年
佐々木毅編『民主政とポピュリズム』筑摩書房，2018年
高橋進・石田徹編『ポピュリズム時代のデモクラシー』法律文化社，2013年
高橋進・石田徹編『「再国民化」に揺らぐヨーロッパ』法律文化社，2016年
土倉莞爾『ポピュリズムの現代』関西大学出版部，2019年
ツヴェタン・トドロフ『民主主義の内なる敵』みすず書房，2016年
エンツォ・トラヴェルソ『ポピュリズムとファシズム』作品社，2021年
中谷義和他編『ポピュリズムのグローバル化を問う』法律文化社，2017年
畑山敏夫『現代フランスの新しい右翼』法律文化社，2007年
松谷満『ポピュリズムの政治社会学』東京大学出版会，2022年
水島治郎『ポピュリズムとは何か』中公新書，2016年
水島治郎編『ポピュリズムという挑戦』岩波書店，2020年
ヤン＝ヴェルナー・ミュラー『ポピュリズムとは何か』岩波書店，2017年
シャンタル・ムフ『左派ポピュリズムのために』明石書店，2019年
渡辺博明編『ポピュリズム，ナショナリズムと現代政治』ナカニシヤ出版，2023年

15 | 君主制とデモクラシー —その歴史と現在

水島治郎

《目標＆ポイント》 民主化を成し遂げ，自由民主主義体制を基本的に実現したヨーロッパ諸国であるが，実は少なくない国が，同時に王制を維持し，立憲君主制を採用している。デモクラシーと相いれないはずの君主制が，なぜ今も息づいているのか。ここでは近現代史，なかでも革命や戦争といった重要な局面をたどりながら，君主制の存廃を決定づけたのは何だったのか，そして君主制とデモクラシーがいかにして調和しえたのか，を考えてみたい。

《キーワード》 立憲君主制，革命と敗戦，民主化，世界大戦，退位

1. デモクラシーのなかの君主制

「君主制の存続」というパラドックス

　ここまで本書では，ヨーロッパにおけるデモクラシーの形成と発展，そして変容を扱ってきた。さまざまな困難にぶつかりながら，ヨーロッパではデモクラシーが各国で花開き，根づいてきたことがわかるだろう。また戦後の日本にとってみれば，ヨーロッパはまさに民主主義の母国であり，見習うべきモデルとしてしばしば引照されてきた。

　しかしこのように「民主主義の先進形態」としてヨーロッパ諸国を眺めるとき，そのヨーロッパのいくつかの国で，今なお君主制が息づき，むしろ国民の幅広い支持を受けていることを，どう考えればよいのだろうか。本書でも扱ってきたように（特に2・3・4章を参照），ヨーロ

ッパの民主化の歴史は，絶対王制以来の王権との対抗，そして王権の制約をめぐる戦いの歴史でもあった。そうであるならば，21世紀の成熟したデモクラシーのもとで，君主制が今も存続していることは不思議の感を免れない。

　もちろんヨーロッパでは，君主支配が続く「王朝君主制」の中東の君主国と異なり，基本的に立憲君主制を採っており，君主の権限は憲法で大きく制約されている。形式上，首相の任免権などの国王大権が残る国もあるが，いずれの国も民主主義を基本原則としている。民主的に実施される選挙結果を無視して国王が政権を左右したり，個別の政策に恣意的に介入することは基本的にない。

　しかし他方，個人間の平等を大原則とするはずの民主主義と君主制は，本来相いれない存在のはずである。むしろ民主主義が高度の発展を遂げ，成熟した国では，君主制の存在価値は減るばかりであるように思われる。

　しかし現実は，その逆である。ヨーロッパで君主制の存続している国をみてみると，イギリス，北欧３国（スウェーデン，デンマーク，ノルウェー），ベネルクス３国（オランダ，ベルギー，ルクセンブルク）といったヨーロッパ北部の国々，すなわち順調に民主化が進展した国々に集中している。しかもこれらの諸国は現在，福祉国家の高度な発展，男女平等，市民参加などの点でも世界の最上位に位置する先進デモクラシーであるが，君主制に疑義を唱える声は少数にとどまる。「君主制とデモクラシー」は，対立するどころか共存を果たしているのである。

世界の君主制

　そもそも現在，君主制は世界でどれだけ残っているのか。2024年時点で，世界には27の君主制が存在し，その大多数は西ヨーロッパと中東に集中している（日本の天皇制は除く）。ヨーロッパでは，すでに述べた

図15-1　君主制を持つヨーロッパの国々

イギリス，北欧３国，ベネルクス３国のほか，スペイン，モナコ，リヒテンシュタインが挙げられる。なお中東ではサウジアラビア，バーレーン，アラブ首長国連邦，カタールなどの有力産油国に君主制が多い。

　ただ，実はヨーロッパ外には，イギリス国王を王として戴く「英連邦王国」が存在することに注意する必要がある。カナダ，オーストラリア，ニュージーランド，パプア・ニューギニア，バハマをはじめとして，かつてイギリス支配下にあった国々の一部は，国家元首をイギリスの君主が務めるかたちをとっており，その数は14か国に及ぶ。これら英連邦王国では，総督が派遣されて日常的に元首の役割を果たしており，ヨーロ

ッパの君主国と同様の立憲君主制が今も息づいている。地理的にはオセアニア，中央アメリカに集中している。これらの国々も，基本的にはデモクラシーが根づき，君主制との同居を果たしている。「君主制とデモクラシー」の共存は，ヨーロッパに限定されたものではないのである。

　それでは，なぜ君主制は民主制のもとで存続できたのか。また先進的なデモクラシーのもと，どのように現代の君主制は国民的な支持を調達し，持続可能な存在となったのか，以下考えてみたい。

2.「君主制廃止」の歴史的文脈

敗戦・革命という衝撃

　さてヨーロッパにおける君主制の存続理由を考えるうえで，まずはその問いと裏表の関係にある「なぜ君主制が廃止されたのか」を検討することが有用だろう。もともと近代初期のヨーロッパでは，そのほとんどの国が君主の統治下にあり，例外はスイスなど一部の国に留まっていたからである。

　君主制が廃止される理由としてすぐに思いつくのは，「民主化の進展」であろう。そこで想定されるのは，民主化に伴い，君主の権力は徐々に制限されていき，民主化が完成した暁には君主制が廃止されるという流れである。民主制と君主制を相反するもの，いわばゼロサム的な存在と考えるならば，民主化により当然に君主制は消滅に向かうだろう。

　しかし現実のヨーロッパ政治史の展開のなかで，民主化の進展に伴って順調に君主権力が削減され，最後には静かに消滅したという例は，皆無といってよい。各国における君主制の廃止は，そのような平和裏に進行したものではなかった。

　実は，君主制の廃止は，その多くが敗戦ないし革命（あるいはその両方）といった巨大な政治変動のなかで生じている。敗戦や革命で旧体制

の正統性が根本的に問い直され，新秩序が模索されるなかで，旧体制を代表する，あるいは象徴する君主制が廃止の憂き目をみることになったのである。以下，具体的にみてみよう。

君主制廃止国の例：第一次世界大戦まで

比較的早期に君主制が廃止されたのが，フランスである。フランスではもともと大革命期の1793年，ルイ16世が処刑されて一旦王制が廃され，共和制が成立したものの，その後ナポレオンによる第一帝政，復古王政，七月革命後の七月王政の成立，二月革命による第二共和制の成立，ナポレオン3世による第二帝政の成立と，めまぐるしく体制が変動する。しかし君主制そのものが打倒される決定打となったのは，普仏戦争による敗北だった。1870年，ビスマルク率いるプロイセンにセダンの戦いで大敗北を喫したナポレオン3世は捕虜となり，直後にパリで共和制の樹立が宣言された。以後もフランスでは王政の復活を求める政治勢力が存在したものの，最終的に共和制が確立している。

そして，敗戦や革命による君主制廃止が集中したのが，第一次世界大戦末期である。

まずドイツでは，大戦末期にホーエンツォレルン王朝のヴィルヘルム2世が退位を表明してオランダに亡命し，ドイツ帝国は瓦解した。この帝政崩壊によってドイツ帝国内部に存在していた王国（バイエルン王国など）も消滅した。帝国に代わって成立したのがワイマール共和国である。

ハプスブルク君主国も1918年，大戦に敗北して解体し，カール1世は退位してスイスに亡命した。戦後，大幅に領土を縮小して成立したのが共和制のオーストリアである。他方，カール1世自身はハンガリーで復位を二度にわたって試みたが失敗する。第二次世界大戦後には，カール

１世の息子オットーが帝位請求権の放棄を宣言した。

　さらにロシアでは，1917年に革命が勃発し，革命政権が誕生する。そして翌1918年，幽閉されていたニコライ２世とその家族たちは処刑され，ロマノフ王朝は滅亡した。

　なお中東に目を転じると，オスマン帝国もこの時期に瓦解した。大戦でドイツ，オーストリア側に立って参戦したオスマン帝国は，敗戦に伴って国内が混乱して政府が崩壊し，1922年，スルタン制の廃止によりオスマン王朝が消滅している。

　これらの国々は，いずれも長期にわたり王朝の存続した君主国であり，しかし20世紀に入っても民主化の動きが停滞するなど，国内に深刻な対立状況が存在していた。そして，概して王権を支える保守的な官僚・貴族層が強固に存在し，軍や教会などの保守勢力に支えられながら民主化の動きを阻害してきた。そのため君主制は旧体制と同一視され，第一次世界大戦の敗戦・革命による旧体制の崩壊とともに，一挙に解体されたのである。むしろ革命勢力や新政権が，敗戦責任を負う君主を排除し（あるいは処刑し），君主制を廃止して共和制への転換を一挙に果たすことで，新体制の正統性を高める方策を採ったといえるだろう。

君主制廃止国の例：第二次世界大戦後

　そして第二次世界大戦後には，イタリアで王制が廃止された。1946年の国民投票で共和制支持が54％と過半数を占めた結果，王制廃止と共和制の樹立が決定したのである。もともと1922年，政情が不安定化するなか，ファシスト勢力を率いてローマ進軍を行ったムッソリーニに組閣を命じたのは，サヴォイア王朝のヴィットーリオ・エマヌエーレ３世だった。ムッソリーニに政権を委ねて混乱の終息を図ろうとした国王の行動は，結果としてファシスト独裁に道を開いた。そして第二次世界大戦に

敗れたイタリアでは，左派を中心に王制廃止を求める声が強まり，君主制の維持か，共和制の樹立かという体制の選択が，国民投票に委ねられたのである。

　戦時中に反ファシズム抵抗運動（レジスタンス）が活発に展開されたイタリアでは，ファシスト独裁や大戦への参戦において国王の果たした役割への批判が強く，保守派のなかにも君主制廃止を認める動きがあった。窮した王制維持派は1946年5月，哲学者で自由党の指導者でもあったベネデット・クローチェの進言もあり，ヴィットーリオ・エマヌエーレ3世の退位表明で王制自体の存続を図ったが，世論の風向きを変えるに至らず，翌6月に実施された国民投票で敗北した。

　ルーマニアやブルガリアでも，第二次世界大戦後に王制が廃止された。ソ連による圧力や共産主義勢力の攻勢のもと，ミハイ1世（ルーマニア）やシメオン2世（ブルガリア）は王位を追われ，両国は共産主義体制に移行した。

　このように19世紀後半から20世紀前半のヨーロッパでは，敗戦や革命といった大きな衝撃を伴う政治変動が生じた際，民主化に後ろ向きで敗戦責任を負うべき旧体制を象徴する君主制は，打倒すべき対象として俎上に上げられ，多くは廃止の憂き目をみたのである。

3. 君主制の存続国—民主化の流れに沿って

イギリスにおける立憲君主制の形成

　これに対し，イギリスやベネルクス諸国，北欧3国を中心とするヨーロッパの国々では，概して民主化が順調に進展し，18世紀以降，重大な体制変革をもたらす革命や敗戦はほとんど生じていない。国王を支える復古的な貴族勢力，軍，官僚層も概して弱体であり，君主制を軸とした強固な旧体制が，民主化勢力や左派勢力を厳しく抑圧し，革命や敗戦で

後者の全面的な逆襲を浴びる，という困難な道のりを歩む必要はなかった。君主制が暴力的に打倒される決定的な契機が，これらの国々では少なかったのである。

　しかしこのことはもちろん，これらの国々で君主制が一貫して支持を受け，自由化や民主化の荒波を常に順調に乗り切ってきたことを意味しない。むしろ国王の側でも，自由化・民主化を進める勢力と正面から対立することなく，革命や騒乱といった重大な事態が発生する危険を未然に防いできた，という面もある。

　まずイギリスは，17世紀のピューリタン革命により，議会側と対立した王権が敗北し，1649年にチャールズ1世が処刑された歴史的経験を持つ。その後，名誉革命によって1689年に王位に就いたウィリアム3世とメアリ2世は，議会との協調を基本に据えた。実際，二人の戴冠式で用いられた宣誓文は，「議会の同意により制定された法と，同様の手続きで定められた慣習に基づき，イングランド人民を統治する」と述べ，議会の同意を明示した画期的なものだった。また同年の権利章典は，国王による徴税に議会の同意を必要とするなど，国王の専横を防ぐ諸制度を含んでいたのである。

　そして1714年，スチュアート朝の断絶により，ドイツのハノーファー選帝侯ゲオルクがイギリス国王ジョージ1世として迎え入れられ，ハノーヴァー朝が始まると，イギリスに不在がちの国王に代わって内閣を統括する「首相」が重要な役割を果たすようになり，内閣が議会に対し責任を負う，議院内閣制（責任内閣制）への道が開かれていく。

オランダ，スウェーデンにおける立憲君主制の成立

　またオランダでは，ウィーン体制下の1815年にウィレム1世が即位し，王政が成立する。当初は国王とその周囲の一部のエリート層が権力を独

占する，権威主義的な統治が続いていた。この専制的な体制への反発が
次第に高まり，まず1830年には南部が独立を宣言する（後にベルギーと
して分離）。そして1848年，ヨーロッパ各国で騒乱が勃発すると，その
流れはオランダにも及ぶ。するとそれまで専横的な統治を引きずってき
たウィレム２世（ウィレム１世の子）は，一夜にして改革を受け入れる
方向に転換した。その「豹変」の背景には，同年のフランスのように，
革命と共和制の成立といった急進的な変革がオランダでも展開すること
を恐れたことがあったようだ。そしてウィレム２世は，改革派の自由主
義者の学者として名高い人物らに憲法の改正案を起草させ，その結果，
自由主義的色彩の強い1848年憲法が成立する。この憲法は，大臣が国王
ではなく議会に責任を負う「大臣責任制」を明確に定めたほか，国王の
権力を大幅に制限した。これ以後オランダの国王は，組閣などいくつか
の場面を除き，政治的関与は大幅に縮小した。この1848年憲法で定めら
れた，立憲君主制に基づく国の枠組みは，21世紀になっても根本的な変
化を蒙ることなく続いている。

　対してスウェーデンでは，民主化の進行した19世紀後半から20世紀初
頭にかけて，国王と内閣がしばしば対立した。オスカル２世，続いてグ
スタブ５世は，国王大権を用い，普通選挙権導入をはじめとする改革志
向の内閣にしばしば待ったをかけ，内閣総辞職を引き起こすこともあっ
た。しかし最終的には国王側も妥協し，議院内閣制が完成する。

　このように，さまざまな軋轢はありつつも，北部ヨーロッパの各国は，
自由化・民主化の流れを基本的に受け入れることで正統性を保ち，王制
の存続を可能としてきた。21世紀においても各国で国民の王制に対する
支持は基本的に揺るがず，立憲君主制が定着している。

クーデター下のデモクラシー擁護　―スペイン

　これらのヨーロッパ北部の国々と比較すると，同様に王制を維持していても，スペインの例はやや異なる経路をたどった。

　スペインでは，フランスのブルボン朝に由来するボルボン朝の王室が，1700年から21世紀まで続いている。しかしその歩みは波乱に満ちていた。19世紀から20世紀前半にかけて，スペインでは革命による女王の亡命と共和制の成立，王制の復活，クーデター，再度の共和制の成立といった体制転換がしばしば生じており，君主制の基盤は極めて不安定だった。王室を王党派勢力やカトリック教会，貴族層，軍などが支え，これらの頑強な保守派が共和主義志向の強い自由主義者や左派勢力と対峙したが，このような君主制をめぐる国内の鋭い亀裂，共和制と君主制の度重なる交替といった問題含みの展開は，最終的に君主制を廃止したフランスのパターンとよく似ていた。また，スペイン内戦（1936〜39年）で勝利し，権威主義体制を成立させて支配者となったフランコ政権下，王室は基本的にフランコに保護されつつ存続してきたが，フランコ体制のもとで共和派や左翼，カタルーニャやバスクなどの地域主義者らは，徹底的に弾圧されていた。そのため，フランコが後ろ盾となって支えた王室が，フランコ死後，1975年以降の民主化の進むスペイン社会において，果たして国民的支持を得られるかどうかは確実ではなかった。

　しかし，1981年の事件が重要な画期となった。同年2月，民主化の動きに不満を募らせた軍人や治安警察が下院に突入し，閣僚・議員を人質にして各地の軍に蜂起を呼び掛けたのである。彼らは国王のフアン・カルロス1世に，クーデターへの支持を要請した。民主化の波を逆行させ，権威主義的統治を復活させようとするこのクーデターに対し，フアン・カルロス1世がどう対応するかに注目が集まった。

　しかし，フアン・カルロス1世はテレビで演説を行い，クーデターを

断固として拒否して民主化を支えることを明言した。これによりクーデターはただちに終結に向かう。スペインの民主化への流れが，決定的になった歴史的瞬間だった。これ以後スペインは，順調な民主化の道を歩み，現在はEUの有力国として積極的な役割を果たしている。国民的信任を得たかたちのフアン・カルロス1世は，国内外で精力的に公務に励み，人々との信頼関係の構築に努めていった。

4. 大戦下の立憲君主制

抵抗運動のシンボルとして

　さて北部ヨーロッパ諸国のように，民主化の流れに君主制が適応し，立憲君主制が成立していた国の場合には，大戦はむしろ国民的団結の機会を創出した。二度に及ぶ世界大戦が各国の君主制に重大なインパクトを与え，革命や敗戦を契機に多くの君主制が廃止に至ったことはすでに述べたとおりだが，立憲君主国の場合には，逆に君主制の正統性を強化する方向で作用したことがみて取れる。

　特に第二次世界大戦では，ナチ・ドイツに占領された国々において，亡命中の国王・女王らが国外から国民の士気を鼓舞し，抵抗運動のシンボルとして積極的に活動する例が相次いだ。これらの国では，大戦を通じて王室が国民的な敬愛の対象となり，大戦後，君主制への支持を一層強固にした。君主制は，各国でナショナリズムのシンボルとして積極的に活用されたのである。

　まずノルウェーをみよう。もともと1905年にスウェーデンと同君連合を解消して国としての自立を果たしたノルウェーは，新しい国にふさわしい体制を選択するにあたり，王制か共和制かを問う国民投票を実施して王制を導入した経緯がある。投票の結果，王制の賛成者が共和制の賛成者を4倍近く上回り，王制の導入が決定した。民主的な決定に基づく

王制，いわば「民主主義的王制」が20世紀初頭に成立したのである。このとき初代国王としてデンマーク王家から迎えられたのが，ホーコン7世である。

そしてこのホーコン7世のもとノルウェーは，ナチ・ドイツによる占領という過酷な運命に見舞われた。1940年4月，ドイツはノルウェーを急襲し，それを受けて国王とオーラヴ皇太子，閣僚・議員たちはオスロを離れ，北部へと脱出して抵抗を開始する。国王と皇太子らは6月，イギリスに亡命したが，ロンドンで国王は，BBCラジオを通じてノルウェー国民の士気を鼓舞しつづけた。1945年5月にドイツが降伏し，オーラヴ皇太子，ホーコン7世が相次いで帰国すると，ノルウェー国民の多くは国王らを熱狂的に迎え，歓呼の声を上げた。

オランダも同様である。1940年5月にドイツに侵入されたオランダのウィルヘルミナ女王と家族は，まずイギリスに脱出したが，女王はそのまま亡命政府とともにロンドンにとどまり，ホーコン7世同様，BBCラジオなどを通じて国民に忍耐を呼び掛けた。なお，かのアンネ・フランクも，アムステルダムの隠れ家で，家族やほかのユダヤ人たちとともに，このBBCで放送される女王の演説をひそかに聴いていた。女王の言葉に励まされながら，重苦しい隠れ家生活を懸命に送るアンネたちの様子は，『アンネの日記』に生き生きと記されている。

図15-2 亡命先のロンドンからオランダ国民に向けラジオで語りかけるウィルヘルミナ女王

またルクセンブルクでは，1940年5月のドイツ侵入により，女性大公のシャルロットはやはりイギリスに脱出し，閣僚らとともに亡

命政府を立ち上げ，BBC ラジオを通じて国民に抵抗を呼び掛けた。またシャルロット大公は，戦時中に自ら訪米し，アメリカ各地でナチズム批判を行い，支援を呼び掛けるなど積極的に行動した。1945年4月，解放された祖国の土を再び踏んだシャルロットには，国民からの強い敬愛が寄せられた。

　このように以上の3国では，ドイツによる占領という苦難を経て，王室メンバー，とりわけ国王・女王が亡命政府とともに抵抗活動を担ったことで，王室は国民的シンボル，ナショナリズムの結節点として強く国民に認知されたのである。

「国民を裏切った」国王　――ベルギー

　しかしこの点で微妙な立場に位置するのが，ベルギーである。もともと1830年に独立を宣言した後，列強各国の要求により，ベルギー側の意中の人ではなかったドイツ貴族（ザクセン・コーブルク・ゴータ家）の子弟を初代国王・レオポルド1世として迎え入れた経緯があり，王室の正統性は必ずしも高くなかった。また，北部フランデレンがオランダ語圏，南部ワロニーがフランス語圏と国内に言語対立を抱えていたため（第12章を参照），言語をめぐる国王の対応が一方から非難を浴びることも多く，国民的支持を集めにくいという事情もあった。

　しかしベルギーの王制に最大の危機をもたらしたのは，第二次世界大戦だった。1940年5月，ナチ・ドイツがベルギーに一挙に侵入し，抵抗むなしく軍事的勝敗がほぼ決した際，ベルギー政府は亡命政府を国外に立てて抵抗を続ける方針だったが，国王レオポルド3世は無条件降伏を主張した。ついに政府と国王は決裂し，閣僚らはフランス，後にイギリスに逃れて亡命政府を組織したのに対し，国王はドイツに降伏し，王宮に幽閉されて大戦中を過ごすこととなった。亡命政府は国王の権利剥奪

を宣言した。

　1945年，ベルギーがドイツ支配から解放されると，国王の処遇をめぐって国内は二分された。大戦中の国王の対応をドイツに融和的として批判する人々は，レオポルド3世の復位に強く反対した。最終的にエイスケンス首相のもと，1950年にレオポルド3世の復位の是非を問う国民投票が実施され，復位は58％の賛成で可決された。しかしオランダ語圏のフランデレンで賛成が圧倒的だったのに対し，フランス語圏のワロニー，両語圏のブリュッセルでは反対が多数を占め，国内の分裂を如実に示すものとなった。国民投票後も復位の反対運動が続き，ついにレオポルド3世は復位を断念し，長男のボードゥアン1世が即位することで，ようやく事態が収拾されたのである。

　このようにベルギーでは，全土占領という国家的危機において国王が抵抗運動のシンボルになることはなく，むしろ「国民を裏切った存在」とみなされて王位を追われた。長男の即位で解決をみたとはいえ，ベルギー史上，君主制が最大の危機にさらされたのである。

5. 現代の君主制と天皇制

君主制の「現代化」

　以上みたように，第二次世界大戦という難局を乗り切って戦後を迎えたヨーロッパ各国の君主制は，さまざまな試練にあいつつ，21世紀に入っても基本的に幅広い支持を受け，各国国民の「歴史性と一体性」を示す存在として続いている。

　近年の各国王室に特徴的なことは，伝統的・保守的とのイメージの強かった王室が，社会の流れに沿って，柔軟に変化していることである。

　その代表例が，王位継承にかかる男女平等の実現だろう。かつて各国では，王位継承権を男子のみに認めたり，女子に王位継承権を認めつつ

も，男子を優先する仕組みを採っていた。しかし第二次世界大戦後，デンマークなどで女子の王位継承権を認めたほか，オランダやノルウェー，イギリスなどでは男女問わず「第一子が王位を継承」する形に改められている。

　また，結婚によって新たに王室に入る人々も，多様なバックグラウンドを持つ人が多くなっている。王室メンバーの結婚相手は，かつては国内外の王族・貴族をはじめ，社会の上層の出身者が多数を占めていたが，いまは一般家庭に生まれた飾らないタイプの人も多い。スペインではフェリペ皇太子（後のフェリペ6世）が結婚したレティシア妃は，庶民出身者で離婚歴があったが，ほとんど問題にされることはなかった。もはや現代の王室は，グローバル化が進み，多様性が重視される時代にあって，家柄や出自，民族や人種，経歴を問うのではなく，さまざまな人々に開かれた王室の在り方を示すことで，幅広い支持を獲得することに成功しているといえよう。

　王室の活動も，社会に向けて開かれている。現在，多くの王室メンバーが社会福祉や多文化主義，国際平和，環境問題といった現代の先端的な問題に積極的に関与し，その活動を発信している。むしろ近年の王室は，偏狭なナショナリズムから距離を置き，「人権」「平和」といった普遍的価値を重視する傾向にある。その進歩的な姿勢には，右派よりむしろ左派のほうが共感を寄せる傾向もある。

　しかし結果的にみれば，この各国王室の示す「中道左派」路線が，王室に対する幅広い支持を確保し，君主制の存続を可能としている面もある。右派・保守派は王室の発信する進歩的メッセージには違和感を抱きつつも，しかし君主制そのものへの支持は揺らぐことがない。左派・リベラル派はかつては君主制を批判する立場に立っていたものの，王室の進歩的姿勢のもつ政治的インパクトに期待し，むしろ賛同を寄せる。

このように，現代の王室への「国民的支持」の背景には，時代の流れに沿って王室自体が変化する，その柔軟性がある。そしていまもなおヨーロッパの君主制は，デモクラシーの一つの，しかし重要なアクターなのである。

ヨーロッパの君主制から考える天皇制

最後に，天皇制を有する日本への示唆について考えてみたい。日本では2019年に代替わりが行われて令和の時代が始まり，天皇制は新たな段階に入っているが，ここまでみたヨーロッパの君主制の事例はどのような示唆を与えるだろうか。

2016年夏，明仁天皇はテレビを通じ，退位への思いをにじませた「おことば」を国民に語りかけた。それが重要なきっかけとなり，代替わりに関する「特例法」の成立（2017年），そして近代日本としては初めての退位と代替わりの実現（2019年）へと展開していったことはよく知られている。

この「テレビを通じた退位の意向表明」には，違和感を覚えた人もいただろう。国民に向かって直接意思を明かし，退位へのプロセスを自ら作り出していった当時の天皇の行動には，批判もあった。しかし実はヨーロッパでは，2010年代前半，国王・女王が相次いでテレビで退位の意向を表明し，代替わりが実現する例が続いていた。オランダのベアトリクス女王（2013年），ベルギーのアルベール2世（2013年），スペインのフアン・カルロス1世（2014年）はいずれも，高齢などを理由に退位をテレビ演説で表明した。そしてその決断は幅広い支持を受け，代替わりも順調に進められた。そして代替わりのあとは，高齢の国王・女王に代わって，中堅世代の新国王たちが積極的に国内外で公務に携わっている。

日本の天皇の「おことば」，そしてそれ以降の代替わりに至る流れも，むしろ

このような国際的な文脈に位置づけて理解することができるだろう。

　もちろん天皇は「君主」ではなく，各国の君主制と天皇制の間にはいくつもの違いがある。他方，その違いを踏まえつつも，日本を含む各国の「陛下たち」が，グローバル時代の成熟したデモクラシーのもとで，共通の課題に直面していることは否定できない。そしてその際に日本の皇室にとって貴重な参考事例となっているのが，ヨーロッパの王室なのである。

　君主制も含め，デモクラシーの多様な姿を示しているヨーロッパの歴史と政治は，今もなお，日本に生きる私たちに多くの学ぶべき材料を提供しているといえるだろう。

参考文献

石田憲『戦後憲法を作った人々　─日本とイタリアにおけるラディカルな民主主義』有志舎，2019年

伊藤武『イタリア現代史』中公新書，2016年

君塚直隆『立憲君主制の現在　─日本人は「象徴天皇」を維持できるか』新潮選書，2018年

君塚直隆『エリザベス女王　─史上最長・最強のイギリス君主』中公新書，2020年

佐藤弘幸『オランダの歴史（改訂新版）』河出書房新社，2019年

原武史『平成の終焉　─退位と天皇・皇后』岩波新書，2019年

松尾秀哉『物語　ベルギーの歴史』中公新書，2014年

御厨貴編著『天皇の近代　─明治150年・平成30年』千倉書房，2018年

水島治郎・君塚直隆編著『現代世界の陛下たち　─デモクラシーと王室・皇室』ミネルヴァ書房，2018年

吉田裕・瀬畑源・河西秀哉編著『平成の天皇制とは何か　─制度と個人のはざまで』岩波書店，2017年

290

索引

●配列は50音順，＊は人名を示す。数字で始まるものは数値順，欧文はアルファベット順にそれぞれ配列。

著者紹介

中山　洋平 (なかやま・ようへい) ・執筆章→1・2・3・4・5・6・7・8・9

1964年	神奈川県に生まれる
1992年	東京大学大学院法学政治学研究科博士課程中退
現在	東京大学大学院法学政治学研究科教授
専攻	ヨーロッパ政治史
主な著書	『戦後フランス政治の実験　第四共和制と「組織政党」1944-52年』（東京大学出版会　2002年） 『戦後フランス中央集権国家の変容　下からの分権化への道』（東京大学出版会　2017年）

水島　治郎 (みずしま・じろう) ・執筆章→1・10・11・12・13・14・15

1967年	東京都生まれ
1999年	東京大学大学院法学政治学研究科博士課程修了　博士（法学）
現在	千葉大学大学院社会科学研究院教授
専攻	ヨーロッパ政治史，比較政治
主な著書	『ポピュリズムとは何か』（中央公論新社　2016年） 『保守の比較政治学』（編著，岩波書店　2016年） 『反転する福祉国家』（岩波書店　2019年） 『アフターコロナの公正社会』（共編著，明石書店　2022年） 『隠れ家と広場』（みすず書房，2023年）

放送大学教材　1539639-1-2411（ラジオ）

改訂版　ヨーロッパ政治史

発　行　2024年3月20日　第1刷
著　者　中山洋平・水島治郎
発行所　一般財団法人　放送大学教育振興会
　　　　〒105-0001　東京都港区虎ノ門1-14-1　郵政福祉琴平ビル
　　　　電話　03（3502）2750

Printed in Japan　ISBN978-4-595-32470-3　C1331